e your own reality

新時代系列

Jane Roberts 著

王季慶 譯

靈界的訊息

（賽斯書）

The Seth Material

朝聞道，夕死可矣

——譯序

王季慶

世人可以大別爲兩類，其一是只關心現實人生的問題，對於所有「形而上」的問題，認爲既不直接相關，也不可說不可解。另一類人則對「生命由何而來，又往何處去？生命的意義和目的何在？」等等的問題耿耿於懷，沒找到答案前，無法獲得心靈的平靜。

不論是幸或不幸，我顯然屬於後者。於是我不斷地從人生的各面——藝術的、心理的、哲學的、宗教的——去找問題的答案。在美居留的那段時期，我看遍了有關神祕學方面的書，最後才看一本叫作《賽斯資料》（Seth Material）的書（即這本《靈界的訊息》）。爲什麼排在最末？因爲我根本不懂書名的意思。看完《賽斯資料》的那天，我跟我先生說：「『朝聞道，夕死可矣。』我現在明白那種感覺了！」

「賽斯」是女詩人珍·羅伯茲於一九六三年在自發的「頓悟」下寫了一篇「物質實相是意念建構的」後不久，她在出神狀態接上線的一位「精神導師」，他透過珍的口授傳過來一些振聾發聵的觀念。其中的過程、細節及資料內容，都詳載於這本書及其後的賽斯書中。

那麼，賽斯是誰？是個鬼魂、幽靈，或玄學上所謂的嚮導、導師？也有人曾懷疑他是珍潛意識的一部分。按照賽斯的說法，我們每個「人」基本上都先是個不朽的精神體，也可說是「幽靈」，只不過目前我們像穿上太空衣一樣地穿上肉身，以便能存活在物質世界。目前的我們，可暫稱爲一個「自己」，卻都是「全我」（wholeself）、存有（entity）或本體（identity）的一個小部分。他說：「……直到全我能……同時知覺他自己的各部分之前，似爲分離的各部分看他們自己是單獨的、孤立的。在他們之間有溝通，但他們無法察覺它……這全我曾活過許多次，曾採用過許多個人格（自己），它是一種『以能量爲體性（素質）的人格』，就像我也一樣……人格和本體不必依賴物質的形體。」

所以，賽斯應可謂是一個曾經歷過多次「人身」，但已脫離三界的一個「全我」，由於他對人類世界的了解與關懷，自願擔當起「教師」的任務。我認爲，他所傳過來的多卷資料，就是自古以來「口述傳統」（Oral tradition）所傳的眞理，也就是先於各種宗教、哲學，而爲各宗教源頭的共同眞理，只不過那最根源的眞理在傳述、記載的過程裡，受了當時當地民情風俗、政治文化重重影響而越來越失眞，並且漸失活力而成了僵化的教義、教條等等。他又說，每一代都會有像他一樣的教師用合乎當時人之理解程度的話來重新給予這知識。不過，由於「傳播工具」——靈媒本身的信念、信仰、偏見、恐懼等等，極難傳過來沒被扭曲的資料。

在這一點上，凡是仔細讀過賽斯書的人都異口同聲承認其純粹及優異。資料內容之博大精深、言論之公允不倚，不能不令人讚歎！試想以珍身爲詩人的背景，她的想像力和創造力固然豐富，但科學方面的知識實在不足，卻能將心理、意識、細胞、疾病、物理、原子、量子，甚至更深奧的多次元實相加以解釋、剖析，而其傳授之速度及前後的一致性，都證明這資料根本不可能是由她信口胡謅出來的。因此，「賽斯現象」本身就足以證明我們並不是侷限於肉身，只活在生死之間的生物。事實上，這一生只是我們多重次元的存在之冰山一角而已！

至今，各國的賽斯讀者對他的喜愛和推崇都是無與倫比的，那是一種不帶宗教或迷信色彩的「我找到了！」的狂喜。有人說賽斯書救了他的命，有人說是現代佛典，有人說是治身之圭臬、處世之龜鑑、亂世之聖經。讀者且親自嘗味吧！

自序

珍．羅伯茲

時間是一九六八年二月廿九日，我正在講一週兩次的ＥＳＰ課。大的凸窗開著，放進暖得不尋常的晚間空氣。在我們當作課室的客廳裡，燈正常的亮著。突然我覺得我們有了位訪客，我很容易的便進入了出神狀況，沒有先兆，一向如此。

這個班由大學女生組成，他們曾讀過我的第一本書，知道賽斯其人，也上過我幾次課，但卻從未目擊一次賽斯課。我的雙眼閉了起來，過了一會兒當它們睜開時，顏色深了許多。我開始替賽斯說話。他以一種快速而具特徵性的手勢把我的眼鏡扔到地上，但現在我卻以銳利而焦點清楚的眼光，細細審視每一個學生。我說話的嗓音深沉而相當大聲，比較像男性而非女性的嗓音。

我們有了一次即興的賽斯課(Seth session)，把賽斯介紹給學生們，我現在爲了同一目的，介紹賽斯給那些沒聽到過賽斯的讀者，我從其中摘錄如下：

「按照你們所受到的教導，你們是由物質所組成而無法逃避它，事情並不是這樣的。物質將會分解，但你們卻不會。雖然你們找不到我，要知道我是在這兒的。你們自己的父母彷彿由你們眼前失蹤而永遠消失爲烏有，我可以向你們保證他們將繼續生存，我可以向你們保證死亡是另一個開始，而當你們死了，你們並不噤口。因爲，難道現在你們聽到的這聲音是沉默嗎？難道你們在這屋中感覺到的存在是死亡嗎？

「我在此是要告訴你們，你們的喜悅並不依賴青春，因爲我一點也不年輕。我來此是要告訴你們，你們的喜悅並不依賴你們的肉身，因爲在你們來說我沒有肉身。我擁有我一向所有的：我的本體（identity），它從來不會減少，它成長而且發展。

「你就是你，你還會是更多。不要害怕變，因爲你本身就是變，當你們坐在我面前時你們就在變，所有的行動都是變，否則就會有一個不動的宇宙了，那時的確死亡就會是結束。我是什麼也就是你們是什麼：個人化了的意識。

「隨季節而變，因爲你們比季節更廣大，你們形成季節，它們是你們內在心靈氣候的反映。今晚我來此只有一個目的：使你們能感受到我的生命力，而感受到它時，就知道我是從一個超越了你們所熟習的次元（dimension）中向你們說話。墳墓並不是結束，因爲像我這麼喧嚷的人從不會以死亡的唇來說話。

「我在這個房間裡，雖然你們無法認出我在任何一件物體內。你們就和我一樣的不具形體。你們有一個工具可用，一個你們可稱爲是你們自己所有的身體，如此而已。我得到魯柏（Ruburt）〔賽斯給我的名字。此外，賽斯總把我說成男人〕的許可借用他的身體，但我之爲我並不依賴原子分子，你們之爲你們也不依賴物質。你們以前曾活過，將來還會再活。當你們結束了具體的生存，你們仍將活著。

「我到這兒來，就好似我透過一個在時空中的洞出現。在時空中你們有可資旅行的道路。在夢中你們曾到過我在的地方。我要你們感覺你們自己的生命力，感覺它旅行過宇宙，乃知它不依賴你們的肉體形象。事實是你們把自己的能量投射出去以形成物質世界。因此，要改變你們的物質世界，先得改變你們自己。你們必須改變你們投射的東西。

「你過去永遠存在，而你將來也永遠存在，此乃存在和喜悅的意義。所謂的神就在你內，因爲你是所有存在的一部分。」

賽斯經我發言超過兩小時之久。他說得這麼快，以致學生做筆記都有困難。他的快樂和活力顯而易見。他的個性並不是我的。賽斯一本正經的、諷刺性的幽默由我眼中閃耀出來，我臉部的肌肉重新安排它們自己成爲不同的模樣。我正常的女性手勢被他的取代，賽斯在享受他的扮相：一個老年男人，精明、有生氣，頗有人情味。當他講到存在的喜悅，即使他深沉的嗓音隆隆，也透露出他的喜悅之情。後來學生之一的卡洛告訴我，雖然她明知字句是由我口中出來，她仍感到它們是由四面八方而來，由牆壁本身而來。

在有一次休息時，卡洛念她作的筆錄。突然，沒經過過渡，我又是賽斯了。我傾身向前，開著玩笑：

「如果你想作我的速記員，你一定得做得更好一點。你寫得潦草不堪。」

然後開始了一段往復問答，當卡洛念她的筆記時，賽斯予以訂正，增加幾點以澄清某句，同時與她彼此嘲弄著，學生們問問題，賽斯回答。

這是一堂非常簡單的課。賽斯第一次對學生們說話，然而他觸及了在賽斯資料中常出現的幾個論題：人格是多次元的；個人基本上不受時空的限制；命運在我們自己手裡；此生所沒面對的問題來生得面對；我們不能爲我們的不幸埋怨神、社會或我們的父母，因爲在這肉體生命產生前，我們選擇了我們將要投生其內的境況，以及最能助長我們發展的挑戰；我們形成物質就如同呼吸一樣的不費力、不自覺；以心電感應的方式，我們全知道那些「群體概念（mass ideas）」，我們由之形成對物質實相（physical reality）的整體觀念。

到了一九六九年十二月，在五年間我丈夫羅（Rob）和我已舉行了超過五百次的賽斯課。在這一方面我的第一本書：《怎樣發展你的ESP能力》，簡短的解釋導致我對ESP發生興趣的情況，以及導致我認識賽斯的實驗。從那以後，賽斯曾在數不清的場合示範心電感應和千里眼的能力。透過賽斯課他幫助了朋友、陌生人和學生，而且我丈夫和我也由聽從他的指導而在學習發展我們自己的心靈潛能。

然而我卻並不是個「天生通靈者」，有超常的經驗作背景。羅或我對這種事都沒有一點知識，即使在我最早的熱心之後，若不經過嚴肅的自問和理智分析，我也不接受這些發展，我要盡可能的把我的經驗保持在科學的基礎上。

我等於是說：「是的，我的確在出神狀態下替一個自稱死後猶存的人物在說話。是的，你能發展你自己的超感覺力。是的，賽斯的確堅持轉世是事實。但……但……但。」我覺得賽斯資料所談的概念很迷人，但我並不準備接受它們像我接受某些確定的事實——譬如說，我早餐所吃的鹹肉——那樣。現在我卻明白它們是重要得多了。

對我而言，甚至承認賽斯是個死後猶存的人物這個可能性已經等於是理智上的自殺。在我第一本書中我從未說過我認爲賽斯確然是他自己所說的那樣「一個以能量爲體性（an energy personality essence），已不再集中焦點於這物質實相的『人』。」反之，我一方面研究心理學家和超心理學家對這種人格的各種解釋，一方面研究靈魂學者的說法。我從未找到比賽斯資料本身所給的更合邏輯、更前後一貫的解釋。

我這麼習慣於把自己認作是個物質的、爲時空所囿的生物，以致我幾乎拒絕接受我自己的經驗爲證據。我一面涉入世上最直覺性的工作，一面試圖變得越來越客觀。我試著退回到一個我眞的已永遠離開了的世界——一個宇宙，在其中沒有一樣東西不是以物質的方式存在的。一個世界，在其中由任何其他實相或次元中來的訊息都是不可能的。然而，我們繼續著每週兩次的賽斯課。

當我坐在客廳裡爲賽斯說話時，我開始有「出體」（靈體投射astral projection）的經驗。賽斯描寫我看到什麼，同時我自己的意識在幾哩之外，看到另一個市鎮或州的某個地點和發生的事。例如我們的檔案包含了加州兩兄弟的聲明，斷言賽斯正確的描述了他們的家和社區，當時我在三千哩外紐約州的艾爾默拉替他說話。我總不能否認這些事實。

在我先前的書出版了之後，陌生人常來信尋求幫助或勸告，最後我同意爲那些最急要的人舉行幾次賽斯課，雖然這責任使我害怕。所涉及的這些人並沒在場參加，因爲他們住在其他地區，然而他們說所得到的勸告對他們有所幫助；賽斯所給有關個人背景的資料也都正確。賽斯常把困難解釋爲過去轉世（reincarnation）生活中所未解決的壓力，並且還針對現在一個人如何能運用他的能力去面對這些挑戰而給予個別的忠告。

在此之前，我曾懷疑轉世資料是我自己的潛意識炒出來的一盤可喜的幻想佳餚，事實上，當所有這些事開始時，我完全不能確定我們是否能戰勝死亡一次，更別說一次復一次了。

羅和我絕非傳統的虔信者，除了參加婚喪禮之外，我們好些年沒去教堂了。我自幼爲天主教徒，但年紀越大越難接受我祖先的上帝，嘲諷在對我耳語：祂與他們一樣的死了。在童年時給我支持力量的天堂，在我十來歲時似乎成了對有意義的存在的一種膚淺嘲弄。誰要閒坐著對一位父—神唱聖詠，即使祂「眞的」存在？那類明智的神會要求這種經常不斷的崇拜？眞是個非常無安全感的、極爲人性化的神。

另一個選擇，地獄之火，也同樣的不可信。然而我們祖先的傳統上帝顯然良心平安的與有福之人在天堂坐著，同時魔鬼在折磨其他不幸的死者。我決定，那樣的神是出局了，我不會忍受祂這樣一個人作爲我的朋友。如故事所述祂對兒子也不算太好。但我想耶穌至少你還可以尊敬，他曾在世，他知道做人是怎麼回事。

於是，在我廿歲以前，我把那古老的上帝、那童貞女和諸聖相通通留在身後，天堂和地獄、天使和魔鬼都被摒棄了。我稱之爲「我」的這一堆化學物質和原子不會落入這種陷阱——至少凡我能認出的陷阱。

羅的背景不同，他雙親的教派是一種交誼性的基督教，很可喜的缺乏教條。一般而言，上帝愛穿了漿洗襯衫的男孩、女孩，住在那些可接受的地區，鞋擦得亮，有個會賺錢的父親——如果他們的母親爲家長會烤小甜點那就更好了。

我倆對這樣一位上帝的明顯的不公平並不懷恨——我們對祂沒那麼注意。我有我的詩；羅是個畫家，有他的畫。我們個人都對自然有一種強烈的聯繫感。於是，當我發現我自己十分突然地替一個假定死後猶存的人說話，沒有人比我自己更吃驚。我有時嚴責自己，心想即使我的愛爾蘭祖母也會難以接受在客廳中出現鬼——而我過去還認爲「她」迷信！

感謝我的大學教育和敏銳的頭腦，以及相當重的天生反叛性，我以爲我已逃過了成人的胡說——一個不死的靈魂似爲其主要部分。花了一段時間我才發現，我反對靈魂猶存的概念與其他某些贊同者的偏見是一樣的深。現在我覺悟雖然我以頭腦開通自詡，我的心理彈性卻只延伸到能適合我自己的成見的一些概念。現在我知道人類人格有比我們通常準備給它的深廣得多的實相。「某人」已生產了超過五十本筆記本的絕妙資料，即使在我最懷疑的時刻，我也必須接受這賽斯課和資料的眞實性。這資料的範圍、品質和理論幾乎立即使我們「上了癮」。

羅和我都深信賽斯資料湧自超乎我自己的泉源，比我們碰到過的其他超常文章要比較少被一般傳統慣用的象徵所扭曲。賽斯說這資料在其他的時間和地點曾由他和其他人給過。但多少世紀以來，爲每個後繼的一代，它會再以新的方式給出來。讀者需自作判斷，但就個人而言我確認他的學說是正確而且重要的。

還有，如賽斯這種人物的謎——有人叫它「附魔」，一個「護靈」（如蘇格拉底所爲）——歷來一直爲人類所關切，這現象絕不新。經由敍述我自己的故事並展示這資料，我希望對這種經驗的本質有所闡明，並且顯示人類人格仍有尚待開發的才能，而除了我們平常所用的方法之外，還有別的方法可獲取知識。

賽斯資料完全改變了我對「實相的本質」的概念，並加強了我的本體感（sense of identity）。我不再感覺像我以前所覺得的，即人是時間、疾病和衰敗的奴隸，爲他自己無法控制的先天破壞性傾向所左右。我從未像現在這樣感到能掌握自己的命運，而不再被在我童年時期由潛意識所設的模式所控制。

我並非暗示我感到自己已全然的由每種憂慮和恐懼中釋放了出來。只是現在我知道我們的確有自由來改變自己及環境，我們以非常基本的方式形成了環境，再對它反應。我相信我們形成我們自己的實相——現在，及死後。

此書的目的是爲你介紹賽斯和賽斯資料。雖然賽斯只有一次以物質性的具體化出現，羅看得夠淸楚而畫了一幅他的像，掛在我們客廳裡。在不到五年之內，經過我，賽斯已製作了一個持續的文稿，長過五千頁雙間隔打字紙，我知道許多「活著的」人終其一生還沒寫過這麼多。然而我自己的工作還繼續著：自賽斯課開始後，我已寫了兩本非小說（這本不算）、兩本詩集和一打短篇小說。賽斯顯然沒有爲他的目的而「偷竊」我任何的創作精力。

此書的第一章將談賽斯其人的出現，以及在我們試著了解發生了什麼事時，他對我們生活的大衝擊。彷佛是突如其來的，我發現我有了以前認爲幾乎不可能的經驗。在我們一生裡，我們從未像現在這樣的陷於好奇與戒愼之間，如此的著迷又如此的困惑。

第一章也會包括一些早期賽斯課的摘錄，因爲在那時賽斯的觀念和賽斯課本身對我們都是既新鮮又怪異的。但主要的重點在故事本身，從第一次的「靈應盤」(Ouija)（類似碟仙——譯註）實驗一直到我第一次爲賽斯說話而使羅和我自己都大吃一驚，以及當更多的發展發生時我們態度的改變，我也將賽斯千里眼能力的例子包括在內。

整本書將說及賽斯在各種論題上的概念。譬如說死後的生活、轉世、健康、物質實相的性質、神的觀念、夢、時間、本體和知覺。我確信由資料本身的這些摘錄中和一些轉世資料的例子中，大多數讀者能對他們自己的人格和他們自己的處境有更深的洞察力。我希望賽斯對健康的學說能對所有的讀者有益。講人格的資料將幫助每個人發現他本身天賦的多次元實相(multidimentional reality)。

通靈術與ESP現象以及賽斯資料的可能來源，在哲學和心理學上的含義，連同有關賽斯自己獨立的實相這幾個問題都將被考慮到，我也會講賽斯在發展心靈能力方面所給的忠告。

對心靈學讀物和超常經驗熟悉的人會比我對這些事件有更好的心理準備，但即使拿全世界來換我也不願錯過了它們。

緒論

雷蒙・范・歐弗

通靈術（mediumship）是個迷人而具煽動性的題目，因爲它觸及了有關人的心智、意識的本質、甚至最終的命運這些基本問題。靈媒一般的定義是：一個假設易感受超常力量，能傳遞由它而得的知識，或做出非由其助不可能做的事的人。大多數人想像中的靈媒是個奇裝異服的女士，藏匿於黑暗的角落，等著從主顧那兒騙他們的血汗錢。雖然這種靈媒無疑仍然存在——我甚至還碰見過幾個——我們卻不能以偏蓋全。

十九世紀末葉時，通靈術流行起來，而靈魂學（spiritualism）發展成它的宗教。那時「降神會」常是在半暗中、精心設計的小房間內舉行的。這房間常常像個小劇院，其佈景是個小教堂或是具有一些其他的宗教寓意。問事者通常因某種家庭中新近發生的悲劇而情緒過度亢奮，又進一步的被聖歌或風琴音樂帶到歇斯底里狀況。總而言之，那是一齣製作成功的好戲。通靈者進入出神狀態（trance），經由她的幽靈「監使」（control）的幫助，傳遞來自在「靈界」的已死親人的消息。這些訊息多半是瑣碎的、甚至愚蠢的，但喪失親人的人感到安慰的回家了，因爲他們所愛的人仍然在「某處」存在，並且過得很「快樂」。

有時，靈媒展示出某種似爲超感官知覺的知識。超心理學（parapsychology），或對ＥＳＰ（超感官知覺）的監控的、科學的調查，即因靈媒的這種面貌而興起。無疑的，通靈術和靈魂學曾經並且仍然格外的易涉及欺詐。在較微妙的知覺領域裡，客觀證據很難得到，而且幾乎不可能把它放在有效控制的情況之下。在大多數這類調查中，接受某一個事實往往並非由於證據，卻是由於信心。證據是很少的，信心卻永遠有很多。也許，著名的心靈研究者哈里・普萊斯（Harry Price）說得最好：「靈魂學上焉者爲宗教，下焉者爲欺詐。」

但自從對通靈術的出神狀態開始調查以來，我們漸漸明白它是一種複雜的經驗，是現在名爲「意識改變狀態」（altered states of consciousness）這較廣現象的一部分。在其他種類的出神狀態，如昏迷、強直性昏厥（catalepsy）、暈厥和生機暫停中，疾病狀態常佔主要地位，這些全與無意識有關，而其他一些由某種藥物或疾病對身體化學的影響而引起的某種情況也一樣。這些情況比其他的意識改變，如正常睡眠、催眠或夢遊等都要來得強烈。

在許多種意識改變的情況裡，通靈術是最有價值的一類。因爲就是在通靈術裡，最方便對人類心智（mind）的主觀領域加以研究。許多研究通靈術的人都曾寫說，事實上那是一種擴展知覺的方法。英國物理學家雷諾・約翰生（Raynor Johnson）曾評論說，有許多種「意識自正常的清醒層面撤回的狀況——我們可統稱之爲出神狀態，有些可由催眠……由藥物如mescaline，或由麻醉藥品達成；另一些可由某種瑜珈訓練達到……一個靈媒或敏感者可以自動的進入某種出神狀態，其時意識撤回到自身的一個過渡層面，而在同時能與外界維持一條『通訊線路』。」因爲這是一種「自」導的出神狀態，並且比較沒有病態情況，通靈術對這種經驗能有較大的控制，就如在催眠的例子裡一樣。

珍・羅伯茲（Jane Roberts）與其他幾位突出的靈媒，如愛琳・加萊特（Eileen Garrett）及奧斯勃恩・里奧納德夫人（Mrs. Osborne Leonard），共具一些獨特的特性。許多靈媒對他們自己的通靈資料有近乎宗教似的輕信。的確，由於作靈媒的經驗，他們常生出宗教上的皈依。但有些靈媒雖然爲他們所接觸的潛意識世界吸引，卻抗拒立即相信並依賴一個通靈人格（trance personality）的通訊的誘惑。例如Mrs. Garrett奉獻一生調查通靈術的意識、她自己的無意識世界、及一般的超心理學現象。Mrs. Leonard也獻身於深究她自己的通靈術問題，讓她自己作爲許多試驗的對象。

偉大的靈媒就像偉大的音樂家或藝術家那麼稀有，他們的特性包括對出神狀態的易感性、和強有力人格的奇特混合：好奇，同時又客觀，又很誠實的自我批判。當然，特別好的靈媒個性中的許多特徵不是能輕易描述的，但對我來說，珍・羅伯茲很明顯的是個極好的靈媒。

大膽的以自己的主觀經驗來實驗——檢查靈感、想像力或創造力的來源——一向是特殊人物的特徵。Andre Breton，「超現實主義者之宣言」的作者，著迷於在藝術中結合眞實與非眞實這個概念，也許因爲就像日本sumi畫家一樣，他對兩者之間的分界不大有把握。他做了一連串「自動書寫」(automatic writing)的實驗,以發現我們所謂的「眞實」的奧秘面。Breton辯解道,其結果是內在人的較純粹的表達。這無意識世界和客觀或有意識知覺的結合,與珍・羅伯茲所走的路相似。對一個沒從事通靈術多久的年輕女性來說,她在走向開放的、自我批判的分析上已有長足的進境,而那種分析對眞正了解她的通靈術和它更廣的含意是必要的。她已深深地把自己付托給那些基本上是哲學問題的實際應用。不過,這種驅力一部分必須歸功於賽斯(Seth),即由她的通靈術中發展出的通靈人格。

一個通靈人格通常稱爲「監使」,因爲假定它操縱著在出神狀態中的靈媒的肉身,它常具獨特的、個人化的特性。早先,大家自然相信靈媒的「監使」是個幽靈或離開了肉身的「存有」(entity),佔領了靈媒以爲與活人交通的方法。但在F. S. Edsall的「心靈現象的世界」中,他指出通靈人物或「監使」的發展似乎有賴與靈媒的背景或環境有關的潛意識經驗。關於「監使」人格是什麼,以及它如何與人交通,這些問題是極其難解的,超心理學家和深層精神分析師數十年來都在研究它。(順便說賽斯——依我看是以誠實和常識——討論經過靈媒而得到的資料在過程中被扭曲的難題。因爲假定他們與超常力量有密切關連,大家乃期待靈媒有百分之百的精確性,自然事實並非如此。但這種態度十分流行,在公衆對Cayce或Dixon的態度中即可看出。)有些人相信人類具有超越感官的才能,並且十分可能影響及無意識,卻似對意識完全沒影響。Edsall寫道:「與靈媒的環境有關的經驗對於形成這些不凡的第二人格也許有關係。在某些傑出的靈媒的例子裡,他們的第二人格似乎那麼怪誕的無所不知。」

曾有許多心理學的學說被提出來解釋通靈人格的存在，譬如紐約分析家Ira Progoff「力型」(dynatype) 的學說。在與Eileen Garrett作了廣泛的研究後，Progoff結論道「不同的監使人格的存在對維持Mrs. Garrett的心靈平衡是不可或缺的。」Dr. Progoff視通靈術的監使「非爲幽靈式的存有，但爲一戲劇化的象徵形式，用以使人生較重要的原則在人類經驗裡明確的表示出來。」與此相似的，蘇格拉底有他自己的「daimon」，Graves有他的白色詩神；諾亞在醉鄉裡把自己視爲他祖先的轉世，先是亞當，然後是耶利米。於是這理論說，每個人現出他潛在的眞我。通靈者如Mrs. Garrett曾猜想也許他們創造出他們的「他我」，只是以一種更可辨認的、更合理的形式出現——像這種daimons或「幽靈」監使。

然而，一位有名的、客觀的心靈研究者W.H. Salter另有看法：如果通靈人格年復一年的繼續通訊，「從不曾把精神的或情感的重點弄錯，說的話從不與他的個性不合，那就很難以潛意識影響或靈媒方面的戲劇化來做成一個合理可信的解釋了。」

最終的、明確的答案還有待來日，這種問題不該蓋過了在通靈術的其他方面同樣重要的問題。靈媒在出神狀態傳達的「內容」常常被忽略，無疑是因爲大多數時候它們是有些愚蠢和不通的陳述。但同樣的在那些稀有的例子中——像Edgar Cayce在出神狀態下所說的——出現了我們必須考量的重要且具煽動性的概念。珍的「通靈」人格，賽斯，就值得這樣的重視。

最佳的通靈資料顯示良好的心理洞察力，由一個富同情心的堅強人格傳達過來。賽斯資料傳達了所有這些品質。不過，賽斯又加了一項大多數通靈資料中所沒有的成分：思想和表達方式的清晰。大多數的通靈資料——自古至今的靈媒監使都一樣——表現得不但句法混亂，思想也很紊亂。然而我相信賽斯有一種偉大的才能，能把複雜而常常很困難的主題介紹得簡單明瞭。對受過訓練的人、職業性的哲學家、學院派的超心理學家，他談的有時會像是很熟的事，(例如他認爲人的心智在睡眠中離開身體，這是一種古典的說法，可一直追溯到原始時代。)但對那些剛認識夢鄉的迷人世界、ESP和其他無意識的種種現象的人，賽斯將是一位目光澄澈的教師。

這些追求者、詢問者一直就是賽斯說話的對象，他聲明他通訊的目的是供給「使人比較能認識自己、重估現實和從而改變它的方法。」在內在感官那一章，賽斯對於如何去擴展一個人的知覺，如何發展冥想的技術和ESP提供了清楚有用的勸告。同樣，賽斯和其他少數幾人如Edgar Cayce的通靈傳訊的獨特性，在於大量的常識性忠告，以及對個人問題的悲憫關懷，大大的沖淡了哲學的玄學的思索。這些成分似乎是賽斯資料的主要特性之一，並且也是我個人覺得最吸引人的地方。

有趣的是，賽斯的人格和表現是如此的個人主義，經過一短時期的熟習後，一個人會有把它們當作是由一個受過訓練的現代知識分子而來的傾向，而不會當它是來自Isis女神的面紗之後。這資料同時又包涵了驚人的範圍廣大的概念，這些概念常是令人感興趣又有獨創性的。我特別對賽斯處理「人格片段體的投射」的方式感興趣，這一點非常強烈的屬於條頓族的doppleganger和斯拉夫族的Vardoger的傳統內。(這是一個很廣被的現象，甚至如弗洛伊德也很短暫的在鏡中看過他的doppleganger。莫泊桑有一次看到他的「副本」走進房中，坐在他對面，口授曾特別困擾這位法國作家的一本書的那一部分。口授完了之後，它就站起來消失了。我只希望賽斯更清楚的描述與這事的「學說」相對的「技巧」。)自然，還有秘術傳統的「思想形」(thought-form)的投射，如Mrs. David-Neel在創造她的西藏「tulpa」時所描寫的。

的確，照賽斯所說「一個概念『就是』一個事件」，因此，邏輯上來說，任一概念——不論在哪種活動範圍，不論已實際的具體化了沒有——對我們的生命都有衝擊力。「概念當作實相」(reality)，是西方文明中的另一個古老觀念，早已被柏拉圖正式化，而一直被許多哲學家保留下來。但賽斯不僅只以抽象的術語討論這觀念，並且把它發展爲邏輯的結論。所有的概念、思想和心神貫注的區域共同創生了動力充沛的、持續地息息相關的宇宙，其中「概念」和任何實質事件一樣扮演重要而確定的角色。

賽斯對「耶穌被釘死在十字架上」的學說是一個理想的例子。依賽斯所說，此事源於「夢的宇宙」，在另一個實相中發生，而「以『概念』的形式顯現在歷史中」。賽斯不是說此事只是一個因人內在的共同需要而產生的夢，而是一個概念在另一時空領域中實現，而改變了我們的文明。自然，這是一個有趣的推想。但且花一分鐘想想我們多麼輕易地接受一句簡單的哲學格言：「一念能改變世界」。有許多例子：「人不能只靠麵包生存」，「愛鄰如己」。在我們的日常生活中，我們的確試著把這些概念表之為實相，把它們由抽象世界中移到因果律的世俗世界。實際上，賽斯以他的建議扳轉了局勢，他建議實相可能在「另一個」方向也行得通：概念**即**實相，而一直對世俗世界有顯著的影響。問題在加寬我們感知的基礎和覺知，以使世俗意識能顯出在這概念世界上，因此我們能察覺到概念世界對我們的文明及個人生命的衝擊。賽斯說：「夢的宇宙擁有某一天會全盤改變物質世界的歷史的那些概念，但拒絕接受這種概念之可能性耽擱了它們的出現。」康德——他的哲學多著重於心智把眞實性「強加於」「感官資料」上——也許會同意賽斯所說「感官創造了物質世界」，而非僅只是知覺到它。

同時在賽斯的評論中有些一瞥即過的資料是如此的具煽動性，值得獲致遠比它現在所得的多得多的注意。例如，賽斯言及，某些象徵性的人物存在著，他們採用了在無意識內某些可被指認的外貌以便更有效的與我們溝通，這個研究範圍缺乏結實的事實，但有豐富的推測和經驗報告。偉大的瑞士心理分析家卡爾．容格（Carl Jung）特別指出，無意識中存在著他所謂的原型人物，常常透過象徵性的扮相，如神秘的、宗教性的或歷史上的偉大人物來與我們的意識相溝通。（容格自己花了幾年與Philemon——一個在他自己無意識中的原型人物——通訊。）Master與Huston在廣泛的研究LSD的效果後，把因藥引起的意識擴展分為四類，在第三個或象徵的層面，他們報告前後一貫的歷史人物或傳奇人物的顯現，以及豐富的神秘象徵。

在哲學方面來說，賽斯資料是我所讀過的這類東西中最好的之一。賽斯思想的比較研究一定會非常有趣。他的資料是夠複雜的了，即使這本大書也包容不盡，自然，也不可能在這短短的緒論中予以摘要。在讀此書時，我腦海中產生了許多問題，許多仍未得解，但我不認爲這是件壞事。如果我們在精神上、情感上和心靈上被刺激到去問問題，細察我們標準化了的態度，努力超越我們成見的限制而進入不斷開闊的思想領域，我們終究能有相當的成就。我相信，這是賽斯人格和他的訊息的最大價值所在。如他自己所指明的，他是個帶訊者，以及一個激勵思想者——這樣的教師是太少了。

沒人可能知道這探索將導向何處，但我們能確定一事：像賽斯資料這樣的通靈訊息的記錄有不可估量的價值，因爲它供給了深入發掘人類主觀心智的極稀有的機會，這不是一個隨隨便便或暫時性的好處，因爲這是對一條河流源頭的一瞥，而這河同時是既神秘、又刺激、對人類福祉又極爲重要的。這兒是靈感之源，這兒直覺點亮了科學的心智，這兒詩人的夢綻放開來，就時間與精力來說，在這兒我們花上了我們生命的主要部分。

目錄

第1章 我們結識賽斯

引發賽斯課的情況如今仍然使我驚奇。我當時並非在打混，或是尋找人生目的什麼的。我的第一本小說正出了普及本，我所有的精力都導向於成爲一個好的小說家和詩人。我認爲「非小說」屬於新聞從業人員而非創作者的範疇。我以爲我的生活和工作都已有計劃，我的方向已定。然而，我卻正在這兒寫我的第三本非小說哩。

不過，一九六三年對我們而言是很糟的一年。羅患了嚴重背疾，下班後幾乎很少再有足夠的精神去畫畫。我呢則還沒能決定下一本書的主題。我們的老狗米夏死了。也許這些情況使得我比平時更深刻地感覺到我們人類的脆弱，但無疑有許多人曾經歷壞年頭而並沒導至心靈現象（psychic phenomenon）的出現。也許在不知不覺中我面臨了一個危機，因而內在的需要喚醒了我的心靈能力。

的確，這類事情我想都沒想過。就我所知，我這輩子從未有過一次心靈經驗，我也不認識任何有此種經驗的人。我過去的背景從未爲一九六三年九月三日那天發生的可驚事件舖路。然而我敢確信就是這件事導至三日後的賽斯課及我和賽斯的初識。

那是個可愛的秋日黃昏。晚餐後，我跟平時一樣地坐在客廳裡我的舊桌子旁寫詩。羅在隔三個房間的後邊畫室裡作畫。我拿出紙筆、香煙和這天的第九或第十杯咖啡，開始定下心來做事。我們的貓，威立，正在舊地毯上打著呼嚕。

接著所發生的事就像一次沒有服迷藥的神遊（trip），即使曾有個人暗暗地塞給我一劑ＬＳＤ，我也不會有比這更奇怪的經驗。上一分鐘還很正常，下一分鐘新而急進的念頭像場不得了的雪崩湧進我的腦海，好像我的腦殼是某種收報臺，轉開到一個無法忍受的強度。不只是念頭由這通道進入，而且還有強化了的、悸動的感受。隨你愛怎麼說，我的頻率調準了，或我的開關被打開了，接上了一個難以置信的能源，我甚至沒有時間大聲叫羅。

就好似物理世界眞的是其薄如紙，遮掩著無數次元的實相，而我被猛力擲穿過這層紙，紙發出巨大的撕裂聲。我的身體坐在桌旁，我的手狂速地潦草寫下閃過我腦際的字句和念頭。然而，同時我卻彷彿身在別處，穿過物體在旅行，我垂直墜穿一片葉子，一個完整的宇宙展現眼前，而後又出乎其外，被吸入新的眼界。

我覺得好像知識被注入我身體的細胞內，使我不能忘記它——一種深入肺腑的知，一種生物性般的靈性。它並非知性知識而是感覺而後知道，同時我記起本已忘了的昨晚作的一個夢，在其中我曾有類似的經歷，我悟到兩者是相關聯的。

當我恢復知覺，我發現自己正在亂塗著顯然是那一堆怪筆記的標題：**物質宇宙即意念建構**。

後來「賽斯資料」會發揮這些觀念，但當時我並不知道。在一節早期的課中賽斯曾說這一次是他首次想法跟我連絡。我只知道如果那天晚上我就開始替賽斯說起話來，我會嚇得半死。

事實上，我並不知道發生了什麼事，然而即使如此，我仍感覺到我的生命頓然改觀。「天啓」這個字眼出現在我腦海中，我試圖摒除它，但那個字卻是合適的。我只是害怕這個字眼所暗示的神秘性。在我自己的工作中我對靈感是熟習的，但這與普通的靈感有天淵之別！

我所「收到的」概念也是同樣的驚人，它們把我對實相的概念全部推翻。那天早晨以及到那天爲止的每個早晨，我都確信一事：你能信賴物質實相。有時你可能不喜歡它，但你卻能信賴它。如果你願意你可以改變你對實相的觀念，但這卻改變不了實相。現在我再也不覺得是那樣的了。

在那個經驗當中，我明白是我們形成了物質實體，而非其反面。在無限次元的實相中我們的感官只讓我們覺察到三次元的實相。只有不去問那些超越感官有限知識的問題，我們才能信靠我們的感官。

但還有更多，舉例來說，我以前眞的不知道每樣東西都有它自己的意識，現在我突然感覺到在以前我認爲是無生物裡的奇妙活力。一個釘子釘在窗檻上，而我在極短的一瞬間曾體驗到組成它的原子和分子的意識。

相反於我從前所有的概念和常識，我知道時間不是一連串的「片刻」，一個接著一個像晾衣夾緊夾在一根繩子上，而是所有的經驗都在某種永恆的現在共存著。所有這些全都是飛快地潦草寫下，我還保存著那手稿。時至今日它還使我充滿了那種發現和啓示的感覺。

這兒是一些摘錄：

「我們是個人化了的一份能量，具體化於肉體存在之內，來學習由能量形成意念，進而使其實體化（這就是意念的構建）。我們將意念投射成物體，使得我們能與它打交道。但這物體即經過具體化了的思想。這意念的實體呈現，使我們得以分別『思想』與在思想的『我』。意念建構以具體的方式顯示給這個『我』看它自己的產品，而教這個『我』了解到它是什麼。換句話說，我們由考察自己的創造物中學習，經由把概念變成物質實相我們學到意念的力量和影響。由運用創造性的精力，我們學習負責……

「存有（entity）即基本的自己，是永生的、無形的（non-physical），它與其他的存有在一個能量的層面上彼此交通，並且它有一個幾乎無盡的能量供應供其支配，個人只是那全我（whole self）中我們設法用肉體來表達的那個部分……

「眼睛將內在心像（概念）投射並聚焦於具體世界上，就好像一個電影機將影像傳眞到銀幕上。嘴創造了字眼，耳創造了聲音，是因爲，我們早已認定影像和聲音本已存在，然後才由感官來詮釋它們。事實上，感官是創造的途徑，意念乃經它而投射成爲實質的表現。

「基本的概念就是：感官的發展並非讓我們知覺一個已存在的實質世界，而是去創造它……」

這些概念只是將要發生的種種之試金石。這手稿結果包括了約一百頁，包含了對舊術語的新定義，例如：「潛意識是意念在個人意識裡浮現的門戶，它連結了存有與個人……肉身是存有根據物質的屬性來構建出它意念中的自己……本能是爲保命所需最起碼的意念建構的能力……現在是任何意念顯露成爲物質的明顯的一刻。」

我想這次經驗與手稿是隱於每種創造行爲後的那「創造性的潛意識過程」的一個延伸：正常的創造力突然「被打開了」，或被提昇到一個幾乎令人無法置信的地步。在那一夜所產生的能量足以改變我和我丈夫一生的方向。因此之故，我相信這種經驗在心理上來說是極端重要的。我確信這事顯露出我沒想到自己擁有的「心靈」能力，而促使了「賽斯資料」的產生。

顯然水到渠成，我已達到一種心靈能力準備好可以現身的境地。因爲我早期的寫作訓練，這能力乃由文字而非幻象顯出，並且是在一種不會太驚嚇我的方式下出現。

我也相信心靈能力本身是創造力的一脈或一個延伸，天生爲我們所固有，因此是正常而非不正常的。不過，以後你將看出，我認爲這種能力屬於我們人格中所較不爲人熟知的那個部分的屬性。因而我想，正常的創造力經過提昇，便使我們轉到了實相的其他次元。

在這插曲之後，甚至我平常的主觀經驗也開始改變，不久我開始能記起我的夢——突然地，沒什麼理由地。那就像發現了第二個生命。尚不止此，在接下去的兩個月中，我有兩次生動的預知性的夢，那是我所知的頭一遭。

別的不說，至少我們的好奇心被引起來了。在一個報攤上我們注意到一本談ＥＳＰ的書，「千里眼式的夢」這些字眼由封面上跳到我們眼前，我們買下了它。在此時我也正在找尋一個新書點子，而羅作了一個建議，導致我們離以前一貫的生活方式越來越遠了。

當我們坐著聊天時，剛買來的普及本正放在我們之間的咖啡桌上。我說：「我已有三個小說大綱，卻沒一個是我喜歡的。」

羅拿起那本書，玩笑似地說：「你何不寫本『你自己做』的談超感官能力（ＥＳＰ）的書？」

「你瘋了，我對ＥＳＰ一竅不通，那就是我爲什麼不寫的理由。此外，那是屬於非小說類的，我這輩子除了小說和詩沒寫過別的東西。」

羅說：「我知道，但當你有過那兩個特別的夢之後，你必然對夢有興趣。而且，你對上個月的那個經驗又何以名之？此外，我們所見的書只談到有名的靈媒，但一般的人又如何？倘若每個人都有這種能力呢？」我瞪著他，他變得十分嚴肅起來。「你不能設計出一系列的實驗來試試看嗎？以你自己爲天竺鼠。」

那樣說的話，羅的念頭有理，我可以對現在引起我興趣的一個題目進行調查，並同時寫一本書。

次日我即著手進行，在一週內我已發展了一組實驗，以發現一個普通人到底能否發展ＥＳＰ爲宗旨，我把此書作了一個大綱寄給了我的出版商，但並沒抱多大希望。

頗令我驚奇的是他很快地回了信，而且十分熱心，他所要的是三、四章樣品。羅和我很高興，但也頗爲吃驚，我們一邊瀏覽我爲此書所定的章名：「一個自己做的降神會」「心電感應，事實或虛構？」「如何使用靈應盤」。

羅笑著說：「那麼，就去做吧。」

「你和你的建議！」我反擊道。到現在我眞的有些遲疑了。我們從未去找過靈媒，我們一輩子也沒有過心電感應的經驗，從來也沒見過一個靈應盤。反過來說，我想我又有什麼好損失的？(直到很久以後，我才記起原也是羅的另一個建議使我開始寫小說的。)

於是我們開始了，決定先來弄靈應盤，爲的是它似乎是我們好些種實驗中最不複雜的一種。我們的房東太太在閣樓上找到了一個盤，借給了我們。事實上頭幾次我們試著弄靈應盤時，我倆都有些窘，我的態度是，「也好，讓我們先把這一項解決，以便去做我們感興趣的事，像心電感應和千里眼。」無怪乎我們頭兩次的嘗試都失敗了。

我們試第三次時，在我們指端下的那小小指針終於動了，它拼出一些假設是來自某法蘭克・韋德（非眞名）的信息，他曾在艾爾默拉（Elmira）住過，於一九四〇年代去世了。

此地是一些例子，羅問問題，指針拼出答案。

「你能告訴我們你哪年去世的嗎？」

一九四二

「你認識我們嗎？」

不認識

「你已婚嗎？」

已婚

「你的太太現在活著或死了？」

已死

「她叫什麼名字？」

烏蘇拉

「她姓什麼？」

阿特里

「你的國籍是什麼？」

英國

「她的國籍是什麼？」

義大利

「你生於哪年？」

一八八五

靈應盤發生了效果使我們驚奇。我覺得兩個成人盯著在盤上疾走的指針眞是胡鬧，我們並沒當眞。當然，一個原因是我倆都不怎麼相信死後的生命——起碼不是有意識的、能與人溝通的生命。後來，我們確知是有這麼一個姓啥名誰的人曾住在艾爾默拉，死於一九四〇年代。這頗嚇了我一大跳。但我們對是什麼力量在移動指針比對它傳來的信息有興趣得多了。

幾天後我們再試一次時，法蘭克·韋德說他在某一生曾在土耳其當兵，並堅持在另一生他認識羅和我，在丹麥的一個名叫特里夫的城裡。他給了日期和地點，雖然他很明白的指出特里夫城現已不存在。

然後，在一九六三年十二月八日，我們又坐下玩靈應盤，心中猜想不知會不會成功。那是個舒適的黃昏，室內很溫暖，雪花飄過窗戶。然後指針突然飛快地移動起來，以至我們幾乎跟不上它。

羅問問題，然後我們停一下，同時他即寫出指針所拼出的答案。法蘭克·韋德在以前的幾回曾給一或二字的簡單反應，現在答案變長了，而它們的內容也好像變了，室內的氣氛似乎也有些不同。

羅問：「你有什麼訊息給我們嗎？」

意識像一朵有許多花瓣的花，指針答道。

從開始的幾次訊息中，法蘭克・韋德曾堅持轉世的可靠性。因此羅說：「你對你數次的轉世認爲如何？」

他們即是我，但我將是更多。雙關語：全我是其所有的心的總合。

這是第一次指針拼出整句，我笑了。

羅問：「這一切是否都是珍的潛意識在說話？」

潛意識是一條走廊，你走進哪一個門又有何不同？

我對羅說：「也許是你的潛意識？」但他已在問另一個問題：

「法蘭克・韋德，將來我們可否再向你訊問任一特定問題？」

可以，我寧願你們別叫我法蘭克・韋德，那個人頗乏情趣。

羅和我互相聳了聳肩：這眞是瘋了，而指針越動越快。羅等了一會，再問：「那你喜歡我們怎麼稱呼你？」

對神來說，所有的名字都是祂的名字。指針拼出。

現在韋德變得宗教性了！我轉動著眼珠假裝看向窗外。

羅說：「但我們跟你說話時仍需要某種稱謂呀？」

隨你們愛怎麼稱我，我叫我自己賽斯（Seth），它適合我的本我。賽斯比較清楚地最近似我

現在是的，或試圖成爲的全我。或多或少，約瑟（Joseph）是你的全我，是過去和將來的你的各種不同人格的總合形象。

這些全這麼迅速地拼出來，我們幾乎無法保持把手放在指針上，我禁不住更傾身向前，我頸後發麻，發生了什麼事？

羅問：「你能否告訴我們多些？如果你叫我約瑟，你叫珍什麼？」

魯柏（Ruburt）

我們再度對看，我作了個鬼臉。羅說：「請你稍加說明好嗎？」

說明什麼？指針答。

「哦，那名字對我們而言有些怪，我想珍也不喜歡它。」

怪的配怪的。

停頓了一下，我們不知問什麼或怎麼進行，最後羅說：「你可否告訴我，爲何今年的早期我有那麼多背部的問題？」

第一節脊椎骨不能將生命力輸入有機體。恐懼壓到了神經而引起壓抑。精神的伸展允許肉身的有機體伸展，解除壓力。

這些只是第一次賽斯課的一點點摘錄。（然而，幾週後，羅的背又出了問題，去看了一位「按摩脊椎療病者」，他告訴羅他的第一節脊骨錯了位。）這次賽斯課一直進行到午夜以後，後來我們仍不眠地談論此事。

我說：「也許他是我倆的潛意識的一部分，以一種我們不了解的方式。」

羅說：「也許，」然後帶笑又說：「也許他事實上是一個死後猶存者。」

我頗覺噁心，說：「哦！親愛的。再說，他又有什麼目的？如果有鬼魂，他們一定有比跑來跑去移動靈應盤更好的事可做。」

羅說：「魯柏，你說什麼？」我幾乎要打他的頭。

不錯，賽斯有一個目的：即在過去五年來像時鐘一樣準的每週兩次傳給我們資料。但當時我們並不知此事，雖然這已是我們第四次用靈應盤，事實上是我們第一次的賽斯課。

下面兩次都差不多，只除了一項令人困惑的因素：我開始預知靈應盤的回答。這給了我無窮的困擾，我變得很不安寧。在下次——我們與賽斯的第四次——在我腦中我越來越快地聽見那些字，而且不只是句子而是整段的，在它們還未被拼出之前。

下次的賽斯課開始時一如往常。下午我在一間畫廊做事。當我洗完了晚餐的盤子，羅也畫完了那天的畫後，我們把靈應盤拿出來。

當我們準備好之後，羅問：「為什麼珍對於我們與你的接觸態度冷漠？我看得出她不太熱心。」

她在擔心，因爲在我的信息還未拼出前，她已收到。那也會讓你留神的。

「但這有什麼好擔心的？」羅問，以一種我當時認爲非常棒的假裝的天眞。

那是比較令人不安的。

羅逼問：「爲什麼？」

靈應盤是中立的，在腦中的信息則否。

同時，我們告訴了一位朋友——比爾．麥唐納——我們在做什麼。比爾也就告訴我們幾年前當他是藝術系學生時見到過一個鬼魂。以前他從未談過這種事，現在羅問比爾看到了什麼。

他自己的「存有」的一個片段體（fragment），一個過去的人格在視覺層面重獲了暫時的獨立。有時會出這樣子的差錯。

「那影像意識到比爾的存在嗎？」

我幾乎沒聽見羅問這問題，在整個這段時間，我一直在字未拼出前就在我腦中聽見它們。我覺得有把它們說出來的衝動。現在衝動變得更強了，我更著力地抵抗它，然而我卻極爲好奇，究竟可能會發生什麼呢？我不知道——而這使我更加好奇。

指針開始拼出對羅的問題的答案。

以某種潛意識的方式，一個人格的所有片段體都存在於一個存有之內，各有他們獨自的意識

……

指針停了，我覺得好像我正站在一個高跳板上發抖，而所有各色人等都在我背後不耐地等著，我試著叫自己跳下去，事實上是那些字在推著我——它們好像在我腦海裡疾馳。如果我不把它們說出來的話，我感覺它們似會以某種瘋狂的方式阻積起來，一堆堆的名詞和動詞在我腦袋裡，直到它們把別的東西全擋住了。並不眞的知道如何做或爲了什麼，我張開了口讓它們出來。我第一回替賽斯說話，接續著盤上一瞬前拼出的句子。

「當比爾看到那影像，覺察到它的存在時，那片段體自己似乎在作一個夢。存有以一種你會稱之爲潛意識的方式來運用其片段體。即沒有給以有意識的指導。存有給片段體一個獨立的生命，然後多少有些忘了那片段體。當一時的失控出現，他倆便面對面了。存有不可能控制片段體人格就像意識不能控制身體的心跳。」

突然字句停了，我瞪著羅。

他問：「你聽得見你自己嗎？」

我點點頭，覺得很困惑：「模糊的，好像我腦袋裡進行著某一電臺來的廣播節目。」我閉口，把我的手放回到指針上，心想我已「說」——或不管是什麼——夠了，至少對一個晚上來說是夠了。

羅問：「賽斯，你肯證實珍收到以上的訊息嗎？」

是的，這應使她覺得好過些。

我放鬆了一點；指針又接替了傳訊工作。但羅又問了一個問題。

「那麼是否可能走在街上而碰到你自己的一個片段體？」

指針開始回答。

當然。我要想法找一個好比喻來把這一點弄得更清楚些。比如說，即使思想也是片段體，雖然是在另一個不同的層面……

再一次的，當那小指針慢慢地、有條不紊地拼出字句時，字句又同時快速地通過我腦中，我記得一種極端不耐的感覺，然後我大聲的完成那訊息：「它們必須被譯成物質實相。另一種片段體，叫做人格片段體，則獨立運作，雖然是在存有的贊助之下。」

再次的字句就這麼打住。這回我下決心不再讓同樣的事發生，直到我有時間把這事仔細地考慮考慮再說。我如此告訴羅。但我們同意與靈應盤核對一下。羅問：「賽斯，珍的回答對嗎？」

對，指針回答。**不必等占板拼出回答，使她精神大振。**

我跟羅說：「我很高興有人這樣想。」但現在事情很安全地又回到占板上去了。我的好奇心又起，我叫羅問只我們中之一人能否使指針動，指針建議我們試試。羅把他的手放在指針上，問了個問題，但它幾乎不動。

然後我倆都把手放上去，羅問：「賽斯，你認爲如何？」

不太好。你那方的任何接觸可能會包括了內在的視覺上的資料。珍可能可以直接收到我。兩

種情況下，接觸都不是隨時可能的。你們對這一點會比我覺得更窘。

羅說：「哼。」我們笑了起來而終於結束了這節。

然而我不知道如果羅當時了解了賽斯所說「內在的視覺上的資料」的意思，他會怎麼想，而現在我寫這稿時，才剛剛想起當他第一次的幾個內在幻影以格外生動的樣子出現時，他是相當驚奇的，稍後我會描述這些。自然那天晚上我們主要關心的是我說話的經驗。如果我知道這事在下一節中將會如何的擴展，恐怕我已成了神經病。

事實上，下個月有那麼驚人的經驗在等著我們，使我們幾乎中止了這件事。然而同時我們又感到輕鬆愉快。如果這世界或這實相有比我們所懷疑的更多的什麼，我們自然要想找出來。我們仍在繼續找，因爲即使是現在，在賽斯課裡仍有新的成分出現。賽斯資料在繼續，而我們仍有無數的問題要問。

那麼，賽斯是在十二月八號那天毛遂自薦的。在十五號那天我第一次替他說話。不久，在完全脫離了靈應盤的限制之後，他的人格開始以更大的自由表達他自己。觀察這過程非常有意思。爲此之故我將寫一些早期賽斯課的情形，以便你能變得熟悉賽斯資料，如他給那些資料時的樣子，並且看到他顯露出他自己的個性。

第2章 約克海濱的影像

——「片段體」人格

在下次賽斯課前我很緊張，我在藝廊過了難熬的一天，而羅也很累。不過羅相當快的醒過來，因爲我得替賽斯講兩個多鐘頭的話，這一課爲了另一個原因也很驚人——除了我說話的方式外，資料的本身也頗令人驚訝。

像以前一樣，我幾乎立刻在我腦中聽見那些字句，但我堅持以靈應盤的方式開始。在我倆都還沒說一個字以前，那指針就開始動起來。**好，晚安。**

羅打了個呵欠，指針拼出：**我希望不是因爲我這個伴兒。**

羅笑了，說：「賽斯，植物和樹是片段體嗎？」

指針開始在占板上飛跑。**從某種意義來說，所有的東西都可以叫作片段體**……但字句在我腦袋裡堆積起來，在首先幾句拼出來後，我有了沉潛入「未知」及放鬆的感覺，然後我又開始替賽斯說話了：「但有不同種的片段體。人格片段體與其他的不同，在於他能使其他片段體由他而產生……」

羅說就好像我在讀一篇隱形的稿子，我的眼睛大睜著，在那個時候我斷然拒絕把它們閉上，我也不肯坐下。不管發生了什麼，我一定要站著，以便如果我害怕起來，我可以搶先奪門而出。

現在想想，這實在是很滑稽的態度。事實上，在替賽斯說話時，我不斷地在室內踱步，卻幾乎不知道自己在這樣做。羅盡快的筆錄。他不會速記，因此他以普通書法記下一切，然後第二天再把它們打字。然而他不久就發展出他自己的符號與縮寫系統。

「在任何一生裡的個人可稱爲是他全部存有的一個片段體，具有原始存有的所有屬性，雖然是潛藏不用的。你朋友看到的那影像是他自己的一個人格片段體，它包含了你朋友所有的才能，是否是潛在的我不知道。這種人格片段體與你的朋友來源不同。你的朋友本身則是他自己的存有的一個片段體。我們稱這類片段體爲一個分裂人格片段體，或一個人格影像片段體，通常它不能在你們的物質界的所有層面中運作。

「一個人可能將一個人格片段體影像完全送入另一個存在層面裡去，甚至連他們自己都沒意識到。它在那另一層面可能獲得有價值的資訊，然後再回來。有時候這個人並沒有吸收這份知識的能力，甚或不認識他自己回來的人格影像。你朋友看到的就是這種，但它與你朋友如此缺乏聯繫，而且它是在如此漫不經心的態度下被送上旅途，以至於它的資訊可能已直接傳送給你朋友代表的那個存有了……」

後來羅告訴我他有各種各類的問題，但他不想插嘴，而他的手作筆錄也已很累了。所有這些時候我一直不斷地在房裡踱來踱去，兩眼半開，毫不猶疑地傳送這個獨白。

「事情的趨勢是，有意識的個人其注意力會越來越集中，於是能審視這些分裂人格片段體或影像，而不至使現在的自我遭受到注意力分散的負荷。那麼，是由你們所謂的潛意識來執行這責任的；做得不頂好，因爲它本就不是意在清楚地集中焦點。在你們的層面裡意識將會擴展。意識的範圍將會擴大到如此地步，以至在連續轉生中的所有人格片段體、分裂人格片段體和個人片段體全都可以不費力的被保持在清楚的焦點內。進化是向著這種目標前進的，雖然自然是以它一貫的『驢步』速度前進。」

從九點開始，我穩定的繼續給這些資料，直到九點五十羅的手發生了「作家的抽筋」。這兒我只給了摘錄。我倆都很驚訝我講了這麼久，說了這麼複雜的字句而沒有一點改正或遲疑。然後，十分鐘後當我們在休息時，羅說他將問問我們有沒見過這種「人格片段體」影像。立刻，我腦中又開始有字句，而我開始口授了。在說話時我對這些字的意義絲毫不知，因此一直要到我們下次休息時，我才知道賽斯說了些什麼。過後，下面這一段令我倆覺得非常不安。

「在約克海濱的跳舞場所裡的那男人和女人……是你們自己的片段體，被扔出來的你們自己負面、侵略性感覺的具體化……在當時你們累積起來的破壞性能量形成了這影像。雖然你們並沒有意識地認出他們，無意識地你們對他們知之甚深。無意識地你們看到了你們的破壞性傾向的影像。這些影像本身又喚醒你們去與之格鬥。」

羅即刻明白了賽斯所說的那一件事，我真不懂他怎麼能坐在那兒鎮定地作筆記。

一九六三年尾，在賽斯課開始前幾個月，我們去邁阿密的約克海濱度假，希望換個環境會改進羅的健康。醫生不知道他的背是什麼毛病，乃建議他住院作肌肉牽引術。反之我們認定羅對壓力的反應至少對他的背疾要負一部分責任，因此以度假取代之。

在上面提到的那個晚上，我們到夜總會去尋找一些假日氣氛。羅經常在疼痛中，雖然他不抱怨，他卻無法隱瞞那突發的痙攣疼痛。後來我注意到一對老年人坐在房間的另一邊，我委實被他們與羅和我怪誕的相像嚇了一跳。難道我們看起來是那個樣子——疏遠、悲苦——只是較年輕嗎？我無法把眼光從他們身上挪開。我終於把他們指給羅看了。

羅對他們看了一眼，又因另一次的背部痙攣而呻吟，然後發生了一些我們一直無法解釋的事。全然出乎我意料的，羅站起來抓住我的手臂，堅持要同我跳舞。在一分鐘以前，他還幾乎連走都不能走。

我只呆瞪著他。結婚八年來我們從未共舞，樂隊在奏扭扭舞曲，當時我們對那是完全不熟的。更有甚者，羅不肯接受拒絕。我怕自己出洋相，但羅卻把我拖入舞池。我們一直跳了整晚，而從此以後他的健康情形大爲改善。他的人生觀自那一刻起似乎開朗多了。

現在賽斯說：「回想起來，你們可以說那效應具有治療性，但如果你們潛意識地接受了那影像，那就是你倆個人方面和創造力方面開始嚴重退化的記號。再者，這影像也顯示出你們的破壞性能量的危險累積。這影像是你們自己的影像表示你們的破壞性能量轉向內了，縱使它們具體化成了實體形式。

「你們的跳舞代表離開那影像所表示的意義的第一步。在這種情況下，強烈的行動是最好的事……可能會發生一個微妙的轉變：你和珍很可能會把你們人格的一大部分轉移進你們自己創造的片段體裡去……而從他們眼中由房間對過看你們自己。在這情形你們目前的主宰人格就不再會是主宰了。」

在休息時，羅告訴我賽斯所說關於那影像的事。那時我倆都還沒聽過「思想形」(thought-form)，整件事聽來難以置信。不過，我想到，心理學家談到投射與轉移，借之我們把我們的恐懼向外投射到別的人或物身上，然後再對它發生反應。

「也許賽斯意指一種象徵性的創造？」我說。但字句不久又開始來了，漸漸可知賽斯明顯地堅持一個貨眞價實的具體化。

羅問：「誰先離開房間，珍和我或那對影像？」

我再次替賽斯說話：「那投射出來的片段體消失了。他們站起來，橫過房間，消失在人羣中。他們沒有力量離開他們誕生的地方，除非你們給他們力量。要記住他們眞的存在……同樣地你們的勝利加強了你們現在的自我健康的一面。」

夜已漸深，但賽斯並無力竭的跡象。在子夜以前，羅和我再休息了一次，並決定結束此節（附帶說明，是賽斯建議我們每半小時休息五到十分鐘。）羅和我不知該對這節作何解釋。這是我第一次講得這麼長，此其一。我們不知如何評估所說的話，此其二。

賽斯對約克海濱事件的解釋，在直覺上我們覺得合理。那晚誠然發生了一些重要的事，但我們是眞的把我們隱藏的恐懼具體化成實體的影像了嗎？人們常這樣做嗎？如果是，其暗示令人驚愕。或者，這解釋在心理上和象徵上是合理的，但**實際上**卻是一派胡言？

我們該不該繼續？我比羅覺得勉強些，因爲直接牽涉到我，但我想，多好的機會啊！我們決定起碼再來幾次看看會有何發展。羅有些有關片段體人格的問題想問：當賽斯說我們以前可能會變成那個影像是什麼意思？羅把問題寫下來以免遺忘。兩天之後的晚上我們又在靈應盤前坐下。當然，在這個時候，我們還不得而知每一節是否會是最後一次，不論我們有心想繼續與否。我們僅僅知道，賽斯可能也像法蘭克·韋德一樣地消失。羅準備好了他的問題，以便在我們還有這個機會時得到一些答案。

但在這次賽斯課中，我替他說話比以前還要久些。賽斯給了我們前兩生的詳細報告。並開始談到羅的家庭的輪迴史。這資料包含了一些極佳的心理洞察力；我們發現利用這資料我們與親戚相處得好多了。但我完全不喜歡這種對輪迴的堅持。「心理的洞察力是很棒，」在休息時我對羅說。「但有關輪迴的部分可能是幻想。很可愛，卻是幻想。」

羅問：「你今晚不必決定是怎麼回事，對不對？急什麼呢？看看他還有什麼要說的。此外，今晚我對我家庭的了解勝過我一輩子的了解，那已値回票價了。」

然後，又開始時，羅問了一些自賽斯談及約克海濱的影像後便一直縈繞在我們心中的問題。

「如果珍和我潛意識地接受了那影像，我們還能不能回家？別人還認識我們嗎？那影像比我們老些。」

立刻，字句滾過我腦中，滾出我的口，我下臺而賽斯登場了：「那影像代表了多年來具負面傾向的經驗之極致。如果你們接受了他們，當你們轉變爲那影像時就成爲其複製品。不過，你們所擁有的創造力和建設性會柔化那面孔。你們的朋友會認識你們，但也會注意到那改變。他們會有很好的理由說你們看起來不同了。」

「我倆哪一個還有其他類似的經驗嗎？」羅問。

賽斯說：「當你差不多十一歲時，有天下午在一個小公園裡，你以爲你是獨自一個人。那天是九月十七日，學校放假，下午快五點時，另一個男孩子出現了，你沒看見他走過來，你想他一定是由繞過音樂臺的路來的。他手裡拿著小球。你們彼此對望著就要說話了，這時一隻麻雀飛上了附近的樹枝。

「你轉頭去看麻雀。當你回過頭來，那男孩已走了。你奇怪了一陣子，後來就把這事忘了。事實上，你的弟弟羅倫當時由對街你父親的店裡向外看，卻沒看見什麼。」

羅問：「那男孩是不是眞的呢？」

「他是你自己的一個人格片段體。你在盼望著一個玩伴，因爲你弟弟跟你爸爸一起那麼久而感到嫉妒。不知不覺地，你把一個人格片段體具體化而成爲一個遊件。那時你絲毫不知發生了什麼事，你不能給予那影像任何長久性。

「偶爾，一個人會被這樣的一個影像製品嚇一跳。通常這種影像在此人成年時就已消失。然而，在兒時，這種例子是很多的。常常當一個小孩哭著說看到了鬼怪時，他所看到的正是這樣一個影像產物或纖維性投射物，因潛意識活生生的渴望而形成。」

我後來說：「我喜歡他把這些都與潛意識的動機連起來的方式。」

羅笑道：「你是否情願他沒有那樣做？」

「但是轉世——以及小孩子造成片段體人格或什麼的來作玩伴？」我皺起眉頭，「然而，眞像鬼故事一樣迷人哩。想想看，如果是眞的話，那意味著什麼！」

「想想有些我們認識的人，莫名其妙地忽然變得跟他們原來的樣子完全不一樣了，」羅說：「如果賽斯是對的，他們眞的是變成他們心目中自己的破壞性形象。」

我不安地打了個冷顫，「但不總是破壞性的吧？能不能是另一面的呢？」

羅問：「擔心了嗎？」他在逗我。

「一點都不。」我高傲地說。但我心中仍能看到那一對的面孔，還有那麼多未解的疑問。有些在其後的賽斯課中得到了解答。而這在三年後的一課中的解釋特別有意思：

「至於說到約克海濱的影像，此地侵略性和破壞性的能量無意中被投射出去，被給予一個假象，和暫時的物質上的確實性。情感上的電荷供給這些造物其模式和原動力，按照要達到的物質實相的程度，發動者的身體讓渡或調動它自己化學結構的一部分，用到了蛋白質，而且消耗了很多的醣類。

「身體的蛋白質和化學質能被用來形成各種影像，以同樣的方式，它們也可用來形成潰瘍、甲狀腺腫或（在體內）造成其他的變化。此時某種特定的情感被否認、被分離。這個人不願接受其爲自己的一部分。不像你們在約克海濱的影像中所作的把它們投射出去，他們把這些不要的情感導向身體的某一特定部位，或在其他情況下，允許它們在身體的實質系統中流浪，可說是流浪的肇禍者。」

在賽斯給我們這個資料時，我們已有了了解它的背景，在他對健康的討論中，賽斯總是堅持說疾病常常是被分離的、被抑制的情感所造成的結果。心靈試想擺脫它們，而把它們投射到身體的某一特定部位。在潰瘍的情形下，這走入歧途的能量眞正參加了製造潰瘍的工作。如果自己的大部分眞的被抑制了，一個第二人格可能形成，以那些原始自我中不被信賴而被否認的特質爲中心，並且常與原始自我相反。在其他例子裡，被抑制的情感能向外投射到別的人身上。或像在約克海濱影像的例子，充沛的能量被壓抑後能眞的造成假的肉體影像，而對此人顯示出他的恐懼經過實質具體化的影像。

然而，那時這些對我們而言全是新鮮的。就我所知賽斯自己就是個第二人格，而在那一刻我們可能會終止賽斯課。雖然我們覺得賽斯課很吸引人，但我們確實不相信賽斯是個死後猶存的人，我們想，他最可能是我自己潛意識的非常活躍的一部分。到現在我們已讀了足夠的書，不會再去擔心第二人格的說法。不過，在賽斯資料中沒有過分訴諸感情的證據：沒有壓抑的恨、偏見或欲望。賽斯對我倆都沒有任何要求。

同時，聖誕假期到了，有兩週我們沒有賽斯課。我倆都在猜測當——或如果——我們再試的時候會怎麼樣。但下一節將我們認為什麼是可能的想法擾亂得如此厲害，將我們傳統的理論觸犯得如此深，令我們幾乎整個放棄。顯然我們並沒有——然而我們的反應影響了以後數年我們的活動，對我允許自己的心靈能力運作的方向有絕大的影響。

第3章 賽斯光臨降神會

——一副「新」的手指

爲我的書所列的實驗單上，下個實驗是降神會（seance）。我們對降神會是怎麼回事只有最模糊的概念，因從未參加過。然而我們確是想到了參與的人應比兩個多，因此我們決定請比爾・麥唐納來加入，既然他是唯一知道我們的實驗的人。比爾於一九六四年一月二日晚上偶爾過訪，我憑一時衝動乃建議我們三人來試它一試。

結果是如此可驚，與其意譯羅的筆記，我不如把它完全照錄。至少比起我來，他是個更客觀的觀察者。他的筆記的寫法也表露出他的心態，他謹愼的、批判性的態度。比爾看過並且同意他的記錄。

「一開始我們坐在客廳的小桌旁，我們用一方深色布蓋住桌子，廚房開向客廳，因此我們關上這兩個房間的百葉窗，並拉上窗簾。

「我們不知如何著手開降神會，就插上一枝紅色的聖誕電燭。我們的牆是白色的，因此我們的眼睛一旦適應後就能看得相當清楚。

「我叫珍把她的婚戒放在桌上。我們三人圍著它互握著手，安靜地坐在微弱的光線下，瞪著那戒指，我發現不細心的觀察者也不會太難看見他想看的東西。

「戒指的邊緣生出了一個光點，但我移動手臂時發現我能使光明滅，原來是電燭的紅色反光。因此我把蠟燭放在窗簾後，使光擴散。當我們再盯著戒指時沒有發生什麼。我開始隨意地大聲問問題，但我並沒有向賽斯說話。

「然後珍突然以堅定清楚的聲音宣布：『看那手。』那是個命令，我乃知道賽斯與我們同在了。珍覺得她的手變冷了。透過珍的聲音，賽斯詳細地，有聲有色地描述每一個效果——他說因此我們對所發生的事不會有疑問。

「開始他叫我們看著珍的拇指，指端開始發光，看起來好像肉的裡面滿是冷冷的白光。並沒有燦爛的效果，只是肉變了色，因為指頭是在陰影中，顏色的改變是錯不了的。

「光散布到整個拇指，一直到它基部連接手掌的肉丘上。『看那肉丘』賽斯相當滿意地說，『看到顏色改變，掌中的陰影不見了嗎？如果你們要一個表演，你們會得到一個表演；雖然很傻……現在看腕部，看到它變粗而轉白了嗎？』

「珍的手腕真的變粗了，她坐著，左手腕壓在桌面上。她穿了一件黑毛衣，衣袖推上去一半，那冷冷的白光擴散過變粗了的手腕，到她的前臂，一直到毛衣。

「然後那手開始改變它一貫的比例，變得像爪子一樣，我有種可怖的感覺，覺得它像動物前爪。珍的指頭平常是細長優雅的，現在縮成好像是粗短的附屬肢體。那光充滿了手掌，消除了平常看得到的陰影，所以不像是手指只是彎折了進來。

「慢慢地那手又重回到它正常的形狀。珍的掌心仍然向上。現在賽斯眞的顯神通了，手指開始明顯地拉長了、變白了。然後一副新的手指開始從珍自己的手指上長出來，珍的確很容易把她自己的手指屈成這樣，但我們三人現在看到第二副手指升起來，又長又白。更有甚者，這第二副手指的指甲在上面。如果是珍自己的手指，指甲應該在下面而看不見。

「賽斯說：『拿第一次的嘗試來說，我做得很漂亮。你們認爲如何？好好地看一看。』我們審視了一會兒眼前的效果。對我而言，長出來的這副手指彎屈得這樣醜怪，看來像蠟一樣，幾乎是濕的，好像是剛剛由模子裡倒出來。珍看來並不害怕。然後另一副手指漸漸地消失了。

「『現在手又變了。』賽斯說。『它變成一個粗短肥胖的手。法蘭克・韋德有那樣的手，恰像那樣，法蘭克・韋德是個肥仔。』他志得意滿地說，雖則賽斯曾說法蘭克是他自己存有的一個人格片段體。

「那手有一刻確實變成粗短而肥，然後它又呈現爪狀。『現在，』賽斯對我說，『非常小心地伸手觸摸那手，我要你碰到它，以便你能感覺它是什麼樣的。』小心翼翼地我用指尖觸摸珍的手掌，爪狀的手摸起來很冷，又濕又黏，皮膚有種我在珍的手上不曾感覺過的不平滑的感覺。

「賽斯現在以這冷冷的內部光充滿了珍的手腕和手掌到了更可驚的程度。在手和腕連接處的肉隆起如蛋。白光爬上珍的臂一直到毛衣，並下散到手指去，一直到手掌和手臂上完全沒有一絲陰影。然後爲了結束這部分的表演賽斯要珍把她的雙手並排放在桌上，以使我們能淸淸楚楚地看到兩者的區別，漸漸地那手回復正常，賽斯叫我們休息一會。

「休息後，賽斯要我們把通往浴室的門關上，門向著客廳的一面掛著一面長鏡，賽斯叫我們對著它看。因鏡子長而窄，我們必須向桌的三邊靠攏一些，才看得到我們的影子。珍坐在當中，她講話時嘴唇離我耳朵很近，我能聽到並感覺她每一口氣，每一次嚥口水。她的聲音降低了許多；我眞的感覺到她確實在替別人說話（而非替一個好比說自稱爲賽斯的潛意識人格說話）。

「『現在你們三個在鏡中淸楚地看到了你們的反映，正像是應該的那樣。看好，因爲我將改變珍的影像而以別的來取代了。』賽斯說。珍的影像眞的開始改變。她的頭降低了一些，同時，頭顱的形狀改變了，頭髮變短而更貼近頭顱。鏡中影的肩膀向前聳，變窄了。然後鏡中影的頭歪了，向下看，而同時珍自己坐在那兒，頭是挺直的，兩眼正視著鏡子。

「珍後來說這比別的都讓她吃驚。我先看看旁邊的她，再看鏡中，兩者的不同是無可置疑的。我也看到一個陰影充滿了鏡中影像。同時我感覺那臉孔是懸在身體前面的。鏡中的頭似乎變小了些，它似乎是懸在鏡中影和我們三人之間，我察覺它四周有微光。

「同時很明顯的，鏡中影比珍自己坐得要低幾寸。那神秘的頭不時地會向下垂，然後離開身體而懸在前方。」羅的筆錄到此結束。

在降神會時我一點也不緊張或害怕，雖然在快完時，看到鏡中影和我自己的不同，我是嚇了一跳。我想我有一刻怕我眞的看起來像那樣。再說，那是個很正常的反應——通常當你看鏡子時，它給你一個忠實的複製品，沒有一個女人喜歡看到一個模樣古怪的幽靈從鏡中回瞪著你。

當賽斯接管時，他的信心把我心中所有的疑慮都驅散了，不過我的眼睛一直是睜著的，我能檢查我兩手的區別，好比說，而看到另一副手指，以及那一直延伸到我捲起的毛衣袖緣的白光。當賽斯說話時，我好像是啪答一聲關起來了，然後同時又感受到一股極強的能量衝過我身子。除了末了的鏡中影外，沒有別的使我不安。

但當降神會一過，我立刻感覺驚駭不已，不但不因賽斯參與了此事而受到鼓勵，反而困惱。我們全知道我們看到了什麼，羅甚至有一刻還觸摸了那隻手，而賽斯給了我們許多機會去查核每一件效應。我們無法接受我們感官的證據，而又不能眞的否認如此明顯的證據。雖然我們爲了那本書而嘗試這實驗，我們認爲降神會是有些古怪，有些不可尊敬。我們**沒**要賽斯涉入，並且特意不請他來。

光只爲這件事是這樣成功，就激起了我理智上的懷疑。我們往復辯論是否是「暗示」引起的，但我們知道這不能解釋其半，不能解釋羅在我手上感覺到的凹凸不平的特性，或那第二副手指，雖然我們決定暗示也許**可以**說明怪異的鏡中影。

事實上，在我們一生，這是第一次經驗到我們無法解釋的事情，而且懷疑我們感官的明顯證據——對任何人而言這都是不舒服的境況。這事給我們的影響如此之大，以致我有三年不願再試那種降神會（然而，你會看到，賽斯在第六十八節裡以幽靈的形式出現）。從那時起，我們總是把燈開著以便很容易地檢核任何可能發生的效應。

後來的工作使我相信心靈現象並不只因我們要它出現就出現，也不只是由於暗示的結果。其他後來的效應在明亮的環境下發生，例如在我的幾次ESP課上，賽斯的幽靈也在明亮光線下出現。從那以後我也曾經歷過一些情形，當一羣非常易感受暗示、並不吹毛求疵的人聚集在黑屋中，期待著各種幽靈出現時——什麼都沒有發生。

我想羅和我因措手不及而憤怒，我們被迫面對我們還沒準備好面對的一些問題。每件事都發生得這麼快，從我們開始玩靈應盤後還不到一個月。我們對什麼是可能的概念被搞得天翻地覆。我們決定再舉行一節賽斯課來看看他對此事有什麼講法，而我們也再次考慮要不要停止實驗，管它出不出書。然而我們很難怪罪賽斯，既然是我們開始有辦降神會的念頭。我必須爲我的書寫下降神會的結果，而我眞不知該如何著手。

第二天晚上我們舉行了我們以爲也許是最後的一節。在這次之後，我們知道我們已把自己付託給賽斯課了，而對我們來說，這一節眞正標出了賽斯資料的開始，及初步資料的結束。

賽斯首次眞正地「傳過來」像是確切的另一個人，笑著，開著玩笑。羅簡直不能相信他是在對我說話。但更有甚者，賽斯對實相本質的長篇大論迷住了我們，我們完全不知道它實在是一個非常簡化了的解釋，很明顯的是配合我們自己當時的了解程度。儘管如此，它還是留給了我們極深刻的印象。

我替賽斯說了將近三小時的話，在房中踱來踱去，開開玩笑，有時停一下讓羅趕上來，我講這一長段獨白時，手勢、面部表情、用字和語調變化都完全不同於我自己的。我穩定地說著，毫不遲疑，不時以快活的評論打斷嚴肅的哲學性資料，很像一場小型演講會中的教授那樣。這一節課把我們的理智和直覺的好奇心激發到如此地步，以致所有不想繼續的念頭都不翼而飛了。

「設想有個金屬絲網，一個由連鎖的金屬絲無窮無盡地建構成的迷宮，以致當我們看穿過它時，看起來會好像是沒有開始也沒有結束。你們的層面 (plane) 可以比之爲在四根非常細長的金屬絲中的那一個小小的位置。我的層面可比爲是在另一邊的鄰線內的一方小位置，我們不僅是在同一些線的不同邊，同時按照你們觀點的不同，我們是在上或在下。如果你想像那些線在形成立方體——這是給你聽的，羅，因爲你對形象的喜愛——那麼這些個立方體也可以一個放在另一個裡面，而不至於對其中任一立方體內的居民打擾分毫。這些立方體本身也在立方體裡面，而我現在只說到你的層面和我的層面所佔的那一丁點小空間。

「再次想想你們的層面，被它的一組細長的金屬絲圍成，而我的層面在另一面。這些如我說過的，有無限的團結性和深度，然而對這一面而言，另一面是透明的。你無法看透，但兩個層面經常地彼此穿透。我希望你明白我在這兒作了什麼，我創始了動的概念。因爲眞正的透明性不是能看透，而是能穿透。

「這就是我所謂第五度空間（次元）的意思。現在，移開金屬線和立方體的結構，一切行爲卻好像有金屬線和立方體存在似的，但這只是對甚至是我的層面才需要的架構……我們建構意象符合我們恰巧擁有的感官，我們只是造出了想像的金屬線以便在上面走。

「你們房間的牆壁構造是這麼眞實，以致在冬天沒有它你們會凍死，但既沒有房間，也沒有牆。因此，與此相彷彿地，我們所建構的金屬線是眞的，雖然並沒有線。你們的牆對我來說是透明的，雖然，親愛的約瑟和魯柏，我不一定會在宴會中爲你們表演穿牆術。

「無論如何，那些牆是透明的。金屬線也同樣是透明的，但爲了實際的目的，我們必須裝作好像兩者都存在……如果你們願意再想想我們的金屬線迷宮，我請你們想像它們佔滿了一切存在的東西，而你們的層面和我的層面像兩個小小的鳥巢，窩在某株巨碩大樹的像鳥巢似的結構中……

「想像這些線是會動的，它們不停地顫抖，並且還是活生生的，因爲它們不但携帶著宇宙的材料，並且它們自己是這些材料的投射，而你們就會明白這有多難說明了。我也不怪你們會累，在我叫你們想像這個奇異的結構後，又堅持你們把它撕開，因爲就像你不能實際地看到或觸摸到百萬隻隱形蜜蜂的嗡嗡聲，它們也一樣地不可見不可觸。」

就在此節中，賽斯建議我們以後每週上兩節課，說定期舉行比間歇性的活動要好得多。他繼續道：「所有在我層面上的人都遲早要講授這種課。但師生之間必須有心靈的結合，這意謂著我們必須等待，直到你們層面上的人進步到某一程度才能開始授課。那時我們就給與我們有心靈契合的人上課。

「用以連接我們的即你們所謂的情感或感覺，它是在任一層面任一情況下最能代表生命力的連接物。你們的世界和我的世界所有的料子全是由它織出來的。」

當他說完了以上的資料，賽斯仍勾留著，好像強調這是個無拘束的社交時間。他請我們發問，常常打手勢，在羅面前停下來，透過我睜開的眼睛（但不像珍的眼睛）直視著他。

他說：「自己試做你們想做的實驗並沒有什麼不對，也許能獲得很多，你們喜歡的話可以稱它家庭作業，或許我甚至會給你一顆『金星獎』，雖然如果我對你們認識不錯的話，你們也許會堅持老師給學生傳統上是學生送老師的蘋果……」

然後，他以強烈的幽默口吻談到我們仍用來開始和結束一節課的靈應盤：「用它是以一種熟悉的方式來重建連繫，這是形式問題。我呢，在某程度內也總是偏愛儀式。這占盤給我們一個緩衝時間，是個說日安或晚安或舉帽致敬的方法。我同時也認為小小的儀式會在心中加強資料的印象，給它一個有利的開始，就像精緻的食具是精美饌食的開始……在一課結束時你們短暫地摸摸占板是非常有禮的。你們很幸運我沒要求你們穿大禮服。」

羅給逗笑了，當他念這段給我聽時我也笑了，我們給那段談第五度空間的獨白迷住了——附帶說了一句，那一段比這兒的摘錄要長多了。賽斯的個性給羅這麼深的印象，至少他相信賽斯是一個完全獨立的人格了。自然，他知我至深，深知我的每一心境，對我和賽斯人格之異同他是最好的裁判。

在羅描述這一節後，我又看過記錄，我的態度是純然的驚愕。羅和我是非常不拘禮的，我們的朋友也是如此。例如男人不戴帽，不穿西裝，而穿牛仔褲、襯衫或毛衣。我覺得賽斯很可愛，不管他是誰或是什麼。我們所認識的人除他之外還有誰這麼「老派」，還會說什麼舉帽致敬，或說食物是「美饌」之類的話？無論如何？至少他聽起來不嚇人，而第五度空間的獨白實在令人興奮。

不過，我已開始研究我自己的心理行爲，而也越來越常思索有關賽斯的獨立實相的問題。既然我以某種方式「變成了」賽斯，我從來不可能像羅或我班上的學生那樣看到我成了賽斯的樣子。但我確知他給人一個明確的印象。他是誰或是什麼？我經常地問羅。我看起來如何？他怎麼知道這是另一個人在說話？賽斯到底有些什麼地方使他確信賽斯不是我自己潛意識的一部分？

我才不在每一角落尋找賽斯的蹤跡，相反地，我以我天性中所有的毅力來保護我的精神完整性。然後我自覺愚蠢，因爲賽斯絕沒有試圖「侵入」我的正常工作天。更糟的是，我感到他覺得有趣卻能了解，而我覺得我的努力如果基本上是不必要的，對我心靈的平靜卻仍很重要。

但是我仍從來不覺察新的發展，直到它們應運而生之後，而且使我自己也很驚訝。如果我們以爲在以上一節中賽斯以他自己的樣子「透過來」了，在下一節中我們還有好多可學的呢，這回賽斯自己的更有力的聲音突然出現了。

與法蘭克·韋德上的第一節是在一九六三年的十二月二日。在一月八日的第十四節，我已準備好以他深沉的男聲替賽斯說話。在一個多月的時間裡，我們進展了不少。無疑的，那三十多天充滿了我們所曾經驗過的最強的心理活動、刺激和臆測。一直要到至少三年之後，我的書出版了，我們才算是剛開始了解到底發生了什麼事。

第4章「賽斯之音」

在所有這段時間裡，我下午是在當地的藝廊做事，上午則花在寫我的ESP書上，把我們實驗的結果寫下來。除了我們的朋友比爾外，我們還沒告訴任何人我們在做什麼。事實上，很少有朋友知道我們在搞什麼，直到那書出來以後。現在我奇怪我們爲何這樣保密，但在那時似乎最好是把這個世界和它所有的問題擋在外面，我們自己就有夠多的問題要傷腦筋的。

現在賽斯人格由靈應盤被釋出後，他更能自由地表達自己，尤其是在令人驚奇的第十四節之後。我想羅永遠不會忘了那一次。那時我們對賽斯課本身仍覺驚愕，在我們開始前我會很緊張，不知賽斯會不會過來。在那些日子裡我總害怕，萬一我進入了出神狀態，張開了我的嘴，而什麼也沒有！或者更糟地，嘰哩呱啦地說些人不懂的話。此外，我甚至不知我**怎麼**知道賽斯已準備好了。我們在晚上九點開始。八點五十五分，我再次感覺到我好像將要由一個高高的跳板上跳進深池中——而並不確知我到底會不會游泳。

那一節開始如常，對即將發生的聲音的改變並沒有任何暗示。此地我要提及，到現在我們已看了一些談超感官知覺的書，但還沒有碰上任何用聲音通訊的事。我們讀到Patience Worth一案，一位克倫夫人由靈應盤和自動書寫寫出了小說和詩。但我們對一個人替另一個人講話的想法全然陌生，我倆都不曾想到我的聲音可能會有任何的改變。

在這第十四節，我一口氣替賽斯說了五十分鐘的話，這是到那時爲止最長的、沒有中斷的一次。一開始賽斯勸我們有一個更平衡的社交生活——多出去一點，多與人交往一點——以便平衡心靈經驗的強烈內在活動。然後他開始第一次講到「內在感官」(Inner Senses)，這對我們是個全新的題目，將來會更加詳細說明。

「在你們層面的每件東西，都是獨立存在於你們層面之外的某些東西的具體化。因此，在你們的感官之內還有其他內向知覺的感官。你平常的感官知覺外在的世界，在已知的感官之內的感官則知覺並創造一個內在世界……你一旦生存於某一層面就必須對準它的頻率，同時擋掉許多其他的知覺。那是一種心靈的對準焦點，沿著某些路線集中知覺，當對環境來說你的能力長進後，你才能向四周看看，應用內在能力，而擴展你的活動範圍，這是很自然的事。在某一層面上得以生存要靠你集中注意力於其中，當透過注意力你多少能倖存後，你才能知覺其他的實相。」

事實上這個資料繼續了幾頁之多，羅一如往常盡快地寫以追上賽斯的話。

在進行到第二個小時後，我的嗓音聽起來越來越粗啞，這是在賽斯課中第一次我的聲音有疲乏的徵候。在內在感官的導論之後，賽斯說：「約瑟，今晚我並沒想要讓你這麼辛苦工作，如果你的手與魯柏的嘴工作得一樣快，你一定累壞了，要不要休息一會兒，或結束？我是爲你的方便著想，至少當我不在爲你的教育著想時。」他笑著加了一句。

羅要求休息一下，但他接著力勸我在我的聲音出毛病前停止。我知道他關心我，但我又對賽斯已講的資料極感興趣。此外，作爲賽斯，今晚我極爲活躍，不時地說些詼諧的穿插以打破一頁又一頁的嚴肅獨白，使人比以往更強烈地感到有另一個獨立人格在場，因此我決定繼續。到現在已過了十點三十。當我們在談天時，羅自言自語說他不了解時間的意義；當我們繼續時，賽斯開始討論這個問題。

「在沒有障礙的情形下，時間是無意義的。換句話說，如果沒有必要對其他行爲有所反應，時間即無意義。基本上，不客氣的說，這句話是個極佳妙的描寫。可悲的是，恐怕你們還不能了解此點，這全都需要花時間！當我在試著消解你們的無知時，我無法抗拒開了這個玩笑。我是好意的，因爲你們簡直不能想像，要想對必須花時間來了解事情的你們來解釋時間的意義有多困難。

「研究時間也會教給你們第五度空間的本質。我希望你們了解，由固化的活力（solidified vitality）所組成的假想金屬絲是流動性的，雖則它們是固化了的。因爲固體是個錯覺。」

此時，作爲賽斯，我爲了強調而搥著桌子，而突然開始以較大的嗓音說話，同時嘶啞消失了。一字一字地那聲音變得更低沉、更正式、更大聲。當羅低著頭作筆錄時，他知覺到發生了某一種聲音上的變質，他盡快地寫以便偶爾偷空抬頭看看發生了什麼事。現在我幾乎就站在他跟前，那不像珍的眼睛瞪著他，好像是要確定他明白賽斯說的話。

「我也說過這種活力的感覺——我較喜歡活力這名詞——是在動的，它本身也是宇宙活生生的物質的一部分。現在當這些金屬線彷彿由一層面通到另一層面時，它們實際上變成了每個層面的界限，而變得必須遵從那個層面內的法則。因此之故，在你們這特定的三度空間系統之內，它們也變得受時間的限制了。」

在說到最後一段時，那聲音變得越來越大，好像它試想充滿一個相當大的大廳一樣。自然，當我寫這一章時，我正在讀這一節的筆錄。而我剛剛發現羅在這一段和下一段間潦草寫下的註，它們很清楚地顯出他的反應：

「看著珍並且熟知她自然的女性嗓音，我必須想兩遍才悟到這新的聲音是由她口中發出的，這麼大聲卻一點不費力。我不知我對哪件事更覺驚奇：珍的似乎完全不爲這聲音所困擾呢？或是這聲音具有這麼明確的深沉而男性的音調？」

然而羅並沒有多少時間去寫額外的筆記，因爲賽斯繼續這一節沒有間斷。「顯然已固化的活力之移動引起時間的幻覺。在這情形所涉及的反作用是在活力本身核心內的反作用，很像是我們以前說過的一個關閉的精神性的圍場……作用和反作用是時間的觸發者。在某些其他的層面，動作是同時的，而時間是不存在的。對我來說，你們的時間可以被操縱；它是我能藉以進入你們的知覺的幾種交通工具之一……

「現在，作爲表示我的善意的一個例子，我將結束此節。如果不是顧及你們體力的限度我會繼續下去。今晚我可以很順利地通過來，而當這種情形發生時我喜歡加以利用。畢竟，你能怪我嗎？……無論如何，我要說晚安了。你們該知道我也樂意享受一段社交性的閒談，不然我不會留你們這麼久。我很遺憾我必須使約瑟這麼勞累〔作筆錄〕。晚安，好朋友。」

我的聲音立刻恢復正常，嘶啞早已消失了。現在我們幾乎不可能結束此節，我們太著迷了。雖然賽斯說了再見，我能「感覺」他仍在場，連帶著一股非常強烈的活力和善意的感覺。羅告訴我關於那低沉的男性聲音和它那可驚的音量，而在我四周我感到這高能量和極深的幽默感，好像一個隱形的賽斯仍舊坐在那兒，面帶笑容，準備開始友善的閒聊。

當我們決定要繼續時，立刻，由我口中又爆出那低沉的聲音，而身為賽斯，我開始繞室而行，有時停下來直接對羅說話或看向窗外，我眞的感到有另一個人在我身體內安居下來，漸漸習慣把它挪來挪去，並且對這些成就感到莫大的滿足。

「我喜歡與你們聊聊，所謂正常的聊天。朋友們不是永遠在談高深、重要的事……先前我們太過於關心別的事而沒有空作什麼感情的交流。如果魯柏的聲音在這過渡階段聽起來頗為陰鬱的話，我自己呢卻是在一種非常淘氣的，可以說很活潑的心情，你們儘管問問題吧。」

身為賽斯，我停下來，帶笑直視著羅的眼睛，羅對這重新又開始的深沉聲音再次感到驚愕，而他花了一刻才想起要問什麼。此外他還在笑賽斯與我極為不同的快活態度，幽默的手勢和音調的變化。

「嗯，在你們的層面有沒有像我們這兒的友誼？」

「自然我們有友誼。對我們這兒的人，你們的層面成為這樣一個有吸引力的行事場所的原因是，我們有些人仍然『舊情綿綿』，而試著與我們的老友們連絡，雖然常常以很笨拙的方式。就像你們寫信給你們在異國的朋友，而不忘記他們。我們也一樣不會遺忘。」

羅又問了幾個其他的問題。他們兩個，羅和賽斯，對談了三刻鐘。關於那聲音，賽斯說：「魯柏的聲音是一個實驗。如果我的個性能夠透過來更多，我們的課就更加的直接。我可以快活地，或你可說無憂無慮地再談幾個小時，但我不會那樣。我不是什麼老頑固，偶爾老法蘭克・韋德會透過來只因他是最近的獨立的具體化，習於招攬事情到他身上，我還沒有完全消化他，但你可以確信我有意那樣做。」

此地羅又開始笑了。賽斯曾很快活卻無惡意地談到法蘭克・韋德。他說話的語調和滿面笑容柔化了實際說出的話。羅對賽斯的態度有所評論，賽斯說：「恐怕我還沒學會謙虛。換句話說，你認識我在我認識法蘭克之前，那時我的虛榮心可大得嚇人呢！你自己也相當虛榮，而作為一個女人，在虛榮心方面你確是大大地壓過你現在的太太。」

自然他說的是以前他所提到的一些轉世資料。我們終於知道賽斯、羅和我是一個古老的存有的一部分，這在第十四、十五章中會討論到。賽斯後來也說到過，這過去的關係對我們的通訊有部分的責任。

當羅和賽斯繼續交談時，羅習慣了那嗓音，而感覺非常愉快，他心目中不再懷疑，賽斯就是賽斯，是個完全不同的、獨立的人。

羅由那聲音、手勢和態度得到的印象是個精力充沛，有教養的「老派」紳士，大約六十來歲，非常地聰明，但知道他自己的缺點——一個具有高度幽默感，卻是老式幽默感的人。身爲賽斯我摸了一下秋海棠（我喜愛的植物），說道：「我喜歡珍的植物，綠色東西是你們存在的試金石。你注意到我先前用「層面」（plane）這個字而非「星球」（planet）。因爲你們並沒擁有全部的星球……

「我怕珍發出男音時，聽起來沒什麼韻味。我並沒有天使般的聲音，但我也不至於聽起來像個中性的太監。今晚我卻只能讓她發出像太監的聲音……魯柏，如果你想抽煙就拿一枝吧。她已經拿著火柴走來走去有十分鐘之久了。」

我一點也不記得這些，但照羅告訴我，我當即點了根煙，並啜飲著一杯酒。「如果我能同你喝一杯酒，我會很樂意的。如果你想不記錄談幾分鐘也可以。我必然會與魯柏活得一樣久，並且會久很多。如果某些晚上當我們談話時，你太太的面容改變了，我建議你在結束之後才對她說。」

賽斯一直繼續到過了午夜。關於我容貌改變的話自然也在筆錄中，但卻被遺忘了，一直到一年後發生了些事，使這話頗爲強烈地回到我們的記憶中。此節完後，我自己的聲音仍很清爽明快，以前的嘶啞已無跡可尋。我連累也不覺得累。

再次地，當我們讀筆錄時，很爲這資料著迷。特別是因爲賽斯告訴我們他將更完整地解釋這些「內在感官」，並教我們如何利用。他很重然諾，因爲不久你們將看到，他的確給了我們教導，而在遵循他的教導時，我們獲得了各種新的經驗。我們並不知道這資料是配合著我們自己了解力的水平，與後來的詳細說明比起來是相當簡單的。

我們也沒了解賽斯聲音的出現完成了我們藉以獲取賽斯資料的心靈結構，並且藉著賽斯之聲他得以表現自己的個性。從這次後，每次都有嗓音的改變，但有一大段時間深沉的鼓樣的聲音是特例而非常規的。有些時候，在那聲音的後面眞的可以感到巨大的力量，而我自己的嗓音從不疲啞。很久之後，賽斯告訴我們這心靈能量可以像這樣被轉譯爲聲音，或被用爲其他的目的，例如，當賽斯給千里眼的資料時，那聲音很少大聲，反之，能量被用來收集資料。(在本書後來你會看到，能量也能用作進入其他次元的跳板。)

當那聲音是深沉並且隆隆而出時，我自覺很渺小，被非常的能量包圍著。我們學到，那聲音是對有多少能量可以利用的一個指示。除了有助於賽斯表達他的個性之外，它還有許多作用。

然而，回顧以往，確實好像是賽斯之聲的初現完成了賽斯課的結構。甚至這資料的基本原則也以非常簡化的方式說了出來：那是在其上建立基礎的基石。

說到心靈的爆炸！我們第一次靈應盤的賽斯課開始在一九六三年十二月二日，在次年一月末，我們已有二十節課和兩百三十頁左右的打好字的資料。當然我們知道這聲音的改變是重要的，但我們沒想到，在那聲音之後的力量才是更重要的課題。我們看出這些課有某種規律，但卻沒注意其重要性。實際上，這賽斯課的結構提供了連續性和穩定性，但同時也有足夠的彈性來滋養當時我們還完全不知情的潛在發展。在此結構之內我作爲靈媒的訓練得以安全地進行。

在這一點，我們有好幾條路可走。我們可以不跟任何人講發生了什麼；我們可以與一個靈魂學的團體接觸；或我們可以通知超心理學者。我們明確地決定不告訴我們任何的朋友或親戚，至少目前不說。因爲那時候我對一般宗教的看法，靈魂學的團體無論如何是「免談」的了。但我們所讀到的ＥＳＰ書上全都勸告有這種經驗的人去接觸合格的心理學家或超心理學家。

由於賽斯的教導，我們倆自己都開始有一些千里眼的經驗。我們想我們該寫信給某個對這種事知道得比我們多的人。此外，還有一個緊要的問題：賽斯是不是我潛意識的一部分？心理學家能告訴我嗎？因此我們決定接觸一個對ＥＳＰ和心理學都懂的超心理學家。

我猜如果要從頭來過，我還是會做同樣的事，但我沒有把握一定如此。

下面幾章將談到我們試想「科學性的負起責任」，以及在「試探」賽斯的ＥＳＰ能力上所做的努力。我們並沒眞的有任何全盤的決定，但我想我渴望證明所有這些在理性上或學術上站得住。當然，它是站得住的——但我還得受不少教訓。

第5章 心理學家的一封信使我心神不寧

——賽斯的再度保證

二月初旬，羅寫信給維吉尼亞大學，神經學與心理學系的伊安·史蒂文生博士。史博士對轉世也有興趣，我們剛看過他的書，羅又附上了幾次賽斯課的副本，包括有關我們前生的一些資料。照它說來，很久以前我們曾活過幾世，包括三個世紀以前在丹麥的一次，那時羅和我是父子，而賽斯是我們的朋友。我們上一生是在十九世紀的波士頓。

我不喜歡那些轉世資料，只因我尚不想接受那觀念——它看起來太玄了一點。我並沒有眞正鼓勵羅對這資料問得更詳細。但這是資料的一部分——至少我無法否認此點。

史博士寫給我們一封信，今天在同樣情況下我可能會寫同樣的信給另外一個人。他認爲資料的流利可能正說明了那是來自潛意識。但他強調在此一階段還不可能確定。他又告訴我們業餘性的靈媒在某些情況下可能造成精神病的徵候。

我對羅說：「哦，棒極了，我是否表現得比平常更瘋些？」羅嚴肅地保證我的行爲並沒有任何改變，事實上他一直在注意觀察有沒有這種徵象，而我也在留意。不過史博士好意的警告的確使我有些驚心，雖然在我們買的一些心靈學的書中也讀到過同樣的警告。

在某方面來說，史博士的信來得不是時候。我們不可能把賽斯課的事完全保密。我們的一些朋友終歸會在某星期一或星期三晚上過訪，而像菲爾一樣在門外聽到那奇怪的聲音，那是發生在我們剛要寫信給史博士之前。結果菲爾開始參加賽斯課。我現在用的是賽斯所給的，他的存有的名字，因爲他的家庭不諒解他對心靈現象的興趣——這是我們一再遇到的情況。菲爾住在外州，但每六週左右會到艾爾默拉來出差。

就在我們收到史博士回信的前幾天，我們有一節未曾預定的賽斯課，菲爾也在場，我們給他紙、筆寫下他可能有的問題。但菲爾根本沒機會寫下任何東西。照他說，當每個問題在他腦海中形成時，賽斯就順序回答了這些問題。菲爾寫下這聲明，並簽字爲證。

這是賽斯課中第一次顯示心靈感應或千里眼的現象，菲爾感到震驚，我也一樣。

我相信菲爾的話，但我又想巧合可能可以解釋這事。不管怎麼樣，我的心情振奮起來。然後，幾天後史博士的信來了，我的心又墜入谷底。羅說：「看看賽斯對這信有什麼話說沒有。」我同意。但當我緊張起來時，很難放鬆到能舉行賽斯課。結果我漏掉了下一節預定的課。但在下個星期一來臨時，我已重獲平衡。

賽斯可有得說呢！「一個非常快樂與激憤的晚安。」他開始。「激憤是因爲你們的好心理學家幾乎將我好不容易在給菲爾那課中才替魯柏建立的信心破壞了。我試著建立魯柏的信心，而某位陌生人把它毀掉，他的立意良好，但我想我現在必須感到我有責任——我的確眞是有——談到精神和情緒的穩定，以及我們在此可能牽涉到會危及這種穩定的地方。

「對魯柏而言是沒有危險的，我是個敏感但有紀律而明智——也許略爲暴躁——的紳士，此其一。由我而來的通訊絕不會在任何方面導致不穩定。我也許可以大言不慚地說我比你或魯柏或那好心理學家都要穩定些。

「我對你，以及任何我們的溝通所造成的結果有強烈的責任感。不說別的，我以前給你倆的個人性勸告應有助於你們的精神和情緒的平衡，其結果是與外界的一個更強固的關係……我的確依賴魯柏同意與他自己分離(dissociate)的意願，無疑地在上課期間他有時對周遭的事無所知覺，這現象是經過他同意的，而他在任何時候都能恢復他對物理環境的有意識的注意。

「並沒有這種危險：『離魂』(dissociation)像什麼黑色曖昧的多毛怪物把他給逮住，把他劫持到歇斯底里、分裂症或瘋狂的冥界。我一向勸你們與一般外界接觸，並且告訴你倆用你們的才能去應付外界的挑戰。自外界退縮而以『離魂』作爲隱蔽之所可能是危險的，許多人曾因此失足。魯柏的情形並不是如此。

「魯柏的自我極端堅強，此其一。他的直覺是個門戶，可藉以鬆弛一個否則即爲固執而專制的自我。」聽到這裡，羅抬頭看我一眼，笑了。「然而，他直覺的品質並不輕浮，而他的人格是整合得很好的。」賽斯繼續描述「離魂」，說在賽斯課中我總**多少**會覺得我四周的事。他說：「的確，分離的狀態是必須的。但因爲你開了一道門，這並不指你不能關上它，也不指你不能讓兩道門同時開著，這是我所要指出的。你**能夠**讓兩道門同時開著，你**能夠**同時傾聽兩個頻道。同時，在你學著把注意力調整到第二個頻道時，你必須把第一個頻道轉小聲一些，這就是你們所謂『離魂』的過程。」

當賽斯停下來時，羅問：「對於史博士認爲這可能是珍的潛意識的那個想法你有何講法？」

賽斯說：「我們以前談到過這點，無疑以後還會不斷地談到，而如果我能成功地說服你，相信我身爲一個獨立人格的事實，我就眞是做得非常好了。很顯然我的通訊是通過魯柏的潛意識而來，但就如魚游於水中但魚不是水，我也不是魯柏的潛意識。

「我給你們的心電感應的小小證明是有目的的，我想要給你們看，心電感應確實存在，而我想要給魯柏看，這兒所牽涉的超過了他所知的他自己的潛意識……現在魯柏把我裝配起來或讓我裝配我自己，以使你們能認出我來，但不管怎樣，我是以獨立的方式存在的。」

後來他對以上聲明的詳細解釋給我們一個相當清楚的概念，即有哪些內在過程的進行使得賽斯和我能作接觸，這涉及一個「心理橋樑」的建造，在本書後面一些會加以解釋。到此爲止我已爲賽斯說了約四十分鐘的話，他建議休息一會兒，說：「在現在與解除你們疑問的二十五年之間，我願談談某些我在好幾節中已試著去解決的問題。但休息一下吧，猫咪們。」

我本來一直很羡慕在賽斯課中羅的觀點，他可以聽到、看到我作爲賽斯的樣子，而我不能。

現在在休息時我又問他這個。我討厭必須靠另一個人來告訴我所發生的事，但我學到一樣事：我不能同時又是珍又是賽斯。爲了讓賽斯通過，我必須停止這種精神上的模稜兩可——至少暫時如此。

在休息後賽斯說：「再說一次，我不是魯柏的潛意識，雖然我通過它說話。它是我能到你們這兒來所經由的大氣，就像空氣是小鳥藉以飛行的大氣。……我自己的某種重組是必須的，這一部分是由我來做，一部分是由你和魯柏共同的潛意識努力，目前這可以令你滿意了吧？」

羅說：「當然啦，賽斯。」

「請你坦白，因爲我不喜歡此事懸在我們頭上。」賽斯說。然後他繼續給我們一些資料，關於「存有」，以及組成他們的各種不同「人格」，羅對「存有」與「人格」之間的不同特別感到好奇。

「個人的一生，或不如說，任何現在一個人的生活可以合理地比之爲一個『存有』的夢。當這個個人享受他所有的歲月時，這對存有來說只是一瞬。存有對這些年月的關懷有些像是你對你夢境的關懷。正如你給予你的夢內在的目的和組織而由其中獲得洞見與滿足，雖然他們只牽涉到你生活的一部分，同樣地，存有在某種程度上給他那些人格指導，給予他們目的和組織。

「存有給了人格無限的機會和變化……你自己的夢是個片段體，就像擴大些來說你是你存有的片段體。」賽斯又說每個人格的一個內在部分覺知它與它的存有的關係——這部分替人呼吸，並且控制那些我們認爲是「不隨意的」身體上的過程。

這節一直到十一點半才完，賽斯關於我有能力處理「離魂」的聲明和他負責的態度，使羅重獲保證。我也是的，但我不斷地想史博士信中的話，我說：「當然，賽斯說一切都沒問題，我們還能期望他怎麼說呢？」

有一陣子，我想我花了一半的時間試圖對賽斯做心理分析，另一半時間試圖分析我自己。謹愼是一回事，但有時我做得過火了。即使如此，賽斯說當我不過分時，我強烈的自我對我們的工作是可貴的，因爲它使我的整個人格保持平穩，並讓我有心理上的力量來處理並發展我的才能。

發生了一件有趣的小事，正說明了在那早先的幾個月裡我的態度。我們有一個可愛的大公寓，可惜只有一個小小的像壁櫥大小的廚房。當我們搬入我們現在這公寓時，廚房裡放了個爐子和一個小冰箱，根本放不下我們所有的食物。我們弄了個大些的冰箱來放那些不是每天需要用的食物。這第二個冰箱放在我們那間很大的浴室裡，那是個很棒的、老式的、貼瓷磚的房間，可能有廚房的五倍大。我知道這地方擱冰箱太滑稽，但過了一陣子也就習慣了。

早春時分羅染上了幾次齒齦膿腫，一晚他問賽斯要怎麼樣才能治好，賽斯立即開始一個很好笑的討論，說冰箱放在浴室中是不衛生的。他作了幾個雖厚道卻很明確的聲明，意思是我們應該沒那麼糊塗。他建議把冰箱遷入廚房，而把我們所有的冷凍食品放在裡面，如果這樣，他保證羅的齒齦膿腫會消失。

「沒有一個幽靈或不管是什麼能告訴我如何理家。」我說，「這是我所讀到過的可疑徵兆之一。幽靈開始施展影響力，試圖控制靈媒的正常人格，記得史博士所說的嗎？此外，廚房裡也放不下大冰箱。」

羅說：「隨你愛怎麼做，我得了齒齦膿腫，但那又有什麼了不得，我能忍受它。」

「那麼……」

羅說：「此外，賽斯並沒命令**你**做任何事，我問他一個問題，而他回答了。」

當我感情用事地反應，而羅給我一個理性的回答時，它總使我落於守勢，因此我同意了。

第二天我們搬動了大冰箱，爲了挽回我的面子或是什麼，我把小冰箱放在浴室，改爲一個放浴巾的櫃子。大冰箱現在仍在廚房裡，小的我早已扔掉了。哦，對了——羅的膿腫兩天內便消失，且從未再犯。

換言之，我以前習於像隻鷹樣地看緊了賽斯，尤其是在第一年內。但他的立身行事總是很明智的，帶著高貴與幽默。一旦我開始以他的行動和對我們的影響來判斷他，他便贏得了我的信任。他曾給我們絕佳的、心理學上正確的勸告，但他從沒試圖給我們命令。

有時我們聽他的勸而獲益。其他時候我們爲了自己的理由而沒聽他的話。例如，一九六四年我們在找房子，賽斯建議我們買某一幢房子，我們很喜歡它，但它的情況很差。我們想賽斯很可能是對的——如果買了那房子，我們也許會更快樂——但我們就是不願碰運氣。

約一年半以前，賽斯建議我辭去在藝廊的工作而開設心靈班。他甚至告訴我在三個月之內我將有多少個學生。我聽了他的勸，雖然我並不以爲在這一帶會有多少反應。賽斯對了：我很喜歡這個課，從其中學到很多，結果是在我以爲不可能的方面擴展了我的能力。

在賽斯課的最先六個月，我們的貓威立開始有非常不友善的行爲，好幾次在課前牠開始發嘶嘶聲並瘋了似地吐口水。有一晚牠眞把我們嚇壞了。我們正準備開始，威立睡在臥房的壁櫥裡，突然間牠跑出壁櫥，毛髮直豎，急衝過客廳而躲在窗簾後面。有一次當我正在替賽斯說話時，牠輕咬我的足踝，而當牠吊在我褲脚管上時，我在出神狀態中把牠拖過了半個房間。羅不得不把牠關在書房裡。

最後，羅問賽斯是否曉得毛病出在那裡。答案是威立非常敏銳的感官在一節開始前已感覺到賽斯的在場。他告訴我們當威立開始對情況較習慣時，牠的行爲會改變。一個多月後，威立恢復了常態。現在牠對賽斯課不加注意，甚至有時當我在出神狀態下還跳進我懷裡。

在這期間羅的背疾又犯了，雖然比以前輕很多。賽斯花了好幾節長課來分析羅的情況，並解釋病徵的理由。背疾無藥而癒，我們認爲這都是由於羅在這些課中所得到的知識。早先爲了羅的背，我們買了一個「甘乃迪搖椅」，他習於坐在搖椅中作筆錄，有一陣子那是他唯一覺得舒服的椅子。當他恢復後就不再需要它了，而我變得習慣用它。很久之後，當我終於同意在賽斯上課時坐下，它成爲我喜愛的「賽斯」椅。

我們很快地知道了賽斯認爲身體的病徵是內在「不適」（dis-ease）的外在具體化。他強調暗示的重要性和自憐的危險。他的確曾告訴我們，當我們之中一個人病了，另一人不應給予過分的安慰以至更加強了生病的意念。在後面的賽斯課裡他會給有關保持健康的一些絕佳資料，這些會包括在第十三章內。

我對早期的賽斯課花了很多時間和字數來敍述，使讀者熟悉賽斯給我們的部分資料。其中有些我們現在看來是如此初級，已很難喚回我們當時所感到的驚奇。引領我們前進的是持續的發現感和理智上的好奇心，它終於解除了我的疑惑。

在其後的日月裡有這麼多的發展，在此很難全部包括。我們將有我們第一次的「出體」（out-of-body）或「靈體投射」的經驗。我們在賽斯所謂的「心理時間」（Psychological Time）裡的實驗有助我們發展自己的心靈能力。賽斯資料的品質和範圍不斷在成長，而我們將會與超心理學界的其他人作些接觸。不久之後我們會發現賽斯的確是千里眼，而我自己作爲靈媒的訓練才剛開始。

第6章 賽斯會見一位心理學家

說我的編輯對我的ESP書的頭八章感到驚奇是個很溫和的講法。以前他與我有來往，認識我夠深，足以使他對我的書感到個人的興趣。他寫來熱切的信，但他也擔心這本書的現狀。我的經驗證明我一直是個靈媒而不自知，他說，這一點可以使那本書的前題失效，讀者不會相信那些實驗對任何人都有某些效力，不管他們的心靈背景如何。

「但這些實驗**的確**放出了我的能力。」我對羅抗議。「那證實了我的主張，對不對？我以前從沒有過心靈經驗——」

羅說：「別告訴我，告訴發行人。我死也不明白爲什麼賽斯的出現沒使那本書變得比本來更好得多。」

結果，困擾發行人的**就是**賽斯在書中的角色。編輯告訴我，如果我把賽斯的重要性弄低，而專注於其他一些已證實成功的實驗，那麼那書會有很好的機會。其他的實驗包括每日的預言和夢的追想；我們對夢的追想所做的工作已然顯示給我們預知性的夢之確實性。

羅和我都在練習預言；我們每天花幾分鐘把腦中客觀的思想去掉，而寫下進入腦海的任何東西，試著預言當天的事。訣竅是在釋放「直覺性的自己」，不去用理性分析。結果使我們驚訝，並使我們相信多數人對於未來都知道得遠比他們以為的多。除了別的以外，我們發現我們常會預見一件事的不同部分。

我確信我們大多數人對某些事件事先有反應，後來我還會對此多談一些。既然在所有這些實驗中賽斯都協助我們，而且對如何感知這種資料給予實際的建議和解釋，我無法只為了使這ESP書出版而減低他的重要性。對我們來說，是賽斯和賽斯資料使得所有這些成為可能的。

最後，雖然編輯站在我這邊，他的發行人卻拒絕了那書。對失掉了這買賣我眞是很失望。因而，我尋思要不要把賽斯的某些概念當作是我自己的來出版，而將其來源隱藏。然而，這好像不大誠實，我決定不那麼做。此外，我感覺賽斯課的這個事實其本身在心理學上就已夠迷人的了。這事引起了許多問題，而又在資料本身裡得到了回答。因此我把我的八章送到別的地方，幾乎有一年不再進行那書，而把我的工作時間全部投注於短篇小說，那些都在各個不同的全國性雜誌上發表了。

同時我們決定就此範圍再寫些別的東西。我們想，美國心靈學會的卡里斯·歐西斯（Kalis Osis）博士應會碰到與我們相似的個案。因此在一九六四年三月我們給他一封信，他不久就回信要幾個賽斯課的例子，並且建議賽斯以千里眼方式，描述他在紐約的辦公室。我不知我期望於歐博士什麼，但我的確並不準備試看賽斯能做什麼或不能做什麼。賽斯自願進行這實驗，但我不肯，我不知自己是更怕賽斯能做到或不能做到。

我含淚向羅說：「現在等於是背水一戰，如果它不是一派胡言，那就讓咱們看你或賽斯穿牆而行吧！」

「但賽斯說他願意做。」羅說，頗爲理性的。

但甚至對羅我也無法說出我的恐懼。萬一賽斯做不到？那豈不指其他的一切也都是某種潛意識的欺騙？不管賽斯是誰，當他知道我嚇得半死，爲什麼他還同意？

「你怕把這玩意兒拿去考驗。」羅說，「但在這個階段是沒有問題的，我情願你沒有催逼此事。」

「我可以出錯，那沒關係，」我說，試著解釋。「但假使賽斯也出錯呢？萬一他照所要求的做而失敗了呢？」

羅面帶微笑說：「難道他應該是全能的嗎？」

「不，當然不。」我說，「但如果他是的話確是極大的幫助。」還是一樣，我掉入了另一個谷底，我仍不確知我信不信人死後仍有生命。如果我們沒生命，那麼我由誰那兒獲得這些音訊？我的潛意識？雖則有時我用那種解釋作爲一個方便的代罪者，我也並不眞的相信它。我的潛意識由我的短篇小說和詩中已經得到了足夠的表達——並不需要「過繼」其他的人格特性（personality characteristics）。第二個人格？也許吧，但賽斯不符合我們所讀到的任一歷史個案——我也不符合。

在我仍遲疑未決時，羅寄給歐博士更多的資料。歐博士寫道，他對資料本身無興趣，因爲那不是他所專長的實驗心理學範圍。他叫我們別再寄資料，除非有關於ESP示範的報告，雖則他表示有興趣「考驗」賽斯的超感覺力，又再次建議我們試試千里眼實驗，那信使我倒胃口，因此我慍怒著：如果他對我認爲極佳的資料不表興趣，那麼他可以另請高明去看穿他的牆壁。

記住，那是在一九六四年的三月，賽斯課在前一年的十二月才開始，我們在賽斯課中少有ESP的例子，除了那些一會兒令我好奇，一會兒又嚇著我的實質效果之外。

我顯然只是還沒準備好把賽斯或我自己置於任何「考驗」之下，我怕賽斯對千里眼的聲稱可能是——他的或我的——潛意識的唬人，我不知自己有沒有足夠的勇氣揭穿他。萬一不是唬人呢？我也沒準備好面對那個！我只是尚未能心平氣和地接受我的經驗。我想到以一種非常嚴謹的、不妥協的方式「考驗」賽斯，讓他不是對就是錯。在ESP調查中，「命中」和「失誤」的概念尚不爲我所知。我對通靈所牽涉的內在機制（mechanism）少有所知，極可能那時我的態度有效地阻擋了任何持續性的表現。

我對歐博士的尋找徵兆或神奇很生氣（那時我對他的信的詮釋）。然而我知道當我有足夠的勇氣找賽斯或我自己的麻煩時，我也會做同樣的要求。

同時，我的出神狀態有了變化。第一年我經常在房中踱來踱去。當我爲賽斯說話時，我的眼睛是張開的，瞳仁擴散，比平時要黑很多。但在一九六四年十二月的第一一六節，我第一次坐下，閉上了眼。羅很聰明地什麼也沒說直到結束之後。賽斯告訴我們這是一個實驗的過程，除非我給予完全同意，否則不會繼續。

現在看來似乎很可笑，要在第一一六節課之後，我才閉上眼睛，或停止踱步。在我的出神狀態發生了這第一個變化時，我已經有過第一次的出體的經驗，而遵從賽斯的指導，在我每日的練習時間我正有千里眼的經驗。但我覺得我能控制這些，而賽斯控制賽斯課，這對我來說是不同的。我同意這個新的出神程序，但在它變成慣例而非例外之前還有好一段時間。然而，這次的出神狀態是比較深的，資料也開始熱烈地探討更複雜的主題。同時賽斯也在此時開始在他說話之前拿掉我的眼鏡。

（在出神狀態中我行爲的下一個變化要到一九六六年一月才出現。在我閉著眼舉行賽斯課後一年，我突然又開始張開眼睛，雖然出神狀態甚至比以前更深。肌肉的模樣和臉部的表情都有十分顯著的變化——整個個性的改變。眼中的表情不僅是不像珍，它更絕對是屬於賽斯的。實際上，賽斯是很安適地托庇於我的身體內。這也就是我們目前的程序。顯然這予賽斯某種表達的自由，例如他常常直視著羅、或任何他說話的對象。）

然而在一九六四年，當我們寫信給歐博士時，出神狀態還沒有這麼深，我才剛開始習於在賽斯課中坐下來。在一九六五年間，賽斯資料不斷地由每週兩節而越積越多。那年年初，菲德利克．費爾跟我簽約出ＥＳＰ的書，我必須在期限前趕好。

ESP試驗的想法仍使我害怕，但我感到它們是不可免的、必須的。

一九六五年春，在我們寫信給歐博士的一年之後，羅寫信給殷博士（非其眞名），他與紐約州北部的一所州立大學有關。殷博士早年曾是美國最出名的心理學家之一，過去曾調查過許多靈媒，我想如果賽斯是個「第二人格」，他會知道的。我們再一次地在信中附了幾次賽斯課記錄。殷博士回信表示有興趣，並邀我們參加一九六五年七月的「全美催眠術討論會」。

到現在我們已試驗過應用催眠術於「年歲倒溯」（age-regression）和「轉世」上，我作催眠師而羅作試驗者。然而我們從未用催眠術以進入賽斯課的出神狀態。當賽斯課開始時，我們從未有過催眠的經驗。殷博士會不會要我們被催眠呢？我一點也不知道我會不會同意。現在，在讀過關於著名的靈媒愛琳・蓋瑞夫人所經過的催眠試驗後，我知道我絕不能忍受。（自我催眠又不相同——我現在用它來給我自己一般的健康建議。）

我們很高興將見到殷博士，但爲了要付這趟旅費，包括討論會會費，我們得花掉我們度假用的錢。此外，羅現在上午在此地一家賀卡公司的藝術部門工作，下午畫畫，因此我們需要用我們的假期來作此次旅行。

這是我們所作的最瘋狂也最惱人的度假。我們參加的第一個演講，主講人作了兩次催眠示範。除了我們自己和幾個學生外，討論會參加者有心理學家、醫師和牙醫。主講人是個心理學家，他因催眠方面的工作而出名。他降低了聲音說聽衆既然多半在職業上運用催眠術，他們該知道被催眠是何等滋味，因此他開始了。

羅坐在我一側，殷博士在另一側。我決意不要被催眠，但我低下眼睛以免太引人注意。當大多數的聽衆顯然已乖乖地被催眠了——坐在那兒，不禁使我想起把雙翼俐落地折好的鴿子——我小心地抬起眼來，看殷博士在幹什麼，他正回頭望。羅面帶笑容看著我們兩個。

殷博士很有意思。後來，我們坐在奧斯維各的霍華•強生飯店跟這好好博士談話，忽然我感到賽斯在附近。我們從未在家以外的地方舉行賽斯課。我神經質地試著跟羅使眼色，我踢了他一脚，希望沒錯踢到博士。最後，我抓住了羅的注意力，他會了意，喜劇性地聳聳肩。

我說：「呃，我不知該怎麼說，但如果你想會會賽斯，你可以，他就在這兒。」

我無意在霍華•強生飯店裡舉行賽斯課，殷博士也不想，他帶我們到他的辦公室，關上門。我們舉行了一次賽斯課。第一回我能這麼快地進、出於出神狀態，賽斯和我都能參加正常的對話。

賽斯問候了殷博士之後，說：「我從事的是教育，我特別感興趣的是使這些（看似非正常的）人類的才能被了解、被調查。因爲它們並不是非自然的，而是天生的稟賦——我確實明白將遭遇的困難。

「我常常這樣說——我不是兩眼迷濛的幽靈，在半夜顯現出來。我只是個不再受你們的物理法則約束的聰明人！」賽斯繼續談到殷博士在我們早先聊天時所建議的ＥＳＰ試驗。「有時魯柏自己的固執態度給我一些困難，但我們必須把這考慮進去。因此我們會考慮……我將嚴肅地盡力去做在我們的情況之下我能做的。我一定跟你們合作。不用說，這些無法在一朝一夕之間發生，但我們將開始。在一次平常的賽斯課中我將討論我們能做什麼。有很多事我們能做，也有很多不能做。但既然我們了解我們的潛力，也了解限制，那麼我們能盡量利用我們所有的。」

我猜我們也許創下了某種記錄。我首先發言，然後殷博士，然後賽斯，然後羅——像一盞走馬燈。賽斯直呼殷博士之名，他倆聽起來像是老搭擋似的。我頗有點吃驚，不管怎麼說，殷博士到底是位著名的老紳士，羅盡他可能地作記錄，發瘋似地振筆疾書。

賽斯說：「一定要容許『自發性』(spontaneity)，那才能獲致你們關心的那類證據。如果我們過度關心結果，那麼自發性就消失了。自我進來，我們就失敗了。」

殷博士說：「完全正確，我們一定要謹慎從事，不趕忙……這裡我就不懂了，賽斯，自發性是重要，但——」

賽斯說：「那是我們的門戶，如果任何證據能過來，它就是由那門戶進來——」

殷博士說：「是的，但我們人類的限制……在此我們的方法對我們很重要，如果我們想讓別人聽我們的話。」

賽斯說：「在定期的賽斯課中我們將考慮及此，我們將在限制之內工作，看我們能做什麼。如果你和其他人了解這些限制存在只因你接受它，那就大有益處了。」

「是的。」

「人類不是天生受限制的，如我常說的，醒的時候和任何其他狀況一樣都是一種出神狀態。此時（在賽斯課中）我們只是把注意力的焦點轉移到其他的頻道。把所有知覺的形式都看作出神狀態。意識是自己注視的方向……

「你和我有許多共同的興趣。基本上，人格必須永遠被當作『行爲模式』來看，當你嘗試去干預不同的層面時，你改變了它們。當你打破一個蛋來發現它裡面是什麼時，你毀了那個蛋。有別的方法去做，我們不需要一個鎚子去打破蛋殼……我是個蛋頭（書呆子——譯註），但並不需要用一個鎚子來打開我的秘密。」此地，賽斯咧嘴笑了。

殷博士說：「對這我們需要些洞見。我是人，我需要學習，我們需要證據。」

「你的態度也許能讓你得到一些證據，但那些腦筋閉塞的人不會得到任何令他們滿意的證據。」

殷博士說：「我們所有的某些（證據）是很難否定的，但我們必須對這些事做一個有系統的調查。」

「這是我們不想造成一個降神會氣氛的理由……也是我爲何多半避免表現……」

「我又無法理解了。我需要時間來考慮我們能做什麼，你們的意思怎麼樣？」

賽斯說：「當我朝這個方向建立魯柏的接受能力的時候，可能會花些時間，但我預計沒有什麼困難。」

殷博士對賽斯很尊重，極爲尊重——我承認當時我覺得這有些可疑。我自己都不確知賽斯是誰，或是什麼。不止一次有個念頭閃過我腦際：博士的態度只不過是要獲得我的信任——心理學家假裝相信他病人的幻想的存在，跟他病人一樣地深信不疑。

在我們還沒告辭之前，殷博士非正式地告訴我們賽斯有「大智」，顯然不像是個「第二人格」，他告訴我我顯得是在極佳的情感和心理的健康中，使我甚感欣慰。

不幸，我們在討論會中也跟另一位心理學家談了話，一個與我年紀相仿的人。在一個非正式聚會中我們相識，當他發現我們與醫藥界毫無關係時，他問我們在討論會中的興趣何在。我們乃告訴了他。一事導致另一事，接著我們討論了賽斯。後來，在我們房中羅給他看了我的一些筆錄。

跟我們談了不到一小時之後，這心理學家向我保證我是個精神分裂患者，利用賽斯課來控制羅。有一回，他從抽屜中抓出那些筆記，像某個盛怒的神一樣地向我逼近，在我面前揮舞著筆記，「你認爲必須記下所有這些記錄是嗎？」他詰問道。

「我們需要它，羅把它記下來。」我吃吃然地說。

「啊哈！」他喊道——他**眞的**是在喊。「那是主要的徵候之一！」

「但羅是記錄者。」

沒用，凡當我試想爲自己說幾句話時，他就勝利地喊叫：「看吧！看吧！你感到爲自己辯護的需要，對不對？」

這是在我們頭一回與第二回見殷博士之間。同時，我們開車在這被遺棄的大學城兜風，有次停下來在一個很熱的小酒吧喝一杯。我從未這樣充滿自疑過，這心理學家把我自己內在的恐懼非常誇張地嚷了出來。

羅說：「他只跟我們談了三十分鐘左右，親愛的。」

「但假若他是對的呢？我不會知道——那就是可怕之處。我們倆都不會知道，或願意承認！」

「但任何一個情感如此受損的人會在正常的日常生活中顯出徵候的。」

我喊道：「但那些賽斯課，我以爲有如此貢獻的課……那些我這麼確信能讓我們深入實相本質的洞見，假若反之這整件事只是精神失常的病象？」

我們駛過莊嚴的大學建築，多麼整齊、有秩序！我想，如果生命也那麼井然有序多好！當我們抵達殷博士的辦公室時，羅仍在試著安慰我。我眞是那種多嘴、作威作福、不擇手段地去控制她丈夫的女人嗎？我看向羅，他站在那兒，安靜而篤定，「冷靜」與我的「熱烈」成對比——這是我心目中的男人本色。我往往是多話的，現在我閉上嘴，讓羅去說——或試著讓他說。

殷博士告訴我們，那心理學家的行爲正是那種如此令超心理學家煩擾的表演。但更進一步，他再次告訴我，他在我這方找不到這種傾向。「那人在心理學的應用方面沒有經驗，」他說。「他只在課本上念到這種那種的案例。」然後他告訴我們雖則這經驗很不幸，但也許我們最好在這場遊戲的早期就遭遇到這事。學院派心理學家對靈媒的事易於持懷疑的看法，他說，我將必須把這種評論當作耳邊風。我應當嘲笑那年輕的心理學家。我應當說：「啊，一丘之貉嘛。」之類的話。

但這事使我煩惱，要好一段時間後我才再完全信賴自己和自己的反應。同時我也感到我不能再躊躇不定，我必須找出賽斯能做什麼或不能做什麼。

殷博士解釋超心理學家對ＥＳＰ測驗的態度，建議賽斯試以千里眼來感知博士集中注意力的物體。在每一課中，我們將做這個。週一和週三的晚上十點，殷博士會集中注意力於他所住的鎮中他書房裡的一物，在同時賽斯將講出他的印象。每週我們將把資料寄給殷博士。這次我同意了，賽斯亦然。

然後當我們回到家，羅有了另一個主意，假設我們按同一方式自己試試看呢？因此同時我們開始做我們的信封測驗，要求賽斯講出對雙層加封信封裡的東西的印象。

我想要知道賽斯可否做到他說他能做的，殷博士要證明千里眼存在的科學證據。我們希望我們能供給這些證據。我們給自己立了個好目標！一九六五年八月到一九六六年十月間的幾個月包含了足以令我暈眩的勝利和失望。在下章中我將談到那刺激——又令人困惑——的一年。

第7章 「出體」事件

——我跳進一輛計程車而我的身體卻留在家裡

一九六五年八月，我們開始殷氏測驗和我們自己的信封測驗。十月裡我的第一本書出版了。艾爾默拉星報的記者蓓·加拉格來訪問我。過去我有點知道她，但現在她和她丈夫比爾與羅和我成了好朋友。比爾是星報的助理廣告主任。他和蓓不久即將去波多黎各度假，我們決定設定一個實驗。

我們將完全不用通常的方式通訊。反之，我們將問賽斯他能否在加拉格夫婦度假時，「對準」他們的頻率。在他們旅行期間，我們將以這實驗來代替我們的信封測驗。我們知道蓓和比爾將去聖璜，但我們所知僅此而已。此外，羅或我都沒有去過波多黎各。

我們正在賽斯課的中途，賽斯在講他對加氏旅行的印象。當我坐在我所喜歡的搖椅上替賽斯講話時，突然發現我自己在一輛計程車的後座，下一刹那計程車向右猛然一轉，我被拋到座位的角落裡去了。有一下子我眞的嚇壞了。我不習慣前一刻坐在舒適的客廳中，而下一刻卻在一部開得很快的計程車的後座！

我有的時間只夠從後面看到司機的脖子——它是粗又短的。我沒看到他的臉。當這些正在發生時，我與客廳中我的身體失去了所有的連繫。我主觀的感覺是一個被汽車令人作嘔的急轉弄得失去平衡的人。然而當這在發生時，我的肉體在搖椅中坐得直直地，毫沒停頓地以賽斯身分說話：

「乘計程車。我們的愛猫者（賽斯給蓓的別名，蓓討厭猫）笑了，似乎太貴的三元車資。是個老的而非年輕的計程車司機，有個粗短的脖子。在轉了一次彎後目的地主要是在右邊。」

當蓓和比爾回來後，我們發現這些印象十分合理。他們曾付了三元車資由機場乘計程車到旅館，蓓對此甚爲不悅，因爲兩年以前同樣的車程只要兩元不到。他們的車向右轉了個急轉彎，蓓和比爾記得非常鮮明，不只是因爲轉得太急，也因爲那正發生在司機闖過一個紅燈之後。彎轉得那麼急，使他們相當的不高興。但那司機並不是「老而非年輕的」，蓓說有趣的是從背後他看來的確很老，因爲他的脖子有種奇怪的粗糙、斑駁的樣子，而且是又粗又短的。

當這整件事核對無誤時，我眞是高興，我看到的正是如果我身在計程車中所應看到的。蓓和比爾完全不覺得我的在場。

這事有幾個令人玩味的暗示。我確然是那個「出體」（out-of-body）的人，然而賽斯描述我看到的東西，他的聲音和性格控制著我的肉體系統。然而同時我的意識卻在另一個地方——相當遠的距離之外。我不必告訴賽斯發生了什麼——他立刻描述了出來。

然而，他沒有提及當我被甩到車子角落裡時的感覺。這是不是由於他沒感覺到我的感覺？或因爲我自己一定會記住？再想一想這使人困惑的事：就算是我的意識在空中由艾爾默拉旅行到聖璜，時間又是怎麼回事？賽斯課是在一九六五年十月廿五日星期一舉行。但那件事發生在加拉格身上是在**一週以前**，十月十七日。然而我經歷那個經驗生動得就像是在那一刻在波多黎各發生的一樣。（賽斯對那同一次旅行也給了其他的正確印象。）

下一件事沒有直接牽涉到賽斯，除了我是按照他的指示在應用內在感官。我決定試看靠我自己能得到關於加氏之旅的什麼印象。於是那同一星期的一天早上我躺下來，閉上眼，給我自己建議我會找到蓓和比爾。

突然，沒有過渡時間，我發現自己正由空中下降到一個狹長的陽臺上，四周有低矮的欄杆。我知道我的身體是在床上，但與它完全失掉了連絡。不管我身體在何處，我是完全在另一個地方。環顧四周，我看到我是站在一個造得很奇怪的兩層樓的汽車旅館的陽臺上。

這房子以與平常不同的方式由地上支起，欄杆那一邊可看到一小塘水，過去又有更大的一片水，我想是海洋，這是波多黎各嗎？我不知道。

房門開向陽臺，陽臺與旅館等長。我在猜想加氏夫婦是否住在此地，立刻我知道是的，而最中央的那扇門就是通向他們的房間。然而看不到蓓和比爾。在上午十一點開始實驗前，我把鬧鐘調到十一點三十，現在它響了。我的意識這麼快速地回到我的身體，以至我肉體的頭都發暈了。

我在驚慌中坐起來——我不能有更多發現嗎？我不能看到一個記號，或對那地點得到一個更確切的概念嗎？

我不知道會不會成功，但我把鬧鐘重新調到三十分鐘之後，然後我重又躺下，告訴我自己我會回到同一地點。隨著有短暫而明確的旅行感覺，山丘和天空掠過面前，然後我發現自己在同一汽車旅館的上空飛著。

我在太高的地方看不清細節，因此我以意志叫我自己移下移近一些，沒有任何困難，我改變了位置，下來了，雖然仍未到地面。有個男人就在我正下方，稍微前面一點點，他穿了一套西裝，戴帽，拿著一隻小手提箱。當我看著時，他穿過一片黑柏油路面到了人行道，進入旅館對面的一座大房子裡。我記得我覺得他在一個我看來是度假的勝地穿著整齊的套裝有點奇怪。好像才幾分鐘，但鬧鐘又響了，我立即彈回到我的身體裡。

我這才興奮啦！我立即畫了一張旅館和四周地區的圖樣，我等不及加氏夫婦回來，以便我核對這事以及賽斯的印象。我要蓓畫一張他們旅館和附近地區的圖。蓓的圖和我的相符！我對旅館的描述是正確的，包括那通向他們房間中央的門。汽車旅館是在波多黎各的聖湯瑪斯島上，在我實驗當天和下一天蓓和比爾在那裡。

還不止此，我所看到的男人也是比爾兩天早上都注意到的，特別是因爲他穿套裝。那人是當地人——比爾注意到他的另一理由。我只從背後看他所以不知道這一點，他進去的房子是郵局。

我很著迷，有這麼多可學的。在賽斯課中的計程車事件，賽斯描述了我看到的每樣事。這次，我得等到我回到我的身體裡來，才能寫下發生的事，並畫下圖。

就我而言，我已有足夠的證據使我信服兩次的事都是合理的。他們使我開始我自己的「出體」實驗。我仍然在試著找因此種現象而引起的許多問題的答案。稍後，賽斯給了我們指導。事實上，在我寫此書時，羅和我正由賽斯的引介開始一個共同的一連串投射實驗。這些第一次的例子大大增進了我對賽斯和自己的信心。

這種事比殷氏測驗有趣不知多少，我們同時也仍在做那個。比較之下甚至我們自己的信封測驗也枯燥無味。我們把加氏資料的副本寄給了殷博士，我對整個的事眞是感到興奮，非常渴切地等他的評論。我認爲他當然不會認爲我們有任何**科學的**證據，但我們確有幾乎相同的草圖，而那些印象是對的。我對羅說：「他也許不會認爲這些夠科學，但他必須承認至少千里眼現象是發生了。」

在一九六五年八月到一九六六年九月之間，我們做了七十五個殷氏測驗，和八十三個信封測驗。像大半對靈魂學工作沒有背景的人一樣，我預期事情會純粹、簡單。如果賽斯是如他自己所說，那麼他應該能夠看透時空和封起來的信封，就像我能看房間裡的物件一樣容易。我沒有了悟到有多少要靠我出神狀態的深度，以及我願意給他多少自由——我必須學習不「阻擋」要透過的資料。我也沒了悟到對正常的知覺我們所知尙淺，更別說超感覺力了。我也不知沒有人期待一個靈媒百分之百的準確。印象必須透過我而來，如一句老話說的：孰能無過？

然而賽斯設法用這測驗來展示他自己的千里眼能力、加深我的教育，並指導我們有關的過程。在測驗中他變化我出神狀態的深度，以使我能感覺到不同階段的意識，也教我看如何讓他用我自己個人的聯想來取得某些資料。他用這些測驗來展示超感覺力，但更重要的，他給我經常的練習機會去改變我主觀的焦點，一邊做一邊解釋整個事情。

通常除了羅和我之外，沒有外人參加這些課——很難說是很科學的狀況。但在信封測驗上，我們沒想使科學家或心理學家信服任何事。我們是試看對賽斯課能期望什麼，和不能期望什麼。我們要一些我們自己能立即核對的事。我想要知道我們到底做得如何！

有時羅在課前才準備信封，有時早就準備好了。他用各式各樣的東西來作測驗品，有些我在最近或以前曾看過，有些我從未看過。例如，他可能用一封昨天來的信，而我已看過的；或幾年前的一張帳單；或一件他挑選的我沒看過的東西；或一位朋友準備的信封——在那種情形連羅也不知其內容。羅在街上揀到一張紙、葉子、啤酒杯墊、一束頭髮、相片、素描、帳單——都曾用過。有時羅特別選些物品因爲我對它們有強烈的情感，其他時候他故意用無干的物品，我們想要看賽斯是否對某一種目標猜得特別準。

這些物品在一個封好的信封裡，夾在兩層不透光的上等紙版間，然後整個東西又放在另一個信封裡封好。我從不知什麼時候我們將有這樣一個測驗，在課前我從未看過信封，在課間羅會給我一個信封，我總是在出神狀態中，通常眼睛是閉著的。(無論如何，測驗物是包在兩片紙板和兩個信封內的，相當的不透明。）有時當我說出印象時我把信封覆在前額，課後我們核對結果。（下章將有些個別的例子。）

好個拉鋸戰！當賽斯在測驗上做得好時，我會好幾天覺得身輕如羽，而當任何事沒有核對得令我滿意，我便感到自己好像有四百五十磅重，而且每小時增加一磅。我以爲任何不是十全十美的表演都給賽斯的獨立性罩上了陰影。

總結起來，我們自己的測驗證明是無價的，不只是我的訓練之一部分，而且也是增進我自信的一個方法。同時也爲其他在後來的賽斯課中發生的「出體」經驗作個準備。這測驗和賽斯的評論也給了我對內在知覺的本質的洞見，那是任何別的方法所無法達成的。

在賽斯改變出神狀態的深度時，我變得覺知到兩條意識的線，他的和我自己的，並且至少有一些了解我自己的個人聯想什麼時候是個助力，又什麼時候成了阻力。在非常深的出神狀態中，內在的過程即使對靈媒也是隱晦的。對大多數靈媒而言，那「機制」是那麼自動，以致根本學不到這種工作中所涉及的內在的心理行爲。賽斯堅持說我們的情況在這方面會對我們有利。

在資料中他常常將他的印象跟溜進去的我的印象加以區分，把我的印象與其所源自的個人聯想連結起來，並且告訴我們它是否合理。我很少「失去知覺」以致感覺自己在睡覺一樣。通常我知道在進行什麼，雖然我可能幾乎立刻忘記所發生的事。有些時候，賽斯和我可以輪流發言，因此我可以在瞬間進出於出神狀態。有時我好像與賽斯合而爲一，完全感受到他的感覺和反應，而非我自己的。在此時珍自己遠在背景裡打著瞌睡，只有些微的意識。另一些時候——雖然較少——我在前景，而賽斯告訴我該說什麼。

我們自己的測驗給了我一個標準，據此標準來度量我和賽斯的表現，提供了一個即刻的準確度查核，並教我尖銳化我的主觀焦點，由一般性的進入獨特性的。所有這些對我的接收「賽斯資料」本身都是個重要的訓練。賽斯常說到在任何此類的溝通中必然發生的扭曲，他極關心要資料盡可能的不被扭曲所污染。在後來的課中他曾透澈地討論這一點。

因爲有這章所提及的兩次「出體」事件，我帶著極大的希望開始度過一九六五年的秋天，我等著聽殷博士對它們說些什麼。我確信他必得承認它們很令人振奮，即使它們與他自己跟我們的實驗無關。我們已開始他的一連串的測驗，每週寄給他結果。到現在爲止，我們還沒收到他的信，我也期待知道我們的測驗結果如何。我想，即使它們的結果只有「出體」資料的一半那麼好，我們仍然算是有個精彩的開始。

同時，我離開了藝廊的工作而專事寫作。我也開始與全國最受歡迎、稿費最高的一家雜誌打交道，編輯一再地拒絕我的故事，每次都向我保證下一次他一定會採用。我靠郵政活著，等著這編輯的接納，或是由殷博士來的一篇報告。

我發現，在一年裡，試著對一個自稱爲「頑固的心理學家」證實心電感應和千里眼的存在，賣文給全國最好的雜誌，並在賽斯課中進行我們自己的測驗，是相當夠受的了。

第8章 一年的考驗

——賽斯「看透」信封並給羅一些藝術指導

接下去的十一個月，賽斯課主要是處理這種那種的測驗資料。在晚上九點，賽斯照常會開始給我們日感興趣的理論資料。在十點，他說出殷博士要的印象。之後，羅給我一個信封，如果當晚有這種測驗的話。如果我們確有一個我們自己的測驗，那麼在課後我們會留下來試著評估其結果，到那時通常已過了午夜，我們都累極了。

雖然因兩次的「出體」事件使我的信心增高了，我仍感覺每一次測驗我都是讓賽斯和我自己身受考驗。我從不知我們是否會有一個信封測驗。我常常害怕舉行賽斯課，因爲我怕我們有個信封測驗而其結果不合（附帶地說，這種情形從未發生，雖然他給的印象不總是如我們所想要的那麼明確）。其實我不在乎信封裡是「什麼」——我只要知道賽斯是否能告訴我們，而且我要他百發百中。我的態度必然會有影響。現在我奇怪賽斯在那段時日竟然能忍受我，但大多數時候他確實做得很不錯。

此地有個例子是羅想測驗千里眼而非心電感應。像許多其他的測驗一樣，這測驗有令人驚奇的結果。羅的筆記清楚地顯示他在選擇測驗物件時的過程。

在我畫室裡有一堆舊報紙，大半是紐約時報，有日報也有星期特刊。在課前一會兒我從架上拿走幾張本地報紙，然後倒退到那堆舊報前，我拉出一張，不看，而撕下一頁的一部分，我在身後把它折起來。直到我確知它能放得進平常的雙層上好紙板中，並放進雙層信封裡。

我還是不看我選中的作為測驗的報紙，我把它封在信封中，然後眼睛閉著，揀起被撕剩的那一張，摸索著走到一個由地板直到天花板的書架，把它放在我看不到的高高的書架上。

這個過程使我對被測物只知一件事：它是來自不知日期的紐約時報上的某一版。實驗完後，珍打開含有被測物的信封，然後我回到畫室，由藏起來的那一堆找出撕下一角的那一頁，結果是一九六六年十一月四日星期日紐約時報第一部分的第十一～十二頁。

賽斯說了三十九個印象，幾乎所有的都能直接適用，這兒有幾個跟被測物有關的，爲了方便之故把它集在一起。

「紙製品，背景粗糙，不平滑。」（此物是一張報紙，粗糙的新聞印刷，也不是有層蠟的雜誌用紙。）

「灰色景物。」（在紙片的兩面有部分圖畫，全是灰色的。）

「慷慨地付予。」（在紙上有「慷慨的減價」。）

「與電話或打電話有關。」（在紙片的一面我們找到「不可郵購或打電話購買」，另一面有「郵購及電話叫貨已額滿。」加上一長串的電話交換號碼。）

「什麼和什麼雷同……兩個或一樣的兩個。」（紙上有「雙生」字樣，講到拍賣的毛毯尺寸，然而，我有很強烈的主觀印象，這是指信封中的東西是同類物的**一部分**。）

上述印象是關於被測物本身，現在這兒有些印象是關於撕剩下來的報紙上的。賽斯順序說：「出售的一種方法……某種土話……州選舉。」（這兒我是想講「州長選舉」這個字，但羅照常記錄下我在出神狀態時所發的音。）

當我們查看測驗結果時，有一會兒這些資料讓我們摸不著頭腦。然後羅看看那整張的報紙。立刻我們倆都會意了，我說：「哇！出售的一種方法——那一定是拍賣！但講得多絕。」羅說：「看這兒。」一手舉起那紙片，另一手拿起整張報紙。

「『選舉日拍賣』，或『價値』以黑色頭條新聞出現在那一頁的兩面。『州長選舉』適用，因爲十一月九日有紐約州州長選舉。我也要說『選舉日拍賣』顯然也是土話。」

被測紙片的兩面都包含了一部分有關選舉日的廣告。然而「選舉日」這字眼並沒有在紙片上出現——只在全張報紙上，而這報紙是放在羅畫室的書架高層上。

「但爲什麼賽斯不就說『拍賣』好了？」我憤怒地問道。

羅笑道：「聽著，我們必須順著資料透過的方式，而試著從中學習，你做得很好。」

現在我想這是有時候收到超感覺力的方式的極佳例子。拍賣是出售的一種方法，然而字面上最終的聯繫不像我們喜歡的那般簡明。然而，不只牽連了簡明這概念：這種答案也還「就是不一樣」——出乎意料之外的不一樣。它們使得我們把老東西或觀念以新的、同樣合理的方式來想。在本章稍後我會再多談一些這種事。

在這測驗中還頗有些其他的驚奇。賽斯不只收到這極佳的對證資料，而且對撕剩下來那整張的報紙給了更多的印象，除了所有的拍賣外，在大的一張中有四篇文章，信封沒有包含這些，然而賽斯給了有關其中三篇的印象。

「一件未知結局的任務……一九四三年……伊利亞，也許一個F和R……作為一種紀念而重演某事……與某些綠色物質有關，像一片草原……一個小孩……Januarious」

所有這些都是關於一篇講一九四三年成立於葡萄牙的阿德亞．諾伐的多明尼加修院的文章。我們相信伊利亞是想說出「阿德亞」的嘗試。給的資料是正確的。文章接著談到一位年輕的神父，弗南地神父（F與R——神父的簡稱是Fr.），他到這個國家來的任務是籌款以使該修道院現代化。也說到他在組織一個朝聖團以紀念法蒂瑪顯聖的五十週年，法蒂瑪離修院只有十哩。文章說除了別的以外，修會還包括了它自己的農場、葡萄園和蔬果園。我們想「綠色，像一片草原」的印象是指這些。「Januarious」似乎沒有什麼關連，然而對我個人而言非常重要。它有很強烈的宗教性含意：我很喜歡的一位小學老師是位修女：Januarious修女。這文章談到三個在法蒂瑪看到幽靈的小孩，賽斯提及一個小孩。

其他的印象是關於另一篇文章，大標題是「葡萄牙的犯人減少」，特別談到需要使那非常低水準的，「大而陳舊不堪的監獄」現代化。並對葡萄牙的犯罪率作了一些評論。又說葡萄牙在歐洲有最低的平均個人收入。賽斯在此的印象是很明顯的。「與巨形有關，比如說一座巨大的建築物……一次騷動……一個決心和一個不利之處……一個夠好的表現。」

除了這些與文章有關的以外。賽斯對撕剩下來的那頁報紙也給了其他的印象。「上方有一日期……鈕扣……一些人形和與頭顱形狀有一點點關係的……顏色，藍、紫和綠……和其他圖形。」

自然報紙的日期是在報紙的頂端。在拍賣衣服的照片上清清楚楚地有許多鈕扣。這同樣的模特兒即賽斯所說的人形，由報上的照片你可看到那些女人的臉給人一種「頭顱」的印象，她們的頭髮拉到後面去了。賽斯所提及的顏色列在床單的廣告內，我相信紫色是指「紫霧」。

然而，這測驗立刻引起了幾個問題。賽斯怎麼會收到整張報紙的資料，當在信封中只有報紙的一小片的時候，是否牽涉到我的投射到畫室的書架去？賽斯並不是先給關於信封物件的印象，然後乾乾脆脆地進而說到整頁報紙。他在兩者之間跳來跳去，好像他同時在看它們，爲什麼他的資料不止限於信封內的物件？

在稍後的一節中我們問賽斯這些，而得到一些非常有意思的答覆：「一物的一部分是永遠與其母體相連的。」他說，「因此，對我而言，由那撕掉的部分，整頁都在眼前，而由整個的一部分，可以讀到整個。如果魯柏一方面有足夠的自由，一方面又有足夠的訓練，則他替我說話時，可以由撕下的一小角告訴你紐約時報的整份。

「這並不涉及投射。有其他的與魯柏的個性有關的問題。涉及情感的資料事實上有比較強大的活力，比較容易知覺，這一般說來是對的。然而，除此之外，魯柏不喜細節（賽斯笑了），他總是以細節來作爲一個線索，看它導向何方。

「他不會滿足於只說出一片紙上的細節，這在他的精神生活上是個相當自動的傾向。在我們課程的其他方面，我們希望給它於我們有利的利用……然而在測驗中，既然不能否認它，我們試著用到這個特性。除了我自己的能力外，我必須透過魯柏的能力來做事。因此此地我們利用這傾向來放大圖片，引來更多的細節，而給你們一個相當不賴的資料……並且是以一種對魯柏而言相當自然的方式。」

一般而言，關於測驗，賽斯說：「我在教他，我順著他自然的興趣與傾向，他對測驗的敵意並非對這主意本身，不如說是對爲了細節之故必須專注於細節這事。只有當你們有那種樣子的測驗他才變得有敵意。在超感覺力中——在所謂正常的知覺裡也一樣——一個人天然的傾向主宰了由可用之資料庫中他將找尋那類資料。

「每個人都會對許多種的知識領域不感興趣。他（甚至）不會用正常的感知去獲得它。我給魯柏很大的範圍去集中注意力，我幫助他把他用在感知上的能量轉變到別的地方，把它轉向內。我使他能得到所要的資料。然後，他按照他基本的特性去利用這些資料。」

這測驗正好描寫了受到壓力的千里眼情形。一個更早的測驗在另一個觀點極具啓發性，使我們相信原始的超感覺力是一般性的，像對一大片地區的全覽。在某處必有一變窄狹的過程以給它更特定的焦點。

這個測驗眞的是很絕，因爲賽斯靠自己就做得很漂亮，然後他把球傳給我，而我幾乎直挺挺地摔倒在地。信封物件是羅的一張帳單，日期是一九六六年七月十五日，此節是在八月一日。當羅在鋸木廠拿到帳單時，我是跟他在一起的。

羅買了兩張四呎乘八呎的美耐板和一個滾筒盤。當給我們服務的那個售貨員知道羅是要用美耐板來作畫時，他變得多話起來。他告訴我們在二次大戰他當兵時，一位歐洲畫家曾給他畫了一張像。他有些幽默地描述那畫家如何把他的臉畫得很對稱而且無瑕疵。而事實上他的臉是相當的不對稱，因爲有一隻眼壞了。這售貨員還戴著眼鏡。

這兒是賽斯印象中的一些：「四個方形，或四呎見方。」（我們認爲這很棒，羅把美耐板割成一半，以便能放進我們車裡。這給了他四塊板，每一塊是四呎見方。）

「把物件水平拿著時，左下角寫了字或印有字，很小的字。」（這兩件都合，除了很小字的印刷是在左側而非左角。）

「一九六六，等待著一九六七。」（在帳單上寫了年份一九六六和日期，在其下「明年付帳」。）

「與一照片或相似的東西有關。」（我們相信這是相當正確地指畫像。）

「一個橢圓形或眼睛形，即這樣的眼睛在一長方形或三角形內，明白吧。」（按照羅的筆記，我指著自己的一隻閉著的眼。如前所述，那售貨員特別說到他的壞眼睛同他的畫像和眼鏡。）

「與交通和水有關。」（一種獨特的方式指十哩的車程到「井」鎮。鎮名在帳單上。同時在帳單背後恰有「一整『車』」的字樣。）

「一個字，由m開始，再一個M。這次是姓的第一個字母。」（羅買了*M*asonite，是它的牌子，但售貨員在帳單上寫了「壓板」。大寫「M」出現在帳單的標題上：Glenn *M.* Schuyler。）

「一個長方形物件，上面有些深顏色，也許是深藍。」（帳單爲長方形，背面是深黑色。）

賽斯全部共給了二十四個印象。每一件都合得上，雖然有些沒有另一些那麼明確的關聯。例如，賽斯說：「與黑色有關，死的象徵；與比武有關，也是象徵性。好比說是交叉的劍。」我們相信這是指第二次大戰，當那招呼我們的售貨員有了一張當兵的畫像。另一個例子是：「數字，……也許是〇一九一三」帳單確有數字在上面，是開始爲〇的一串字（這似乎不平常），但不是賽斯給的順序。有一串以〇九開始（不是〇一九），最後兩字一與三的確單獨的在帳單的前面出現。

直到這裡爲止，這些印象都與我無干的透過來，我是在很深的出神狀態。然後賽斯說：「感覺什麼東西懸在上方，有威脅性或突出，在此物的上半部，深色。」當我替賽斯講這些字句時，好像有個裂口張開了——一種對於資料詮釋的懷疑。我知道賽斯要我自己把這裂縫縮小，這是我的訓練的一部分。

我有很重的什麼東西懸在我上方的感覺，這是否該翻譯爲物體，好比說一個重屋頂在我頭上，或是一種情緒性的感受「懸在我心上」？我不知道——在那一刻我無法想透，正確的特定連繫還沒接上。賽斯又丟給我一個：「某樣亮而小的東西，在這懸吊的或威脅性的部分之下。」此地再次在讓我自力解決時，我不能弄到所要的那特定資料。

然而賽斯是試想領我到「蓋屋頂」這個字，這是帳單上半部的標題。看那沒完結的印象是多正確卻又含糊不清——「感覺什麼東西懸在上方，有威脅性或突出，在此物之上半部，深色。」

我第二個理應完成的印象（「小而亮的東西，在這懸吊或威脅性的部分之下」）是要引我到「滾筒盤」這字。在帳單上也出現在「蓋屋頂」的字眼下，滾筒盤是小的、亮的、發光的。羅那天買的那個是發亮的鋁色。

此地賽斯的印象十分照實地給出，好像帳單上的字有了生命而被描寫爲物件，而非「描寫」物件的字。後來當賽斯留餘地讓我說出印象時我做得好多了。但這種訓練很有價值。雖則我沒做得很好，我們學到了某些知覺的本質，那就是賽斯的目的。這測驗使我們懷疑所有的印象，不管是超感覺力的與否，最初都是非文字的，也非視覺的，而更像是純粹的感覺，後來才翻譯爲感官的用語。

我們把各式各樣的東西放在信封裡，在紐約時報的測驗中，羅自己也不知道受測物上有什麼。無論如何，他並不一定知道受測物是什麼，有時他連將有一個測驗也不知道呢！例如，偶爾朋友們不約而來，帶來他們自己的測驗信封，而只在課中間把它交給我，我在事前根本不知會不會有測驗。有時羅會立即用這樣的信封；有時他會把它留起來以後再用。

羅知不知道信封中裝的是什麼似乎並沒什麼區別。有天晚上諾拉・史蒂芬斯（非其眞名）不約而至。她是個朋友的朋友，以前曾參加過兩次課。在這段時間，我們鼓勵人帶信封來參加，雖然事實上很少人這樣做。（在此時之前或之後我們較喜維持我們課的私人性。）

我們知道諾拉是醫院裡掌管購買藥品器材部門的一位秘書，但她與病人和病歷或醫療過程無干。我不知道她帶了個信封，當賽斯課開始後她塞給羅一個信封。

賽斯說：「與一個家庭的記錄有關，例如，一本書中的一頁……同時與一騷動的或不愉快的事件有關……一連有四個數字，大寫字母M，與另一城市有關。」

課後，我們打開信封，它包含了一個病人的病歷，諾拉在另一間辦公室的字紙簍裡拾到的一疊中的一張。在下角有四個數字在一起，另外在病人名字瑪格麗（M）旁有其他數字。她的家鄉也以M字開頭；她是從外市來的。住院顯然是不愉快的，常常是騷動的。賽斯也給了其他有關該婦人的背景的印象，但我們沒有去核對。

然而有時甚至對好的結果我也感到氣餒。有一個測驗最初使我歡喜無限，那是在一九六六年三月二日舉行的第二三七節的第三十七個測驗，目的物是一週前當我們在讀一些手相學的書時，羅作的自己的手印，賽斯的印象是簡明得一針見血，一連數天我在家中只要想到它就會笑逐顏開。

當我正在洗碗時，忽然想起一個缺陷。羅在客廳，我慢慢走進去，說：「我打賭殷博士會把手印測驗的結果丟棄，因為前一週我們正在研究手相學。」

羅承認：「他可能會。但事實是，自那以後，我們已收到夠用的信了。我們也研究過字跡分析，我可能用其一為例。我也可以用一些比你還老的東西——如我曾做過的。我可能用**任何東西**。不管我們用什麼，賽斯仍需描寫一特定的物件。那些印象並非一般性的，它們只與那特定的手印有關。」

我同意。但在那之後，羅常常同時準備好幾個測驗信封，把它們混一混，然後在課前才選一個。

殷氏測驗又如何了？首先，我一直在等著聽殷博士對我的兩次「出體」事件有什麼看法。**他根本從沒提起它**。這眞是令我痛感失望。結果已核對過了，不管它們能否被認為是科學化，如果這些不能使他相信確有一些事在發生的話，我不明白什麼才能使他信服！

我們自己的信封測驗的籠統結果鼓勵我們期待賽斯在例行的殷氏資料上也做得相當不錯。我們懷著熱望精力充沛地開始做這些測驗。

整整一年，一週兩次，賽斯說出他對殷博士的活動的印象。這些包括明確的參考資料，如名字、姓名字首、日期和地點。有些資料可以很容易地查對，然而殷博士當時在離我們相當距離的他的住所，集中他的注意力在某一特定的物體上，他要賽斯集中全力於叫出這東西的名字。很顯然情感的因素較重要，帶有情感性質的活動比對中性物體的印象要容易「透過來」。賽斯也給過與物體有關的資料，但他更傾向於給殷博士日常生活的明確資料。

那一年我們最有興趣的話題是什麼時候殷博士才會來信？一連數月我們什麼也沒收到。我們想，也許他要直到實驗結束才給我們報告。如果是這樣，他爲何不就這樣告訴我們？當到最後我再受不了這種懸疑時，我會寫信：我們到底有沒有猜中什麼？殷博士老是向我們保證他仍有興趣，叫我們繼續下去，說他還沒有夠強的證據來「說服那些頑固的心理學家。」如此而已。他從不提供資料中那許多的名字、日期、來訪者或信件是全錯了嗎？部分對？我們從來不知道。**他從未告訴過我們。**

知道殷博士會集中注意於每次賽斯課使我感受到壓力。也許是由於我自己的態度，但現在我感到我眞的每週一和週三晚上必須有賽斯課，風雨無阻。即使當我們是獨處時——那是經常的事——我感到賽斯課不再有私密性——有隱形的殷博士作我們的聽衆。在殷氏測驗之前我們很少漏掉一節，但現在我覺得所謂的大反叛就是漏掉一節，出去喝杯啤酒，讓那心理學家去死盯著他的舊花瓶或墨水瓶或那晚他選的不論什麼東西。

在開始我並沒這種感覺，但我對他的不告訴我們測驗結果眞是氣極了；所有那些時間像是都白白浪費了。有一晚，我眞的因沒有他的消息生氣，而與羅去了附近一家酒吧——只不過最後一秒仍匆匆趕回家以免漏掉一次！

我對我們做得如何沒有一點概念，最後，我不再介意殷博士集中注意力於**什麼**上，測驗只變得是消耗時間，削減了我們可能收到的理論性資料。再一次我寫信給好好博士，建議如果那些資料是錯的，他不必在乎傷我感情，如果是這樣，我們就是在浪費他的和我們自己的時間。他又再來信說他仍有興趣，建議我們繼續。但他不說我們是做得好、還不錯或很糟。對賽斯給的許多明確的細節他也不談結果。

他對心電感應和千里眼的存在在統計學上的證據非常著迷，希望我們能供給資料。一開始我對我能在這樣一種努力中佔一份感到興奮。但當我們繼續閱讀每一樣能到手的資料時，興奮轉爲迷惑。就我們所知，杜克大學的萊恩博士已一而再科學化地證實了心電感應和千里眼的存在。並由其他人，如靈媒克羅采，表演過，他與荷蘭烏柴特大學的威侖•鄧海夫教授合作。哈勞•席爾曼與其他靈媒的工作顯然至少增加了間接證據。殷博士是否把所有這些結果和數不淸的其他在全世界的超心理學實驗室中得到的證據全棄之不顧？

他顯然是如此。我們自己的結果也出現了問題。殷博士承認他不知如何以統計學的方法予以評估。一次命中必須有這麼多已知的機會率爲比較才能算數。對賽斯任一特定的聲明，簡直不可能算出機會率。

例如，賽斯告訴殷博士在年尾他會搬到一個中西部的大學。我不知道殷博士事前對此事有沒有徵兆，但他確在賽斯說他會搬走的時候走了，而且是去一所中西部的大學。我們從來不知道就像這類的正確印象到底有多少。如果數目夠多，加起來該會有某種意義。同樣地對特定的名字、日期等等的命中率夠高的話也是一樣的，不管用不用統計學。

在我們的朋友加拉格氏一九六五年的休假前，我們剛開始ESP測驗，現在他們正要作另一次的旅行，我們決定嘗試與前次相同的實驗。

這次蓓和比爾去了拿騷，再次的，羅和我都沒去過那兒。再次的，我們不交換卡片、信件或任何一種的通訊。但使我們高興的是賽斯顯然知道加氏在哪兒，在某晚（一九六六年十月十七日）的一串印象中，他正確地描寫了他們的旅館。

「一座房子有一長而窄的部分，屋頂用柱子支撐著。屋頂也是長而窄的。地板是石砌或水泥沙色，他們門外有陽臺，還有一大桶沙。陽臺下有岩石，再過去就是海洋或海灣。就在下面前方的岸那兒，有一個挖出來的圓形缺口，那兒因岩石而形成一湍流。就在這特殊的一處，在這缺口旁，沒有沙灘，雖然在其左右都有相當廣大的沙灘。」

每一點都是正確的，加氏回來時我們跟他們對證資料。但更有甚者，賽斯正確地描述了他們去的一家夜總會，並說在那兒曾有個「討厭的人」。比爾和蓓全心同意，他們曾被一個大嗓門的英國觀光客所擾。顯然別人也是一樣。那英國佬堅持要與樂隊一同吹口哨。賽斯又說在夜總會前有十八叢灌木。但比爾必須承認雖然有灌木叢在前，他卻沒想到去數它。

賽斯似乎感應到那些對蓓和比爾而言特別有情感上的意義的事。例如，連同其他的印象，他包括了：「對一次謀殺的紀念……一座雕像……」事情是加氏曾經過一座雕像，是哈瑞・歐克斯爵士的紀念雕像，他在一九四三年一件很轟動、聳人聽聞的案子裡被謀殺了。蓓對此事非常好奇，她甚至問一個計程車司機對這謀殺案知道多少。

然後，很奇怪地，賽斯對蓓和比爾去玩的一個地方給了一個特別明確的描述，但有一個曲解，很明顯是用字問題。「有臺階通上去的一個噴泉：一個被花環繞的圓形物，離它非常近，街左邊有一排排很擁擠的、舊的二層樓房。」每樣都正確，除了那兒有一個水塔而非噴泉。

全部算起來，當蓓和比爾在拿騷時的三次賽斯課中，共有四十四個正確的印象。事實上還更多，因為許多印象包含了幾點，但在這種實驗中牽涉了這麼多事！記憶是可能會錯的，因此我們總是試著要每個牽涉到的人立即寫出他的報告，以便查核起來更容易又可靠。

無論如何，我老是以加氏去波多黎各的旅行當作「測驗年」的開始，而以他們的拿騷之旅作終結，就我們來說，賽斯已證明了他自己。在一年的工作後我們寫信給殷博士，結束了測驗，並聲明理由。信封測驗又做了幾次後，也告結束。

事實上我對花了這麼多時間來作測驗並不覺遺憾，但當我們結束時我很高興。個性上我不適於把自己每週兩次放在炮火下，以我當時的態度我等於是在那樣做。在情感上我不喜歡那些測驗；在理智上我認爲它們必要。賽斯似乎全不在意，但我強迫自己同意，因爲我想我應該如此。在我們的賽斯課中，事實上最好的ESP例子的發生仍是自發性地或是對某人的需要之反應，而不是當我們試想證實什麼事時。沒從殷博士那兒取得某種「合格證書」，我知道我感到失望。但另一方面，我們並沒有要求證書；我們爲了沒有得到結果報告氣壞了。

現在我們可以集中精神在「賽斯資料」上了。由測驗的結構中解放出來，賽斯課已準備好有所作爲了。我們將會遭到許多驚奇的事。如果我對賽斯和我自己的能力有更多信心，我可以省掉很多麻煩。事實上，即使當我們在作ESP測驗時，其他的事已在發生，而且不只是在賽斯課裡。

在賽斯課開始後不久，羅開始看到幻象或影像。有些是主觀性的，但其他的是客觀性的——三度空間的，或幾乎是三度空間的。有些是人，羅開始用他們作他畫畫的模特兒。現在我們客廳擺滿了我們不「認得」的人的畫像。賽斯曾說其中有些是描寫我們前生的樣子。其中之一是賽斯選擇顯現給羅看的模樣。（從那以後，一個學生和一位朋友都看到過賽斯，就像他在這畫中的樣子。）

羅的視象記憶力很強，一旦他看見這樣一個形象，就留在他記憶中，呼之即出。相反地，我的視象記憶力極差，眼力也差（我沒有深度感）。羅是職業藝術家，具有極佳的繪畫技巧。然而在課中，賽斯在藝術的技巧和哲學上給了羅絕佳的勸告和資料，這使我們覺得非常滑稽，因爲我也以畫畫爲嗜好，卻固執地缺乏透視感，羅曾試著教我透視，但毫無效果。我從沒研究過藝術，我的畫技巧上很幼稚，用色粗獷。然而賽斯告訴羅如何調和某些色彩，羅把這資料貯藏入他的寶庫中。賽斯說他自己也沒有藝術才能，但他向已進入他自己實相領域的藝術家們討教。

在某節賽斯給了一些竅門，羅立刻用上了。那張畫是我們所偏愛的之一，屬於羅的「人們羣像」——我們未曾見過的人的畫像。在那次課後幾天畫這幅畫的靈感突然來了，羅便用上了賽斯教他的那些技法。

以下是那一節的一些摘錄，賽斯說：「在一幅畫像中作以前我說過的那種練習：（即）想像那個人是所有生命的中心，因此當畫像完成後，它自動地暗示了整個宇宙，而那人為其一部分。沒有一件東西是孤立的，這是老藝術大師們深知的秘密。

「在最微末的細節裡，他們設法暗示細節為其一部分的整個心靈宇宙——的實相。透過它宇宙的能量表現了出來。用你的才能——你的才能相當高——到這方面，這是你起碼該做的……

「現在，油彩暗示土地，讓那媒介代表任一物體之「永久性」的具體外觀，代表在圖畫中任一人形的實質連續性。讓透明的油彩代表永遠逃逸出形象的能量之不斷更新。

「你給我畫的像吸引人的一個地方是它自動地暗示了一個看不見的聽衆，我好像在跟他們說話。不是正式的聽衆，卻是代表全人類的看不見的聽衆。看不見的人是在那兒。那形像設法暗示了人的宇宙和孕育他們的世界，然而這些卻都沒出現。

「現在，這資料是來自一位藝術家，他總是用濃黃色為最初的皮膚色調，略為帶一些非常淡的紫色，然後他再加上一層透明的赭色，和一種柔淡的綠色，在這上面他輕輕地畫上最上層的面容顏色，輕得好像一陣風都會把它吹走。」

課後，羅告訴我他十分確定我潛意識中不會有這種知識——我的腦筋不是「那樣動的」。羅在畫像中從沒試過這一種加強皮膚色調的方法。在幾天後他得到的畫像點子中他用了這技巧。後來賽斯在這上面又增加了些資料。我們仍在累積對藝術、藝術哲學和繪畫技法的資料。

關於那給他這些資料的畫家，賽斯曾丟下一些暗示。迄今按照他所說的，那畫家是個十四世紀的丹麥或挪威人，以畫家庭生活和靜物出名。賽斯說在將來的課中會給他的名字，連同其他關於藝術的資料。然而，賽斯的確說了羅用顏色堆砌技巧所繪的像就是那位畫家的像。他又說羅會再畫那畫家和他的生活環境，可能還包括那畫家的畫室。

在過去，羅的畫像畫的是與我們個人現在或往世有關係的人們——就我們所知是如此。有些仍需找出其身分。然而，近來畫像的範圍擴展了，最近羅畫了一個年輕人，他不知他是誰。後來我的一個學生喬治指出是一個叫Bega的人的畫像。Bega與喬治經由自動書寫來溝通。賽斯證實了此點，說Bega是在另一層面的實相裡他自己的學生。

雖然賽斯課照常進行，我們卻發現我們有其他的經驗，就像羅的幻象也多少是由賽斯資料發展出來的。好像是要強調我們新的自由感，並且加增我的信心和訓練，賽斯將在一節中送我到加州去，同時他和羅在紐約艾爾默拉我們的客廳裡聊天。這比試著說出信封中的東西要好玩多了！這次完全陌生的人牽涉在實驗裡，眞正滿足了我對證據的幾似無盡的尋求。

第9章 一位心理學家與賽斯談存在

——又一次「出體」

有天當我們仍大半沉浸在測驗中時，我看到聯合報上的一篇文章實在令我驚奇。尤金・伯納博士，那時在北卡羅萊那州州立大學的心理學家，公開聲明他贊成靈體投射(astral projection)。他說他曾把意識投射出身體，沒有牽涉到幻覺，文中並談到他在超心理學範圍內的學術研究的細節。

想到一位心理學家肯做他自己的投射實驗實在使我興奮。我寫信給他，我們通信了一陣子，然後在一九六六年十一月，金和他的太太來訪，我們如水乳交融，他從未令我感覺我必須證實什麼。實際上他是相當的詭計多端，因爲他想要證明賽斯課的可靠性以滿足他自己。

有天晚上我們有節迷人的賽斯課，持續了幾個鐘頭，一直到它完了我才明白他想幹什麼——那才是個好心理學家！金曾以我猜你可稱之爲「專業性的哲學術語」去訊問賽斯，常常提到神秘的東方理論，我對那是一竅不通的。金有從英國李茲大學得到的實驗心理學博士學位，在劍橋教過書。他對東方哲學和宗教也知之甚深，然而賽斯不僅接受他的挑戰，並且還風度優雅帶著幽默感的以我仍不了解的某種方法，以金自己的用語和術語在金自己的遊戲中打敗了他。

這一課長達十四頁打字紙，如此的一氣呵成，很難摘錄，必須包括相當多的背景資料。此地是其後半部的一部分。先前，賽斯和金曾討論過實相，金評論說存在是「一種可愛的大大玩笑。」賽斯回答道：「不是玩笑，它是使得『整體』(the Whole) 知道祂自己的方法。」

現在，賽斯說：「這『玩笑』是非常中肯的，如果你澈悟你的物質世界是個幻覺，你就不會經驗到感官資料。」

「我不能經驗一個我爲自己創造的幻覺嗎？」

「你能經驗那幻覺，但當你把幻覺當作幻覺來體驗，就不會再**體驗**到它，你跑到自己前頭去了。」

「但無處可去啊。」金說。

「你並不**知道**它，你思考它。你不會在你現在在的地方。」

「還有可在的地方嗎？」

「沒有，也有。」賽斯說。

「能在任何不是幻覺的別的地方嗎？」

「我對你說：有的。」

「我怎知其差別呢？除了我自己心中的創造，還有別的方法來區分眞實與幻覺嗎？」

「現在你並不知道。當達到了那一點，如果你喜歡，你將能經驗任何的『眞實……幻覺』如你所願。但那經驗這些『眞實……幻覺』的自己將知道它自己爲眞實。它無處可去，因爲它是唯一的眞實，而會創造它自己的環境。」

「但那是對此時此地的我的一個討論。」

「以你的說法。」賽斯說。

「也是你的。」

「以你的說法。」賽斯重複。

「也是你的。」

「那麼仔細地看看最後一個聲明。」

「我們繞了整整一圈，我與我所創造的實相爲一體，無處可去。」金說。

「你一定仍能體驗這些個幻覺的任何一個，明白它們是虛幻的，完全明白它們的性質，而仍知道基本的實相是你自己。無處可去因爲你就是那地方——和所有的地方——以那種術語來說。但那『玩笑』是中肯的。今晚我說的最要緊的事就是那玩笑是中肯的。你必得有足夠的自由去探索在你自己系統內的每一件生物的性質和經驗，明知它就是你自己，然後再離開你的系統。這些一定要是直接的經驗。」

「但我不能離開這系統，因爲我同時在所有的系統內。」

「我是就你的肉體來說的……但甚至在那種情形下，你仍在與其他的系統交往。」

「我沒有選擇。」

「我以連續性的說法只是爲了解釋。當你完全沉浸於某一系統中好似沒有別的系統存在時，首先必須有一段時間，然後它過去了。通常「價值完成」(Value fulfillment) 就是這樣完成的。這並不表示你不是同時在與其他的系統交往。這幻覺必須被澈底探索。」

「它卻沒有深度。」金捶嘴道。

「我們創造那深度。」

「對了，在如此做時，就已做完了探索，沒有東西可供探索了。」

「探索是必須的。有些遊戲是必要而且永遠中肯的。」

「目的是否在此遊戲……而非創造或探索？」

「那樣說來，你自己就是那遊戲。」

「怎麼說都是。」

「你在創造你自己的限度。」賽斯說。

「眞的有多於一個的觀點嗎？」

「有的。你不承認變化多端的存在。」

「我願意承認那同一物的多樣幻象形式……即你和我。全是一個……」

「不能自我出賣。」賽斯說。

「對的，也不能出賣別人。」

「但自我出賣的概念能導至曲解。」

「但這些曲解是濕婆（Shiva）玩的遊戲的一部分。」

「我情願叫它是愛的努力。」

金說：「當然，想想那濕婆站在壓扁了的嬰兒身上的古典雕像——一個對悲劇幻象的愛的參與。即使是在自我欺妄的幻覺中。」

「你試著爲你自己刪減許多臺階。」

「但沒有臺階這回事，有嗎？」

「對你來說有臺階。」

「它們不是幻覺嗎？」

「它們確實是幻覺。」賽斯說。

「如果它們是我在自己的道路上創造的人工阻礙物，我一定能把它們挪開。」

「理論上確是如此。實際上你應當小心站穩脚步。」

「是的，那即悉達多（Siddhartha）（釋迦牟尼佛爲淨飯太子時之名——譯註）的評論。」

「這些是我們讓它們安息的柔弱孩子。雖然他們是（字不明）……我們也必須哀悼他們——即使他們是牛糞我們也必須爲他們感傷。」賽斯答。

「我們必須愛他們因爲他們即我們自己。」

「你不能做得更少，你也不能做得更多。」賽斯說。

「那樣做就是睜開一隻眼，看到只有一小步可跨。」

「你在耍把戲。」賽斯警告道。

「當然啦，你也是的。我們說濕婆是在做遊戲，誰又是濕婆，除了你自己？」

「你的確是在跟你自己玩遊戲，但那是無關的，可能是無關的。你最好虔敬地玩。」

「對什麼虔敬？」

「對自己虔敬。」

「好吧，我們並非在說風馬牛不相及的話。」

「有一種聖神的不敬，和一種輕浮的不敬。你在玩遊戲。它們兩者爲一。但你最好確定你徹底了解這個。」

伯納先生很好心地寫了封信給這本書的發行人，給予他對此課（第三百零三節）的意見。（尚不止此，他讓我用他的眞名，而不躲在假名後面。）在信中他說：在賽斯課中「我選擇的話題很顯然的對賽斯來說尙有興趣，我則有相當的興趣。而我有絕對的理由相信那些主題在當時對珍來說有大半是陌生的領域……我選擇在一種很成熟的層面來追究這些主題，至少我覺得那會使珍極不可能愚弄我：用她自己的知識和精神架構來取代賽斯的，即使她只是潛意識地在做……。

「我能給你關於那晚的最好的總結性描述是：對我而言，是與一個人格或智靈或不管叫它作什麼的很愉快的對話，他的機智、智慧和知識的庫藏遠超過我自己的……無論如何，用一個西方科學傳統下的心理學家所能懂的語句來說，我不相信珍·羅伯茲和賽斯是同一個人，或同一人格，或同一人格的不同面。」

除了賽斯課外，羅、我和伯納夫婦談「出體」也談得興味淋漓。

在他們來訪後不久，我的書：《如何發展你的ESP能力》，終於在書店裡擺出來了。我開始收到一些信件，雖然並非蜂擁而至，這些早期的信件之一引起了在一次賽斯課中我下一次的「出體」。

在一九六七年五月三日，蓓和比爾·加拉格在我們定期的週一晚的賽斯課時不約而至。當我們閒坐著聊天時，我告訴他們我剛接到的一封信使我覺得好玩——同時又有些憤怒。

我說：「是封掛號信，我得簽名才拿得到，你們作何感想？是由加州某地的弟兄倆寄來的，他們想要知道賽斯能告訴他們關於他們自己什麼事。」

蓓問：「你要不要回信呢？」

「我將寫一短柬，對他們的感興趣致謝之類。隨便賽斯要做什麼，我懷疑他會做任何事。」但是，就像當我們想猜測賽斯的作法時常會遇到的，我眞的是猜錯了。不久就開始我們的第三三九課，我幾乎立刻離開了我的身體，雖然我並沒怎麼感覺到我在這樣做。我只是發現自己在半空中飛，向下看到某一個區域，顯然是南加州的某處。在我們的客廳裡，賽斯正在描寫我看到什麼東西。但我只是遠遠地知覺到他的聲音。對我來說聽起來遠比一個非常差的長途電話還要不清楚得多。

我不知如何告訴羅我已出了體，因爲賽斯仍如平常一般地繼續。我知道我的身體在賽斯說話時會是活生生的，我有一次自己笑了，想著：「我必須給他拍個電報。」同時我浮在空中，浮得相當高，向下看賽斯所描寫的地方。我能四處移動，改變我的位置以看得更清楚。但我與坐在客廳裡的身體毫無連繫。賽斯在說：

「現在這兄弟倆有一個小院，長著檸檬。一座粉紅色的洋灰房子，後邊有兩間臥室，不是個新房子。他們在廚房裡玩靈應盤。他們房子靠近街廓的右轉角，但不在轉角處。他們離水不遠，有一片長草，有些木柱和鐵絲網。」

此時，因爲這明確的資料，羅開始奇怪是否牽涉了「出體」。他問：「你現在是否在當地？」

「到某個程度。有沙丘之類的東西。等下，我改變了位置，現在，我正面對著這房子，因爲我改變了位置方向也有些改變。在我右邊現在有個像車房似的構造物，在它後面有其他的構造物導向水，再過去，有沙丘和沙灘，潮水漲了。」

現在，我正在改變我在空中的位置，就我所能了解的，是我在當地，而非賽斯。

「是什麼時候了？」羅問。（在艾爾默拉已過九點）

「黃昏時分。有相當細的木柱，不是圓的，頂端是長方形，明白嗎？差不多到臀部的高度。」賽斯向羅作手勢，表示木柱的形狀和大小。同時，我浮在它們上面。我感到困惑因爲我不明白它們是用來幹什麼的，我也對它們長方形的頂端感到不解。

「然後左方是像個海灣，陸地是像這樣，你明白，不是直的，這兒陸地彎起來又突出去。」此地賽斯又大作手勢來表明海岸的形狀。他又說這家有一個很強的外國關連，雖然他們的姓不特別像是外國姓。又談到一些這家的歷史和成員。羅把這課複印一份給那兄弟倆。他們寄回一卷錄音帶，評估那資料。後來他們簽了一篇聲明，存在我們的檔案裡。賽斯對他們房子的資料在每一個特點上都是對的，包括該區和那兒海岸的形狀的資料。

弟兄倆住在Childa Vista，我從沒去過的一個地點。他們住在一座粉紅色洋灰房子裡，後面有兩間臥室，再過去兩家就是街角。這房子離聖地牙哥灣有半哩，附近有許多沙丘和木柱，沿著沙丘散佈，全與描寫的一模一樣。

這家是由澳洲來的，還希望再回去。有些此地沒提及的印象也對了。其他的錯了，例如：賽斯說他們的母親已死，事實上，她還健在，雖然這家在感情上已與她隔絕，而她也不常住在家裡。

再次的，這經驗使人想到關於在「出體」事件中賽斯和我的關係的各種問題，他假定是留在我身體裡而我出去了，但我確信這只是個簡化的說法。透過賽斯課也透過我們自己的努力，我們仍在這種問題上累積資料。

當像這樣的事情核查正確，我總是欣然而笑。對某事的性質我從來不接受別人的看法，雖然有時候我接受了多過我該接受的。我總是要自己去發現。沒有一個人對他自己的經驗比我更苛刻——同時仍保留了足夠的自由去實驗。因此在這事以後，我開始放鬆。我又「出體」了，而且又核對無誤了。賽斯怎麼幫我做這個的？當我的意識在美國的另一端他怎麼記錄下我的知覺？理智上我是無法形容地被引起了興趣。有件事我知道：他詭計多端——在我尚不知他的計劃前把我派「出去」，那樣我做得更好，因爲我不覺得我在被考驗，而我沒有時間去操心結果。（他還是個好心理學家！）

這個經驗和我新的信心顯然促成了其他後來的發展。其他的陌生人來信，有些急迫地需要某種幫助。雖然賽斯堅持幫助是由內在來的，他的確給予少數人極佳的忠告，連同對他們環境的正確的千里眼印象——也許不是爲別的而是讓我知道我們找對了人。

我們週一和週三的課賽斯用來發展理論性的資料，雖然偶爾會有一個客人不約而來，仍然是私人性質的。在ESP課上，賽斯有時的確爲我的學生上課。在課堂上他講賽斯資料的實際應用。

事實上唯一經常參加我們私人課的只有菲利普，賽斯曾給他有關他生意往來的資料。除了別的以外，還正確無誤地預言某些股票的波動情形。菲利普保存有賽斯「猜中率」的記錄。有一些預言的時間伸展到幾年之久，凡菲利普所能核對的，賽斯在很多項目上都對了，然而賽斯並沒有形成在課中給予忠告的慣例：他堅持人作他們自己的決定。

我們眞的從不知道課中將發生什麼事。有天晚上賽斯眞使我們吃了一驚，那晚菲利普出現了，如常一樣未先通知，他告訴我們他剛加了薪。他喜劇性地聳聳肩，沒說加薪的數目，當賽斯課開始，賽斯滿面笑容地很快說出了多少錢。菲利普問賽斯對他在本地一間酒吧裡聽到的一個聲音有所知否。

「是個男人的聲音，對嗎？」賽斯問。

「對的。」菲爾說。

「你沒認出來？那我不告訴你，眞的不告訴你。」

「是你的聲音嗎？發生得那麼快，我都沒時間想。」菲爾說，現出笑容。作爲賽斯，我幽默地頷首。

在我們第一次休息時，菲爾解釋：一個月前當他在本地一家酒吧裡與一位年輕女人說話時，他聽見一個很淸楚很響的男音強調地說：「不！不！」它好像是由菲爾的腦中發出的。從來沒有這樣的事發生在他身上過，他嚇了那麼一大跳，趕快喃喃地向那女人找藉口告辭而離開了酒吧。

賽斯承認就是他向菲爾說話。在我們休息之後他說，「那個女人貪心到令每個與她接觸的人都要遭殃。」他又說那女人「會利用你作爲她和另一個男人之間的擋箭牌，並且誇張你最微小的興趣作爲和那人討價還價的要點。結果會鬧得很尷尬。因爲你聽了我的話，那可能的將來改變了。」

然後他給了相當多的背景資料，說那女人有個小孩，並且與另一個男人有牽連。「與她有牽連的男人做的是有關機械方面的工作。」他又說她曾是天主教徒，她的問題與一個法律文件有關。

之後，賽斯接著又告訴菲爾她的住處，雖然他沒給明確的地址。「她住在一條死胡同中央的第三或第四幢房子，在城的東北區，但在你遇到她的地方的西邊。」

所有這些對菲爾來說都非常有意思，他並不知道那女人住在哪兒，除了她的名字和大概年齡之外什麼都不知道。既然第二天他會在這城裡，菲爾回到那酒吧開始探詢，他由酒保處得到那女人的地址，開車去那兒，他發現賽斯並非信口胡謅。她住在一條死胡同倒數過來第三幢房子，在城的東北區，酒吧的西邊。她是天主教徒，有個小孩，有個當汽車銷售員而非機械士的男友。

自此以後菲爾再也沒回到那酒吧！

羅和我不知該對這事怎麼想。它顯然好像對賽斯的獨立性有所證明。除非菲爾幻覺到那聲音，而賽斯利用此點而聲言是他自己的聲音。如果是這樣（我懷疑），那麼賽斯顯然有菲爾所沒有的關於那女人的資料。

按賽斯所說，很明顯的，我們能改變將來。如他告訴菲爾的：「從來沒有一件事是預先命定的。每一刻你都在改變，而每一個行動改變了另一個行動。我能從另一角度來看事情，但仍然只能看到可能性。在那個晚上我看到一個不太好的可能性，你和我改變了它。」

在另一個事件中，一個朋友聲言他看到賽斯，而且是在很奇特的情況下。有天晚上當我躺在床上時，我有一個自發的「出體」經驗。我似乎是在一個擁擠的房間裡很著急地對比爾，麥唐納（我們的畫家朋友）說話，我不太溫和地推著他的肩膀，立刻我回到了我的身體，我在床上還不到十分鐘呢。我馬上起身，寫下剛發生的事，並且告訴了羅。

整整一週後比爾打電話給我們，聽來很神經質的樣子，他告訴我發生了些非常怪的事，因爲他仍感到心煩，他想最好跟我討論一下。我立刻想起了我自己的經驗，就叫比爾等一下，等羅拿我的筆記來，以便當他說話時我可以核對。比爾告訴我，剛好一週以前他突然被驚醒，賽斯站在他床邊，眞正是立體的，看來就與羅畫他的畫像一樣。他推了推比爾的肩膀就不見了。第二天比爾告訴了他母親，並爲我們寫下一篇報告。

這事使他母親不安，她作了一些玩笑似的評論，大概的意思是她希望賽斯和我留在家裡。只不過我不認爲她是在開玩笑。比爾的不安使他沒早些來電話，而我也不想打去催逼他。

首先，我以爲在「出體」時我曾在一個擁擠的房間裡，但比爾顯然是單獨在他房中。另一件事，他看見賽斯抽著一支煙；我是吸煙的。比爾是否幻象出賽斯的立體形象？如果如此，他在我正感覺我與他在一起時發生這幻象，而他感覺賽斯推他的肩膀，同時在我的經驗裡我推了他。

有好幾個人告訴過我賽斯藉著自動書寫與他們溝通，但賽斯否定了任何這種接觸，說他的通訊只限於與我一起的工作，以保持賽斯資料的完整性。然而，照他所說，他曾偶爾「順道拜訪」朋友。

有天我碰到白太太，一個因病休學的以前的學生。她告訴我她在當地一家報紙上看到關於現在這本書的一篇文章，包括了一些賽斯資料的摘錄和一張羅畫的賽斯像的複製品。當她在看這篇文章時，正有厲害的頭痛，突然她以爲她感覺到賽斯在場，一個內在的聲音，大概是賽斯的，告訴她她曾感到自憐，她必須立刻停止爲她的健康擔憂，起來，出去散個步。如果這樣，她馬上會有進步。

她嚇了相當大的一跳，照他的話做了，頭痛立刻消失。到第二天她已覺得比六個月來都舒服多了。她再開始散步，感覺到恢復了活力。當她告訴我這件事時，我只點頭微笑。坦白地說，我不知除此之外還能怎麼做。

我們問賽斯這件事。他說，這一次白太太是用他作爲她內我 (inner self) 或超意識的一個象徵，來傳遞助力和治癒性的影響以及忠告。這經驗幫助那女人去用她自己的能力。賽斯在幫助她這個念頭使她啓動了她自己的治癒力。賽斯告訴我不必擔心。顯然他很高興以這種方式給他人鼓舞，而作爲他們自己創造性能量的焦點。

他絕對拒絕讓人利用他作拐杖——對我也一樣——而堅持說賽斯資料本身給了人一個方法來比較更了解他們自己，重新估量他們的實相，並且改變它。雖然我們有時候舉行賽斯課以幫助某個人，雖然他們有超感覺力的事件，賽斯課仍保持以賽斯資料爲主要目標。我們覺得賽斯課的眞正重要性就在於此。

我們對賽斯資料要比ESP表演有興趣得多，我們一向如此。我們認爲它給了對ESP或任何感知的如何運作的最好解釋，對我們這更重要得多。我們也接受賽斯對實相的本質和人類在實相中之位置的聲明爲有意義、具重要性的解釋，他有關多次元人格的理論不僅在理智上具有煽動性，並且在情感上具有挑戰性。它們給予每個個人擴展他自己的身分和目的感的機會。

在賽斯課裡的ESP示範總是有目的的：幫助我增強信心；或訓練我的能力；對資料中的某一點舉例說明；或給某一需要幫助的人一些資料。我很容易忘記我早先的感覺：賽斯應該證實他自己；我也很容易忘記我也堅持我的「奇蹟」，有好幾回甚至否定我自己感官的證據，只因我誤信那樣子我才比較科學。我願說我總是非常尊重賽斯資料，而且承認它所包含的某些觀念的範圍和膽識。

因爲當課開始時我們沒讀過多少心靈文學，每件事對我們而言都很新鮮，一直到很久以後我們才發現，賽斯的某些觀念在幾千年前的秘教文稿中就已出現過。可是，當我們自己的知識增加時，我們發現在一些緊要的地方，賽斯的概念與許多靈魂學和形上學的文章中所普遍接受的觀念相違。

其一，賽斯不同意有一位歷史性的基督存在，雖然他承認基督精神的合理性——如你後來在本書中將看到的。雖然他認「轉世」(reincarnation)爲一事實，他卻把轉世放在一個完全不同的時間範疇中，把這理論與「同時性」(simultaneous)時間的概念協調。也許更重要的是，他把轉世描寫爲只是我們全盤發展中的一小部分。其他同樣重要的「存在」發生在其他非物質的次元中。所有這些都與「人格乃由行動所組合」的概念相織在一起。賽斯對「本體」(identity) 所寄的三個創造性「難局」(dilemma) 的描寫，是刺激人的思想並有始創性的，他對「神」的概念是這些理論的一個自然而令人著迷的延伸。

至少就我們所知，「時間顚倒論」(the inverted time theory) 和「可能性系統」(system of probabilities) 是賽斯資料所完全創始的。我相信賽斯對「痛苦的本質」的概念也是與當前的形上思想十分歧異的。他把受苦看作只是意識的一種屬性及活力的一種顯示，只有仍舊害怕死亡，以爲死亡是個終結的本體中那一部分，才以爲受苦是危險的。

但從現在起我將讓賽斯爲他自己說話，我選了與每個主題有關的摘錄。在某些情形，賽斯做示範表演來說明他的論點，例如，在健康那一章裡，我包括進去爲某人所作賽斯課的摘錄。在談轉世的資料上我也用了同樣的過程。爲了解釋他對「物質實相的本質」之理論，我用了一節摘錄，在其中他眞的表現出他並非信口胡謅——如果在客廳裡的幽靈能通過爲一合格的近似 (approximation) 的話。

我喜歡以一九六七年三月第三二九節的記錄來結束此章。那課是給一位老師朋友的高中學生們。雖然賽斯在此是對十幾歲的孩子們說話，其信息對我們每個人都是有意義的。

「你依照你的信心和期待創造你的實相，因此你理應小心地檢查它們。如果你不喜歡你的世界，那就檢查你自己的期望吧。每一個思想或多或少地都被你構成爲實質。

「你的世界是按照你自己的思想所形成的忠實複製品……某些心電感應的情況存在，我們稱之爲根本假設，每個個人潛意識裡都知道它們。利用這些，你們形成一個足夠一致的物理環境，因此大家對物體和它們的位置和尺寸都有普遍性的同意。在某方面來說這全是幻覺，然而它卻是你們的實相，你們必須在其中運作。你們父母所居的世界最先存在於思想中，它一度存在於夢中，而他們由其中孕育了他們的宇宙，他們由此造成了他們的世界。

「如果你賤賣自己，你將說：『我是個物質的有機物，我被時空罩住，我被環境左右。』如果你不賤賣自己，你將說：『我是一個獨立的人，我形成我的物質環境，我改變並造成我的世界，我不囿於時空，我是這一切的一份子，在我內沒有一處創造力不存在。』」

第10章 物質實相的本質

你以爲這物質宇宙是怎麼回事？你可能沒有有意地去思考這個問題，但我們每個人都有個意見，不論我們知不知道我們是用這意見作爲日常行爲的指南。談到物質宇宙，我指的是我們所接觸到的任何東西——星辰、椅子、事件、石頭、花草——我們全部的物質經驗。你對這些東西的信念引起了你大部分的行爲，你感覺到安全或恐慌，快樂或憂愁，安心或不安心，全憑你私自對實相的看法。

有些人認爲我們困於物質實相（physical reality）中，好像捕蠅紙上的蒼蠅，或是陷入流沙中的人，因而我們每一個舉動只使我們的處境更險惡而加速我們的滅絕。另一些人則視宇宙爲一種戲臺，我們一出生便被扔上了臺，到死就永久離開了。隱在這些人心中有個共同點：他們視每一個新的一天天生地帶著威脅性。甚至喜悅也被懷疑，因爲它也必然會因身體的最終死亡而終止。

我以前也是那樣感覺，當我愛上羅時，我的快樂更增強了我隱約的悲劇感，好像死亡以把生命弄得加倍可貴來嘲弄我似的。我視每一天都把我帶到離我幾乎不能想像的全盤滅絕更近了一些，而我越發憎恨那滅絕。

自然許多人覺得死是一個新的開始，但我們大部分人仍以爲我們是物質的身體和環境所形成、所束縛。許多相信死後有生命的人認爲目前的事件是不分青紅皀白地胡亂發生在我們身上的。更有人相信好事或壞事是發放給我們的報酬或懲罰。但大多數人卻認定我們對那些事是無法左右的，只能被它玩弄於股掌之間。

我首先就要談這個題目——物質的本質，因爲它是欲對賽斯學說有所了解的起步。賽斯說，便像呼吸是不自覺的一般，我們也不自覺地形成了物質宇宙。我們不應把它想成一個有一天我們將逃出去的監獄，或是一個我們無法脫逃的行刑室。反而是，**我們形成物質**以便在三次元的實相中活動，以發展我們的能力並幫助他人。物質就像可塑體，我們可隨心所欲地利用並塑造，而非一塊混凝土，把我們的意識禁錮其中。不自覺地，我們投射我們的意念出去而造成了物質的實相。我們的身體是我們認爲我們是如何的具體化。因此，我們全是創造者，而這個世界是我們的共同創造物。

這是我盡所能予以簡化的賽斯概念，我們並不是被事件所擺佈的，我們形成事件然後再對它起反應。就個人化的觀點說：你並不是被你兒時的環境或背景所左右的，除非你相信你是。你只是與你父母合作去形成它。

僅此簡單的聲明便把羅和我自各種各樣的成見裡解脫了出來，那些成見曾抑制了我們的日常生活。

賽斯說我們非但現在形成我們自己的實相，而且在身體死亡後仍繼續如此。因此了解思想和實相的關連實具極端的重要性。

賽斯很精確地解釋了我們如何將思想轉化爲物質實相，就我們所知，這是賽斯資料獨創性的解釋。不說別的，光是這個假定——我們確實創造了物質——已引起了羅和我曾屢屢思考的各種問題。賽斯是說我們像形成事件一樣地創造出桌椅嗎？當我們患病時，我們是否創造了自己的病？如果根本上我們創造了實相，那麼我們能否使它變得更好些？

賽斯回答了這些以及更多我們根本沒想到的問題。當他開始時我想這整個題目是非常迷人的，但我沒預期他會就在我們的客廳作了一個示範表演，那是發生在第六十八節（一九六四年七月六日），賽斯正在對比爾•麥唐納描述期望和感知——我們所見所聞——的密切關連，事情便發生了。那是一個我們全都無法忘懷的課。不過，在我還沒告訴你那件事的高潮時，以下先引述在那事發生以前他所說的幾點：

「我說就像你在玻璃窗上用氣息形成一個圖樣一樣，你用宇宙內在的活力創造了物質的東西，我這樣說並不指你是宇宙的創造者，我是說你是你所認知的物質世界的創造者。

「化學本身並不能引起意識或生命，你們的科學家必須面對這個事實，即意識先存在然後演化出它自己的形象……所有體內的細胞有其個別的意識，在器官中所有的細胞間有一個有意識的合作，在器官間亦如是。……

「分子和原子，甚至更小的粒子有一個濃縮的意識，它們形成細胞而造成一個個別的細胞意識。這個組合所成的意識比孤立的原子或分子意識能有更多的經驗和成就。這不斷地演繹下去……以形成身體的機制。甚至最低級的粒子仍保有它的個別性，而它的能力〔經由這合作〕增加了百萬倍。

「物質是一種媒介，借之以操作和改變『心靈能量』，使它成爲一個可作爲建材的形勢。……物質只凝合到有一種可令我們感官感覺到的外表或相對的永久性的程度。

「物質在繼續被創造出來，但沒有任何一個物質其自身是繼續的。例如，沒有一樣物質性的物體是隨著年紀變壞的。反而是，心靈能量不斷被創造成物體，而它看起來多少維持了一個固定的外表。

「沒有一樣東西『存在得夠久』——爲一不可分割、堅固或全然相同之物——來隨時間改變。其背後的能量變弱了，那物質的模式因而變模糊了。過了一陣子，每一樣東西以你們的標準看來就變得較不完美。經過多次你所不能察覺的這種再創造，然後你就會注意到其不同處，而假定它有了改變。那看似造成這物體的實際物質早已消失了許多回，而那個模式又被新的物質完全重新塡滿……。

「在三度空間內，物質可以使意識發揮效力，當個人化了的能量接近你們這一個獨特的場所，它盡其所能的發揮能力到極致。當能量接近時，它創造物質，最先幾乎是一種可塑的情形，但這創造一直繼續，像一束光線或無數連續的光束，最先因離得遠而弱，後來較強，而後又離遠了又弱下去。

「物質自身呢，可是並不連續的，舉例來說，並不比黃顏色更會成長或變老。」

第六十八節是在一個很暖的夜晚舉行的。所有的窗子都開著，我們正喝著冰咖啡，當賽斯課開始時，我的玻璃杯放在木桌上。在那時我替賽斯說話時仍舊來回踱步，我的眼睛張開，瞳孔黑而放大了。一如平常，賽斯用我們的「存有」的名字叫我們，我是魯柏，羅是約瑟，比爾是馬克。(如我前曾提及，這些名字指示我們各自那個完全的人格，我們只是那人格的一部分。)

課開始後不久，我拿起還在桌上的玻璃杯，伸過去給羅和比爾看，同時賽斯的聲音開始變得更低更大，男性的音調開始滲入，然後賽斯開始用那玻璃杯爲討論的中心。

「你們每個人看到的杯子都不是另一人看到的杯子。你們三個人每個人以你們自己個人的角度，創造你們自己的杯子，因此你們有三個不同的實質的杯子在這兒，但每一個存在於一個完全不同的空間連續(space continuum)裡。」

此處賽斯的聲音眞的是隆隆而出。比爾坐在房間當中的搖椅，他把椅子移近些以便看得更清楚。羅仍如常逐字逐句的記錄，盡可能抬頭來看。

「現在，馬克，你無法看到約瑟的杯子，他也看不見你的。」賽斯說，「這可以用數學來證明，而科學家已在針對此問題研究，雖然他們不明瞭其後的原理。現在有一個無限小的點，馬克和魯柏的透視在那一點重合。再者，理論上來說，如果你能看到那一點，你就可以確實地看到另外的兩個玻璃杯。

「物體除非存在於一個明確的透視角度和空間連續裡否則無法存在。但每一個人創造了他自己的空間連續……我想將這一點與在某一特定物體上你們所見似不相同連在一起來講。每個人事實上創造了一個完全不同的物體，然後他自己的官能可以感知到它。既然今晚我們有一個如此高貴與受歡迎的客人，讓我們在一個關於物質的小小討論中以他爲白老鼠來觀察。」賽斯微笑道。

在此時，沒人特別注意他最後一句話。羅太忙著記錄，除了確知他正確地記下每一字句以外，很難眞正注意說了什麼。就我自己所能記得的呢，我根本不知道自己在跟他們說話。

在此我要將羅在課後立即補記的話引用於下：

珍一邊在相當快地踱步，一邊不停地說話。她的聲音有力而低沉，比平時要低得多，然而她卻沒有費力的樣子。

我用的書桌在我們浴室入口的右側，從那兒我可以很容易地看到坐在甘迺迪搖椅中的比爾，搖椅面對著浴室入口……珍繼續講話的同時，我看到比爾不斷地瞪著打開的浴室門口，但我並沒特別予以注意。我只認定賽斯說拿比爾作實驗品意指將他作為討論的中心。

同時賽斯課仍繼續進行。

「你，約瑟，你看到馬克坐在椅中，」賽斯繼續說，「他坐在他自己的空間連續與個人透視點所構成的他自己的椅子中。

「你和魯柏看到馬克，但你們都看不到馬克的馬克，當他坐在椅中，他正在不斷用他自己的心靈能量創造他自己的物質形象。並且用獨特的原子和分子去造他的身體。那麼到目前爲止，我們有一個他自己創造的馬克，在今晚過去以前你將會驚奇我們會遇到多少個馬克。

「我建議你們休息一下。記住我所說的，馬克，你比你自己知道的要多，我希望你們特別注意這一節，因爲這次的資料極有價值。」

當休息一開始，馬克立即宣佈他曾在浴室門口看到一個影像，整個時間他都在瞪著的就是那影像。他要了張紙立刻開始畫一個素描。他是個畫家和老師。

當賽斯課開始時珍覺得精神不好，現在她說覺得很好。她說賽斯很快地把她「擊昏過去」。我們的貓威立現在變得活躍起來，牠開始在整個房裡走來走去，一邊叫著。牠好像受了驚一樣，四面張望著，雖然周圍並沒有昆蟲，也沒有不平常的怪聲使牠不安。

當比爾告訴我們他曾看到一個影像時，珍和我當然立刻向門口看，但我們什麼也看不見。比爾說，休息一開始影像便消失了。現在珍重又以同樣強大而非常低沉的聲音口授。比爾繼續作他的素描，他不滿意已畫的，要重新試過。

課又接著進行。

「一會兒我就會談談那個幽靈，首先我要你們注意魯柏的聲調變得比較低了。然後如果你們許可，我要繼續下去。

「當馬克創造他自己的物質形象時，你們看不見它。在此時，室內有三個全然不同的馬克。」

珍，身為賽斯，此時指著坐在椅中畫第二幅素描的比爾。然後她又指著我，同時比爾仍在注視開著的門口。和以前一樣，由我坐的地方我什麼也看不見。那個打開的門擋住了我全部的視線，我不想冒險換地方，因為我必須不停地筆錄，以保持一個完整的記錄。

「這兒有馬克自己創造的、眞實的物質構造的馬克。另一個是你，約瑟，創造的馬克，另外還有兩個物質的馬克，一個是魯柏，一個是猫創造的。如果另一個人進到房間來，就會再有另一個物質的馬克。

「那麼在這個房間裡就有四個實體的魯柏，四個實體的約瑟，四個實體的猫，的確這兒有四個房間。」

由公寓後端我的畫室中傳來威立的叫聲，牠仍在到亂處走。

「暫時離題一下，你的朋友馬克對另一層面來的而顯現於這個物質範疇的構造很敏感，因此成了極佳的證人。他注意力的持續時間很短，我確曾在那門口站了一會兒。雖然我要說……。」

此處珍在馬克身旁停了一下，拾起了馬克所作的第一幅他所見幽靈的素描。

「……我比這兒畫的傢伙看起來要快樂得多。顴骨邊的某種陰影你沒畫出來。如果你現在注意看，也許我可以使它清楚一點。」

珍把素描還給比爾，他繼續注視著門口。

「這是我在課中第一次試著顯現，我很高興有人看到了我，而我一直在從我佔優勢的地位觀察你們。在門口的幽靈形象確實是我，雖然在馬克眼中看來必然有些歪曲不實，他是透過『內在感官』看到我，而他試著把所得的資料轉換爲肉眼可見的東西。」

現在珍站在比爾身後，由他肩後看他作素描。

「唇邊有一絲沾沾自喜的微笑，很好，我很喜歡這樣子。我自己創造了這構造。爲了要在你們的層面顯現出來，不管你們看得到看不到，任何的構造都必須由原子或分子組成。

「動作和速度與日常的構造不同，在這一刻我一邊經由魯柏說話，一邊站在這構造裡看他說話。有那麼一天我也許可能由我自己的構造說話。」

珍由比爾手中拿了第二張素描，一邊踱步一邊說話一邊查看素描。當她偶爾把素描向我這方向揮動時我瞄到了一點。比爾一直在注視著門口。

「在某些方面來說，我由你們的觀點看來並不漂亮，然而你得承認我也並不太醜。我讓你們休息一會兒。我也想謝謝馬克，當我說他將參加表演時，我眞的是那個意思。」

賽斯——珍對比爾一笑結束了他的獨白。現在我問馬克他到底看到了什麼。他說黑黑的門口變為霧白，然後他便看到賽斯的幽靈突出地顯現在這較淺的背景上。比爾說，那形象只是一個剪影，沒有明確的細節。但在這一段獨白時間裡他把那張臉看得很清楚，頗像是照相底片的效果。比爾又說幽靈的臉差不多離地有六呎高。

羅柏的手寫痠了，我們休息了一會兒。我有點迷惑。比爾發誓他看到幽靈幾乎有一小時之久。它不像普通的身體那樣實在，但也絕非透明的，賽斯對它曾下了很多評語。然而我什麼也沒見到。羅不能離開他的椅子，因此他也沒看到什麼。燈一直全開著，但我就是不能接受幽靈這個概念。

「比爾，我打賭你什麼都沒看見，」我說，「你只想要我們同意看到了東西，然後你就會笑開了，告訴我們是你編出來的。」

「你可講的好話。」比爾氣憤地說，我說了之後馬上後悔了。

「你的想像？」我軟弱地問。

「我跟各位一樣有很好的想像力，但我可不是每天碰到這檔子事——」

羅說：「親愛的，為什麼你不就信了比爾的話呢？」

「哦，好吧。」突然我覺得自己很傻，我舞到門口，笑說：「好吧，比爾，現在你到底在哪個地方看到門中之人？」我扮著丑角，在門口移動。「這兒？這兒？」

突然我看見比爾和羅的表情變了，他們本來站在房間當中，對著我笑。現在羅臉色轉白，比爾的嘴角掛下來。「怎麼了?」我說。

「別動。」羅安靜地說。

我感到一陣刺痛，但我什麼都沒看到。由他倆的反應我知道一定出了什麼怪事，因此我聽話地站住不動，也停住笑。

我再引羅的筆記。

> 比爾和我同時注意到珍活潑的面貌在改變，在她跟我們說話時，她的下巴在黑色長髮襯托下變得更方正些，她的鼻子變大了，她的嘴一邊在說話一邊有了更厚更寬的唇。她的頸子變粗了。比爾和我都沒看到她的眼睛或前額有什麼變化。
>
> 如我們所要求，珍在原地不動。我們所看見的無可置疑。它流連了約一、兩分鐘。屋中燈火通明。珍面貌的改變似發生在離她真正的臉前一吋左右的平面上。這一副新的面貌就像懸在什麼透明的幕上一樣。在我看著它們時我可以看透或感覺在它們背後我所知珍的真正面容。

之後，羅叫我向前移幾吋，我照做了，那現象減輕而後消失了。

我們重又開始賽斯課，心中充滿了各種問題。比爾告訴我們他仍感覺到第一個幽靈，有時感覺得很強。他已畫了兩張素描，仍在作修正。因此次由九點開始一直持續到午夜以後，我不欲引全文。整個過程中低沉的男聲一直持續，越來越有賽斯味。

當課開始，我身為賽斯拿起比爾的第二張素描說：「比爾試圖把他內在感官所感到的資料正確地複製出來，以此之故，這是我的複製品。

「它代表當我的這些能力在與物質層面密切接觸時所呈的形象。這並不表示在所有的層面上我看來都一樣。這是我的第一張像，我蠻喜歡它。

「如果你們猜想暗示在這種示範中可能有的作用，我也不會驚奇……無論如何，一般而言，如果沒有你們所謂的暗示，沒有任何物體能造出來，也沒有任何行動能發生。沒有內在的認可和意願，任何行為或物體都不會發生。在每一件行動和每一個構造之後果然都必有暗示。

「暗示不是別的，正是讓一件行為發生的內在的意願和同意，而這同意正是一個板機，引發潛意識的機制，而容許你能將內在資料造成物質實相。

「說我在門口的顯現是由暗示而來，並不比說這房間和裡面的東西全由暗示而來更對或更錯……你將會了解把宇宙當作只有一個物質宇宙來想是錯誤的，你們現在正存在於四個不同的宇宙裡……」

賽斯解釋說幽靈的模樣卻是被比爾自己的概念歪曲了的。譬如，額頭高是因為比爾以為那是智慧的表徵，比爾將可用的資料照他自己的想法翻譯出來，不管賽斯自己長相如何，這是比爾所看到的賽斯。

賽斯接著以一種有趣的態度對比爾下週的假期給了一些「預卜資料」，他描述了他將遇見的人和事，後來比爾回來後完全印證了。

此時羅和我正在考慮買前面曾提及的房子，就在那天我們再去看了它一趟，很驚奇地發現後門未關。現在賽斯告訴我們，是我們自己利用心靈能量開了那門，而這正是以心役物的一個例子。我不知該怎麼想。當他結束了討論，賽斯開始與羅和比爾說笑話。他意興風發，羅笑得那麼厲害幾乎無法筆錄。

這一節簡直令我吃驚，我們有這麼多問題，不知從何問起。到底我們如何由精神能量形成事件？形成物體？我們對我們所見的東西如何同意？

這兒是後來的一些摘記，解釋我們如何把意念投射為事件和物體。我在此最好提一下，賽斯說心電感應經常在發生，供給了內在的溝通來支持所有的感官資料。

錄自一九六六年十一月廿一日的第三〇二節

「客觀世界是為內在活動的成果。你眞的能由內在來操縱客觀世界，因為這才是眞正操縱的方法和定義……

「思想和意象形成為物質實相，而變為具體的事實。它們是以化學方式推動的。思想即能量，當孕育的那一刻它便開始實質地製造出它自己。

「精神性的酵素與松果腺有關。據你所了解，身體的化學素是物質性的，但它們是思想—能的推動者,包含了所有的密碼式資料,都是將任何思想或意象轉譯爲物質現實(physical actuality)所必需的,它們使身體按照內在的意象複製出物體,它們可以說是引發轉化的點火器。

「化學素以一種看不見但明確的『擬物質的』(pseudophysical)構造,由皮膚和毛孔系統中放出。一個思想或意象的強度大致決定它具體化的快慢。在你四周的物體無一非你所創造,你自己的形貌也無一非你自己所造。

「最初的思想或意象存在於精神性的圍場(mental enclosure)內〔如前所解釋過的〕,它還沒物質化。然後它由精神性的酵素激發成物質具體化。

「這是一個通常的過程。但並非所有的思想和意象都完全具體化了,強度也許太弱。化學反應引發了某種電流,有些是在皮膚層內,然後由皮膚內輻射到外間世界,包含了高度密碼化的指示和資料。

「因此,物質環境也與你的身體一樣,都是你的一部分。你對它的控制相當有效,因爲像你創造你的指尖一樣,你也創造了外界環境……物體即由從你身體向外輻射出來的同樣的擬物質造成,只有較高強度的質量不一樣。當質量積得夠密了,你便認出它爲物體。物體質量弱時你便不覺其存在。

「體內的每一條神經和纖維都有它看不到的內在目的,它們使得內我與物質實相相連貫,允許內我創造物質實相。從某一觀點來說,身體和物體由全我的內核心向各方飛散。」

這資料給我們時我們正在做殷氏測驗。後來我們不弄那個之後，賽斯較有時間回答我們的問題。羅要知道身體的哪一個其他部分在創造物質上有一份責任。以下是我們所得答案的一部分。

「神經衝動沿著看不見的路徑由身體向外走，就如它們以同樣方式在體內走一樣。這路徑負載著心電感應的思想、衝動和欲望，由自己向外旅行，改變了看似客觀的事件。」

我想下面這一段相當重要：

「以非常眞實的方式，事件或物體事實上是一個焦點，在這些焦點處強烈的心靈衝動轉變爲肉眼可見的東西：突破成爲物體。當這些高強度的衝動彼此相遇或相合，便形成了物體。隱在這種形成物體的『爆發』之後的實相與物體是不相關的。一個相同或幾乎相同的模式在『任何時候』可能一而再、再而三的重現，如果發動它的適當合作存在的話。」

世代以來，許多人認識到心與物是相關的。但賽斯資料明確地指出精神轉爲物質的方法和方式。舉例說，在最小單位的物質中存在何種力量？變爲物質的突破如何發生？爲了要公平對待這些問題，我將它們放在附錄中解決。

這些又全是爲了什麼呢？賽斯說：

「在你們的實相系統中，你們學習精神能量是什麼，及如何利用它。你經由不斷地轉化思想和情感成爲物體來學習。藉由看到外界環境你應該對你的內在發展有一個更清楚的了解。看起來好像是一種感知（perception）、一件與你毫不相關的客觀的實在事件，卻是你內在情感、能量和精神環境的具體化。」

但就如你將會明白的，我們不但在此生及死後都造成我們的物質實相，並且至少在幾生中都如此，以學習將能量和意念轉成經驗。我們不但現在造成我們的環境，並且我們預先選擇我們的父母和際遇。也許在讀了下面兩章之後你會明白，我爲什麼終於接受了本來死硬反對的轉世（re-incarnation）概念。

第11章 轉世

你曾活過嗎？你還會再活嗎？據賽斯說我們全都曾投胎轉世過。當我們塵緣已了，活完了我們一連串的塵世生活，我們還將繼續存在於其他的實相系統中。在每一生裡，我們經驗我們所預先選擇的情況，所有的環境和挑戰都是特為我們的需要而裁製的，我們因以發展我們自己的能力。

想一想：我們有的人生下來聰明絕頂，有的人則瘋瘋癲癲；有的人軀體靈敏漂亮；有的人缺少重要的器官或肢體。我們中有人生得如此高貴，生活的世界超乎大多數人的想像之外。另外的人卻陷於同樣令人無法理解的貧困黑暗中，衰老而死。為什麼？只有「轉世」之說能把這些似乎迥然不同的際遇織入一個合理的架構中。據賽斯說，這些情況並不是胡亂加諸我們身上，而是我們自己所選擇的。

人為何會選擇多病或貧窮的一生？那些早夭的孩子或陣亡的戰士又怎麼說呢？當賽斯開始講轉世時，這些個問題湧入我們心中。如我所說，當賽斯課開始時我連死後有生命也不相信，更別談還能再活好幾次了。我想，如果我們曾活過，而如果我們記不得，那又有什麼用呢？我跟羅說：

「並且，賽斯說我們生活在『廣闊的現在』(Spacious Present)，實際上並無過去、現在或將來，那我們怎麼能在以前活過呢？」

在爲某些人舉行的課中，當賽斯在處理特別的案例時，不期然地出現了部分答案。我不公開爲人舉行賽斯課（我也不收錢或接受捐款），因此轉世資料是我給我的學生、朋友或某些爲特別悲慘的難題求助的人。就那件事而論，除非與目前個案有關連賽斯也不提轉世資料。

爲何那麼多小孩早夭，尤其是天資聰穎，父母疼愛的孩子？我不信有一個簡單或籠統的解釋，但我們有兩個關於這種孩子的例子，我可以給你在這某個特例中的解釋。

第一件是關於一對我暫名之爲吉姆和安・林登的夫婦。安完全是個陌生人，一天早上她打電話給我。她直接撥號打來所以聽不出是長途電話，我以爲她是由城裡打來的，尤其是她提及在艾爾默拉有親戚。她告訴我她的兒子彼德幾個月前死了，才三歲。她跟她丈夫悲痛欲絕。他們有個朋友，紐約的超心理學家雷・范・歐弗建議她打電話給我。

我說：「我只見過雷一次，他一定告訴過你我不公開給靈斷（reading），我只集中精神在我們個人的工作和賽斯課上。」

她說：「他是說過，但他想你也許能破一次例，他說像這種情形，你們有時會破個例。」她歇了歇氣。

我考慮了相當一段時候。「好吧，今晚有一節定期的課。如果你想來參加——」

她急忙說：「我們會來，我丈夫白天在紐約，但他傍晚會回家。」

「哦，也許他會太累。」

她堅持一個淋浴和快餐會使他煥然一新。我們說好他倆在八點到我家來。

我告訴了羅，他雖說隨我的意思，卻並不起勁。「記得上次你嘗試與某人死去的親屬連絡所發生的事嗎？」他說，「不管怎麼樣，讓賽斯來處理此事吧。」

我點頭，對羅所提之事我記得太清楚了，當我在與安通電話時我心裡就隱隱地想這事。

羅問：「你不想再發生那樣的事吧？」

我說：「才不呢！」那件事的細節又湧入腦海。那是幾個月前一個明朗的、陽光普照的週末下午。我正穿了牛仔褲在打掃房間，一個學生來電話，她有個特別棘手的問題，她想請我與她已逝的婆婆連繫。這學生只上過幾次課，她的婆婆住在佛羅里達州，也死在那兒，我對她的家庭完全不熟悉。

我叫她過來。羅從畫室出來替我筆記。在過程中我以爲「我」是那死去的婦人，重新經歷她與她丈夫的一次爭吵。身爲那婦人，我那麼厲害地一再以拳搥桌，羅生怕我會打傷了手。那是場暴烈的爭吵，這另一個人完全接管了我，羅眞的擔心我身體的安全。我雖能肌骨無恙地「脫身」——顯然她本身有比我高大強壯得多的身體——但自此以後羅和我都很小心。

然而當我回想時不禁笑了。照羅所說，當我第一次搥桌子時，一罐清潔劑眞的跳了起來，旁邊那些清潔用品都飛了出去。陽光正充分地灑進窗子，實在不像什麼玄秘的環境。我的學生信服必是她的婆婆透過我來說話，因爲我用的是她的手勢和用語──包括一些她善用的相當刺激性的字眼。

羅看著我說：「你當時卻不覺得滑稽，是不是？」

我得承認我並不。不過那天我給的名字和日子大部分都正確，特別有一點連我學生也不知道的，後來由一位親戚證實了。

我說：「賽斯只是沒在旁邊，如果他在，也許他會給我資料，我就不必經歷所有那些了。」

「或許你只是想試試靠自己吧？」羅說。

我笑了，有點罪惡感。我對那次事件也頗驚奇，是否我決定要試試靠自己能得到什麼死後猶有生命的證據？

如果那是我自己潛意識的「扮演某個角色」，那麼我的表演還眞不賴。如果是我與學生的心電感應，也眞是感應得不壞，因爲我的學生還需與別人對證某些部分。但我不喜歡那次，我也不希望那種事再發生。我對讓誰進我的家是相當挑剔的。像那種人，不管是死是活，我都不表歡迎。

我說：「但是我不想反應得太過火。林登夫婦只想知道他們小兒子的事。此外，我要讓賽斯處理此事，本來今晚就有課嘛！」

然而我知道羅是對的，在我這方面我必須有一些「自我保護」。除了那「婆婆事件」之外，我還「接收到」一些使人心煩的事，牽涉到活著的人的情緒狀態。不論如何，當我能由賽斯得到那麼棒的資料時，似乎我主要的責任應當在那個方向。當吉姆和安那晚來時，這些感想都藏在我心裡。

而還有一個驚奇在等著我。六點左右，安來電話說她在紐約州的賓罕頓市，離此車程不止一小時。她不知艾爾默拉離布魯克林這麼遠。

「布魯克林？」我差點丟下了電話，「我以爲你說你先生白天在紐約上班，而你們住在此地。」

「哦，不是的。」安說，「但吉姆今天下午早回。我們以爲只需幾小時便可開到艾爾默拉。」

「噢！」我說，羅放下了晚報。「你是說你開了這麼遠只爲參加一次賽斯課？紐約市滿是極佳的靈媒呀！」

「但有人極力推薦你。我們會遲到，所以我才打電話。我眞不好意思要求，但可否請你等我們到了才開始？」

我在一種恍惚狀態下說「好吧」就掛上了電話。羅怕我因爲他們開這麼遠來回就只爲上一次課而感到壓力，我要跟安解釋我不能給她任何保證會得到什麼結果。在夜晚的前段我故意坐下看電視不去想這事。然後，約八點時，菲爾更不速而來，說他今晚剛好在城裡，想參加一次。

吉姆和安約十點才到。羅和我立刻喜歡上他們。他們不到三十歲，聰明而不拘禮，跟我們一樣隨便，一邊啜著葡萄酒，他們一邊告訴我們他們兒子的事。吉姆道：「他特別聰明，可人極了，並不是因爲他是我們兒子我才這樣說。從一開始他就遠超過一般小孩，反應快，這麼快以致於幾乎把我們給嚇著了。然後，一夜之間，他死於再生障礙性貧血症。甚至沒人知道那是怎麼引起的。」在這種情形下你能說什麼？我想幫忙，我感受到他們迫切的需要，但我也了解要證實死後之生命幾近於不可能。假定我眞的或想像中接觸到那個男孩，又有何幫助？以此事代替了令他們面對別離的事實，是不是反會使事情更糟？我自己的疑慮也升起：如果牽涉到潛意識的角色扮演……

羅一定看透了我的想法，「親愛的，放鬆些，」他說。我告訴林登夫婦我的態度，安微笑了：「雷說你是他所知最客觀的靈媒。」

「我怕是太客觀了一些，有時它阻止了我充分運用我的能力。」那是我記得我自己所說的最後一句話。下一刻賽斯深沉寬濶的聲音經我而流出：「那孩子爲了他自己的理由只短短地與你們在一起。他是要啓迪你們，而他做到了。你們在前生認識他，他曾是他現在父親的叔父。」

「他不欲勾留在物質實相中，他只是來做給你們看什麼是可能的，並帶領你倆對內在實相有一個了解。他選擇了他的病，並不是胡亂降到他身上的，他沒有製造足夠的血液，因爲他不願活過他所分配到的時間。

「他要給你們一個推動力，而他明白他死了比他活著的效力大得多。他很怕活到長成爲一個青年，因爲他不想遇見一位年輕女子，被她吸引，而又繼續一次物質的生命。

「他對你們是一個『光』，而光並沒有熄滅，這光會引領你們進入一個你們非如此不會得到的知識。因爲否則你們不會如此積極地追求它。他非常明白這道理，他要你們開始這朝聖的歷程。但朝聖之路是在你們內。」

現在賽斯透過我張開的眼睛注視他們。我的手勢是他的。他說話時直視著吉姆。安與羅兩個都在筆記。菲爾只是坐著聽。

「他曾在亞特蘭提斯（Atlantis）和埃及參與科學方面的努力。但現在他不想繼續那些追求，他已超越了那些。你（吉姆）在過去兩生中曾和他以同樣的關係一同生活過。身爲僧侶你們對宇宙的內在作用都很感興趣。」

賽斯接著說吉姆在某方面遺忘了他所學的，走入歧途。「他（彼得）不能強迫你記得，但他可以暗示和推你一把。在這次存在中他做到了這一點。

「現在不是你四處亂跑在每株樹頂找尋眞理的時候。眞理在你內。你的兒子不再是三歲小孩，他是個比你還老的存有。他曾試著給你指路……他並非一個未成大器前就被奪走的孩子，而是一個當他自己的轉世業已結束時離開了你的人。他不會回來，卻繼續走向另一個實相，在那兒他能更善用他的才能。」

按賽斯說，彼得自己的轉世事實上在這回還沒誕生前已經完成，他回來而早夭，因此吉姆和安會被迫去追問他們現在在問的問題。

此刻賽斯泛起開朗的笑容說：「現在，我生和死了許多次，而你們仍能感受到我的活力。我告訴你們，那孩子的活力也同樣旺盛的存在。再逗留下去對他幾乎可說是受罪。有一次你曾幫助他『救他的靈魂』（在過去的一生中），他現在是報恩。有一度他曾想利用他的才能去取得權力，利用僧侶職位謀求私利。你那時阻止了他。」

賽斯接著分析吉姆現在的性格與前生有關的地方，並且給他有關將來的一些勸告。吉姆早先告訴我們他曾作過（電臺）放唱片的播音員。現在賽斯說：「沒人能告訴你該選哪條路。在你內你有答案。小心那些有問必答的人。我在講關於可能性的話，因爲將來是可塑的。」

他建議吉姆不要加入影藝界，因爲在他的情形這會使他對自己身分（identity）的本質發生混淆。賽斯勸他留在傳播界，說如果他留在本行，還會得到另一個廣播工作，然後會導入另一類工作。

賽斯又給每人他們前生的資料，接著說：「我給你們我相信是最重要的資料，不論你們能否證實……你的內在自己消化了我所說的，這比你們不能證實的十頁有關人名和日期的記錄更重要，因爲這些生活都是好久以前的了。」

他又說彼得的病的象徵性，說到吉姆過去和安的關係，並且說吉姆有他未利用的數學才能。「它們是你兩度作僧侶的結果，那時你深深地參與了關於星辰轉移的計算。」

他如此作結：「在你們的情形下，你們求別人的幫助是很自然的。我希望我的法子有助於你們。不過，人家告訴你一事與你自己了解一事是有區別的。了解是由內而來的，當你了解時，不必別人來告訴你。你能有那樣的了解，我樂意助你找到它，但沒人能替你找到它。」

在一次休息時我們坐著慢慢吃餅乾，啜葡萄酒。突然有些印象進入我腦海。其中許多當下立即得以證實。舉例說，我告訴安她的哥哥有好幾個名字而且戴假髮，這些和許多其他的話都對了。同時，我不斷地收到有關男孩的徵候的印象。

當這種事發生時，我只放鬆自己而說出來到我腦海中的任何話。「曾有一件關於脚趾甲和鞋子太小的事。」我說。「鞋子給右脚拇指壓力，影響到右腿上的一根動脈，在這種情形下總會有損害機能的擦傷，雖然也許只是小擦傷。」

還有更多，多半就地印證。雖然它們與轉世無關，這些印象都很可以證明給他們看，我能收到非肉體感官所能接收到的知識。雖然這些事是瑣碎的，但在情感上都是林登夫婦覺得重要的。

這些印象也包括了一些聲明，關於致彼得於死地的病之起源。它的原因不明，不必在此討論我的解釋。但我所給的特殊徵候非常準確地描寫了彼得的情形。林登夫婦並沒跟我們談過這些——也許這話題令他們太痛苦。既然這資料正確，沒有理由假定對病因的印象會錯，雖然是未知之數。同理，沒理由假定轉世的資料就會較不正確，雖然因時間久遠我們無法查證。(有些轉世資料比較近代，如果有關的人有時間並且有意要去查證也是可行的。至今我們只遇到很少數僧侶，並且沒有別人曾住在亞特蘭提斯。)

賽斯將此節的最後部分全給了菲爾，直到過了一點好多我們才結束。吉姆和安被說服他們兒子的生和死有其意義，他們自己的生命也有意義和目的，而即使這看似爲悲劇的事也是爲了更大的好處而發生的。

當這整件事過去後，我感到內心很謙卑，吉姆和安幾乎完全改變了，而在課前我曾如此懷疑以致猶豫不決。「事實是，當我有意識地以這樣狹窄的方式思想時，我直覺的內我升起而顯示給我，除了自我外還有許多別的牽涉在內。實際上我想這些能力流過我們就像風吹過樹枝一樣自然。」不久安寫信告訴我，她和吉姆不再感到像以前那麼深的悲痛。

我越來越看出轉世如何使本來無意義的悲劇變得有意義。並且給本似混亂和不公平的情況一個內在的組織，我眞高興能幫助安和吉姆。那次課和其他類似的也助我了解了我原先不能接受的觀念之價值。對賽斯也一樣：我眞是驚奇他助人的能力、他對心理的了解和他汲取並運用於課中的一切才能。

另一個相似的個案，涉及一個孩子的死亡和一位參加過幾次我的課程的女人。她十五歲的養子幾個月前淹死了。賽斯在有一課中說那男孩曾幾次生爲海員，仍然比較喜歡死在水中。這孩子在另一生中曾與他養母有關係，而也是回來幫助她得到必要的內在發展。他早夭使得他的死會令她發生疑問，並找尋答案。她從一個靈媒跑到另一個靈媒，試想連絡到那孩子。以很確切的措辭，賽斯告訴她不要再這樣下去，卻應努力尋求內在的發展。

據賽斯說，我們選擇我們的病，以及我們出生和死亡的境況。這適用於每一次的病，不管是因意外而斷腿或是胃潰瘍。這並不指像我們平時所作的有意識的選擇。我們並不坐下來說：「好吧，我想我今天下午三點在蘭德藥房前要弄斷一條腿。」我們內在某一部分受到擾亂，而我們選擇了一種疾病或意外作爲表達內在情況的方法。這在談到健康的一章會說到，連同賽斯對如何保持健康和活力的指示。

但嚴重的病又如何？轉世又與此何干？首先，賽斯不用「懲罰」這個字。我們並不是爲了前生的「犯罪」而今生「受罰」。我們也不選擇疾患本身爲一種固有的生活境況，縱使我們可能用它爲一個較大計劃的一部分，作爲教我們自己某些重要眞理或發展某些才能的方法。

以下是這過程如何實現的個別例子。同樣，牽涉到一通電話。這次由一個姑名之爲強的人從美國的其他地區打來，正當兩年前我出版了第一本書之後。強和他太太（姑名莎莉）都是二十來歲，莎莉患了多重硬化症後（multiple sclerosis），只有約一年可活。強想問賽斯能不能給她任何幫助。

再次的我非常想幫忙，再次的我充滿了懷疑。假如——只是假如——賽斯給莎莉建議了醫療法或藥品卻使她惡化？我是珍·羅伯茲，非Edgar Cayce（美國以治病著名的先知——譯註），當我自己都常充滿懷疑的時候，怎麼可能有陌生人對賽斯和我的能力如此相信？

「我相信賽斯一定能幫忙。」強說。「一讀你的書我就知道了。即使不能治癒莎莉，也許他能解釋一下，以使她的病能說得通。為什麼是莎莉？她一生從未傷害過任何人。」——我眞的覺得被圍困，最主要是因為我極想幫忙。然後我再次設法記住內在的我比作為珍的我要堅強多了。賽斯比我倆都知道得多，所以我同意了。

在兩年中我們給了強和莎莉好幾次賽斯課。然而在那第一次，賽斯給了一些能幫助任何患者的極佳勸告。當他談到對本案很重要的轉世背景之前，他強調在病房中暗示和心電感應的重要性。因為這適用於一般情形，我將那一段部分摘錄於下：

「每個有關的人的心態應該改變成更有幫助的一種。這個女人收到那些不相信她能復原的人之消極想法而對它發生反應。

「這病無法由肉體上轉好，肉體上的進步將是來自精神上的改變。環繞她的人一定要避免無望的態度和負面的暗示，不論是心想的或說出來的……這一點本身便會使她能進步些許。

「作丈夫的每日應做三次以下的練習：他應想像宇宙的能量和活力以健康充滿他妻子的形體。這不該是個如意算盤式的想法，卻是去了解她的身體是由這能量所組成的一個確切的努力，以這方法他能幫助她利用這能量而獲益。如果可能，在練習時他應觸摸她，他應晨、昏、晚各做一次。

「不要製造空洞的錯誤保證，但要誠實而有恆地提醒你自己：你妻子的肉體是由宇宙能形成並充滿了能。有個阻礙使她無法有效利用這能量，以我教你的練習和你自己的態度你能部分的彌補它，這會使疾病停止進展，而給她一段喘息的時間。如果完全遵行我的指示，短期內應有進步。」

「如果沒有遵行所給有關令她精神狀況好轉的指示的話，那麼任何其他的醫學勸告或藥品都沒有用……」

賽斯又說他會訂一個計劃來設法改變莎莉自己的期望，並且提議請可信靠的催眠師治療，他能注入正面的暗示來喚起她求生的意志。

他建議用花生油按摩莎莉的四肢，並且在她飲食中加入鐵質。他強調在另一個房間裡她會快樂些。他說：「我相信你們有一間小小的有陽光的房間，那房間對她有利，把她移到那邊。」他偶爾提到莎莉現在生活中的一些插曲，強在下一封信中加以證實了一些，而更有一事直到賽斯提及後他才得知。例如，賽斯說莎莉曾與一個女孩同在「五分到一角雜貨店」做事，那個女孩如來訪將有益處。強不知莎莉作過店員，但她的母親記得此事。

要注意直到賽斯給了上面所說的勸告後他才談及別的事——那些勸告是給作丈夫的和照料病人的人，而非給病人自己。在第一節結束時，賽斯說：「前生的關連在發生作用，現在你們不必知道這些，重要的是照我所描述的步驟去做。」

在兩節之間，強來信說情形有些進步，他正遵行賽斯的指示，他又告訴我們他是有一個像賽斯所提及的房間，他已將莎莉搬進去了。

給強的第二節全部專談轉世的影響，是個轉世情況能影響健康情形的絕佳範例。此節並且包含了一些一般性的勸告，答覆一些關於前生與現在健康的特定問題。

賽斯開始先說「業」（Karma）並不牽涉到懲罰。「『業』代表發展的機會，它使個人得以由經驗而擴大了解，補足無知的空隙，做應該做的事。自由意志總是包涵在內的。」

莎莉的前生故事很有趣，要注意這不是剛剛過去的那個前生，而是更早的一生，那些問題被「擱置」到此生。

「這女人曾是個義大利男人，住在山村裡。他太太去世了，遺下一個非常神經質的殘廢女兒，他照料了女兒許多年。作為一個男人莎莉名為尼可羅·范加得（羅的音譯），女兒名羅莎琳娜。他憎恨女兒，雖然照料她卻不太和善。

「他想再娶，但為了女兒之故沒人肯嫁他。當女兒有辦法時，就公然反抗他。她是個美貌的女子，殘廢卻非畸形。在她三十多歲時，她比那些在田裡工作的女人們看來年輕得多。他們有個小農場，還有巡迴工作的幫手。鄰村一個沒子女的鰥夫來做工，愛上了她，就把她帶回到他的村裡去，雖然她不良於行。

「為父的（莎莉在前生）徹頭徹尾地感到痛苦，女兒離開他太晚，他太老了，沒人會要他，而現在他連講話的人也沒有了。他更恨他的女兒，咒罵她在他照料她之後卻在他年老時棄他而去。」

賽斯繼續說在她的下一輩子，莎莉轉世為一個成功的、有藝術才能的女人，也是在義大利，她有兩個兒子。「此次這個人生在只有五十哩遠的地方，爲一個富有地主之妻。她常駛過仍站在農場裡的前生所住的小屋子。這個鎮於二次大戰時被炸得很慘。」

可是，在那一生以後，這個莎莉決定拾起還沒有完結的發展問題。「這一生此人是被照應而非照應人——在身體上倚賴人。在前生裡此人不願也不能試著去了解殘廢女兒的處境。那時他一刻也不能忍受去默想個人的內在實相。

「這次莎莉扮演那個角色，並且完全沉浸進去了。強即他女兒隨之而去的那個男人，現在莎莉愛他，並且學著去看他個性中的優點。

「透過角色的轉換，莎莉現在獲得對過去失敗的洞見。並且她也有助她現在的丈夫變得更喜歡冥想，而對他本不會問的問題尋找答案。她在增強他的發展，同時也在解決她自己個性上嚴重的缺陷。」

他接下去說最初的那個義大利鎮大概是叫Ventura，在義大利的東南部。一九三〇年代之後在那地區曾有一次悲慘的火車撞毀案。

「雖然像莎莉的病的這種情形是由那個人所選擇的，他卻必須自個兒去解決。完全康復、患病或早死在這存有（或全我）方面並沒有注定。一般的情況是順應著深刻的內在牽涉而設定的。

「某個問題是存有爲他的某一個人格所設的挑戰，但後果如何是由所牽涉的人格決定的。這是這個人格最後的一個重要的絆脚石……就其病的本身而論，一個人並不選擇一種病症作爲一輩子的情況。在此例中爲了使人能看清他過去的作爲，他覺得他必須發展成一種完全倚賴別人的情形。」

賽斯說即使在這種顯然悲劇性的情況下，這個人格並沒被遺棄，內我——與比較易接近的潛意識有別——知道這情況而由經常的內在溝通找到發洩。在那兒他能回憶和重新體驗以前的成功。夢境變爲極端生動活潑的時光，因爲這種經驗對此人保證了他更大的本質。他知道他是比他在某一段時間內所選擇作爲的他要大。

但莎莉是在如此可怕的情形中，快要瞎了，不能說話也不能隨意地動。強寫道爲什麼她不能選損害比較少一些的病呢？爲什麼她不三生多病，而非得在這一生被這致命的病所擊倒？

賽斯答：「這是此存有的特性，沒耐心卻大膽，因爲這情形代表了這樣大的挑戰。所有的弱點都被加強，以致於身體狀況如此嚴重。此存有較喜這樣而不喜一連串輕些的困難。對此，強的潛意識加以默許，以學習忍耐和自制——可以說是一次吞完他所有的藥。」

賽斯強調在緊接著的前生，莎莉不去想這些問題，享受了極佳的環境，並滿足了她的創造才能。

「這種情形允許此人將所需經驗壓縮到一次的生活情境中，深深地投入，立刻面對本來可分別在幾次人生中面對的問題，只有一個勇敢無畏的人會如此嘗試。」

現在，兩年多以後，莎莉仍活著，但情形很壞。賽斯說她已解決了她給自己所設的挑戰。但在過程中把她的身體損害到如此的地步，她乃決定要予以捨棄。在我寫此文時她正在昏迷狀態。「她是否眞的在另一個地方是淸醒的？或只在作夢？死後會發生什麼？」在最近一課中賽斯回答了這些問題。有許多答案對一般的死亡也適用，因此我將一些摘錄放在下一章裡，同時也更透澈地談賽斯對轉世的概念。

第12章　再談轉世

——死後與兩世之間

就在上週強又來了電話，莎莉在醫院裡，在一次嚴重發作之後，其間她的心臟曾停止跳動了一個短時間。強甚感矛盾：到底是祈求她的康復還是她的由死而獲得之解脫？他問我們可否為此舉行一課。

賽斯經常告訴我們，當我們過完了這一輩子，我們事實上急於離去。當身體已耗盡，我們眞的想擺脫它。求生的本能被照應得很好，因爲內我知道它能超越死亡而生活。我仍不願在電話上這樣告訴強，在理論上聽起來很好，但自然我知道他要莎莉活著，我知道他盼望一個奇蹟——至少部分的復原，一次緩刑。

我應允爲他舉行一課，後來我很高興我這樣作了。那一課不只對強有幫助，而且包含了一些極佳的資料，關於一個人在假定無知覺、昏迷狀況的實情，以及在我們將死前和旣死後的經驗。

再次的，舉行賽斯課時莎莉在很深的昏迷狀態，她已超過一年不能言語了。賽斯給了一頁左右他說由這女子某部分的意識中得來的印象，名字、姓名的起首字母、事件等等——不連貫的記憶、思想和概念。

「她全部的實相是廣大多了，而她正在從事於把這些回憶整理歸位，好像當你把家具放進一座新房子裡一樣。你們所謂的時間對她已無多少意義，你們可以比較這兩種對時間的不同經驗如下：

「在你們的次元中，記憶裡的事件就好比是家具，按照一定的規則順序全被安排在一個房間裡。此地呢，家具可以讓你隨心所欲地安排。你可以由它做成不同的組合，把它用爲不同的目的。因此莎莉正在重排她心中的家具。正如你可能探訪一個新家，而在你還未正式遷入前，先搬一部分你的所有物去。她同樣也在視察這個新的環境，她正在把她自己遷入新地點的過程中。

「曾有響導來幫忙她，當她全搬進去時，她將如此『賓至如歸』而幾乎不會察覺。在她的情形，她曾形成她童年時、她得病前的日子的回憶畫面，而後進入其中。她正在學：那些似乎在過去的事可以被重新創造。

「這並不表示她以爲她是個孩子。她只在享受重新經驗事件的自由。在她的情況，這是一種精神治療，以使她失去與疾病的認同，不再携帶疾病同往。

「不久後，訓練期便開始。現在該輪到她去幫助別人，給別人力量了。因此，她已開始了一個新生活（當然，賽斯在此不是指另一次的俗世生活），雖然現在她的經驗或多或少仍被響導督導著。

「她看見自己被聖經中傳統的角色給予宗教意味的支持，這些人會用她認為合理的字眼把實相的本質解釋給她聽。再說一次，她已解決了她預設的難題，並且引發了她丈夫的同情和了解，這些品質對他自己的發展有很大的幫助。

「我曾以非常溫和的施洗約翰的模樣顯現給她，與她說話。這不是詭計，而是一種她能接受的幫助她的方法。設法幫忙的人以這些令人安慰的形象出現是很平常的事。」

(後來我們認為，這最後一句話，對那些報告看到宗教性人物的幻象的個案，有極具煽動性的暗示。我們希望將來賽斯對此點有更透澈的討論。)

在我們休息時，羅提及幾個他想強會問的或當強讀記錄時心中可能會想到的問題。其中之一是莎莉擁有一種什麼樣的身體？賽斯說：「當然，這新的身體根本不是新的，卻只是一個你可謂非肉體的身體，即那個你們在作靈體投射時所用的，它給予你們所知的肉體活力和力量。

「現在你們的肉體是嵌在它內的，當你離開肉體時，這另一個身體對你而言很眞實，並且看起來好像一樣的實質，雖然它有多得多的自由……與那患病的肉體比較莎莉對這身體很歡喜，她正想切斷與她肉體的所有的認同，不管這肉體在你們來說是死的或活的。

「強必須告訴她，她可以自由離去，告訴她，他欣然地給她她的自由，因此甚至在她死後，她也不會覺得必須留在他身旁。她知道他們會重聚——並且體認他對此事沒有她那麼淸楚。」

在此節後不久，一位退休了的牧師和夫人來訪，我暫名為樓牧師。他發行一種全國性的通訊，討論基督教義中的心靈成分。我們已通信了幾年，但沒會過面。我告訴他強的事，他對賽斯所說莎莉在昏迷狀態中的經驗至感興趣。

樓牧師和夫人在我授課的一晚來訪，自然我邀請他們參加。我試著使這課盡量的不正式，每個人皆直稱其名，每個人穿他自覺最舒適最自然的衣著。穿西裝的男人和嬉皮打扮的人混在一起，而對喜歡酒的人，我們總備有葡萄酒。我承認我想知道樓牧師會怎麼想，並希望他沒期待一個祈禱會式的集會。以我們自己的方式我們也用禱詞，但以一種高度創造性、非結構性、非傳統性的姿態。例如，有時我念首詩，一邊放搖滾樂——我認爲這就是祈禱。

我並不知賽斯那晚會不會出現。一開始我開玩笑地介紹牧師爲搖滾樂的鼓手，以使他和全班人都輕鬆自在。有人評論道牧師在場使每個人都安靜下來，因爲沒有人說多少話。

突然，賽斯透過來了，說：「我還以爲你們很安分是因爲我在這兒！我必須學作一個被尊敬的鼓手，我將與你們的拍子配合。」隨即他對幾位同學說話，然後邀樓牧師問任何他想到的問題。

「當我們離開肉體後往哪裡去？」牧師問道。其他的人四周坐著，啜著酒靜聽。

賽斯說：「你到你想去的地方。現在，當你日常的、清醒的、有意識的心智被引入夢鄉時，你在別的次元中旅行，因而你在另一次元已經有經驗了。你正在準備自己的路，當你死了，你便走上你所準備的路。因人而異有好幾種不同的訓練階段。

「你必得先了解實相的本質，才能在其中操縱自如。在物質實相中你正在學你的思想有其實相，以及你創造你所知的實相。當你離開這個次元，你就專注於你已學得的知識。如果你仍然未能領悟是你創造自己的實相，那你就回來，再一次的學習操縱，一而再地當你面對你客觀化了的內在實相，你便看到了內在實相的結果。你教自己一直到你學會爲止。然後，你開始學怎樣明智地處理自己的意識。然後你能造成於人有益的影像，用以領導和指導他們。然後你不斷地擴展你了解的範圍。」

牧師問：「是什麼決定了轉世之間的時間長短？」

「你。如果你很累，那你就休息。如果你聰明，你便花些時間來消化你的知識並計劃你的來生，就像一個作者計劃他下一部書一樣。如果你對紅塵有太多牽掛；或你太沒耐心；或你還沒學夠，那麼你可能回來得太快。這總是由個人決定的，沒有命定這回事。因而答案在你自己內。就像現在答案就在你內一樣。」

樓牧師問了些別的問題，與此題目無關。他和賽斯似乎相處甚得。後來，在休息時，我收到關於樓夫人前生的某些印象，當大家在談論時，我「看見」她在十四世紀法國的騎術學校附近；然後我看見在希臘她和樓牧師是雙生子，他是個演說家，她是個水手，還有其他的細節。但有趣的是後來樓夫人告訴我她對馬眞的很狂熱；而希臘與法國是她唯一眞正感興趣的國家。

除了與一個人此生的全盤發展有直接關聯外，賽斯極少給轉世的資料。譬如說，他拒絕給那些他認爲不會應用前生蘊涵的教訓的人前生歷史。夠奇怪的，他的確曾在上課時給了三個顯然原本不信轉世的大學女生這種資料。她們剛開始上課，雖則她們對超感覺力好奇，對轉世的學說卻不能忍受——那是指在此課以前。

這些女孩全是聰慧、警覺，並且小心提防的。她們不會信服迷信的胡謅。同時她們對賽斯的概念：能用其他方法不經由藥品而使意識安全擴展，極感興趣。其中之一，莉蒂亞，是三個中最倡言反對轉世的。

「不管你相信或不相信你會轉世，你就是會轉世。」賽斯微笑著開始，「如果你的理論合乎實際就容易多了，但如果它們不符，你也不能改變轉世的本質於絲毫。」他接著給莉蒂亞一個相當詳細的前生描述。在一八三二年的緬因州班哥地區，她是個男人。這是莉蒂亞的第一次賽斯課。當賽斯講出名字、日期和那前生某些特別的事件時，她一直在椅中惴惴不安地扭來扭去。

當他說完後，她說：「我不知該說什麼，但我要告訴你，怪的是我在緬因的班哥度過我的童年，當我們搬到紐約州來我不肯認紐約作我的家。我老是覺得我屬於緬因，而賽斯說……」她中斷了，念她的筆記，然後她興奮地說：「賽斯說在那前生中我家的法國親戚中有個叫米蘭達・夏布的嫁到波士頓的弗蘭克林・培根家族。再次的，這眞太妙了，眞的是，因爲我此生的家族**是**與波士頓的羅哲・培根有關係。」

但我們沒時間再多討論，因爲賽斯現在開始對琴說話，她是這一群中最賦心靈能力的。

「在米索不達米亞未得該名前，她住在那兒，此處我們發現才能顯露，被忽略，並在一連串的生命中被誤用。這是許多心靈上有天賦，但對他們的個性和才能控制不善的人之典型『歷程』。

「中國和埃及。以不同的宗教性角色生活過，但沒有必要的責任感；不幸利用了多年來供應給統治階級的錢財，爲此之故，這些才能沒有結果實。只有在目前這生終於有一些了解和責任感了。在過去，心靈能力被用在錯誤的目的上，因此，它們沒有完全發展，而這個人停滯不進。」

「前曾有兩次死於火。」隨著這聲明，賽斯描述了在一五二四年琴作爲愛爾蘭人的詳細生活，接著他給了以下我們發現最有趣的資料。我將它一成不變的轉述於下，雖然因爲賽斯突如其來的提起，一開頭有點混亂。

「離夏特勒二十五米的一個小鎮——夏特勒或夏特里是最接近的音。那時他姓Manupelt或Man Aupault A. Curia。此處我們第一次與一位歷史性人物有關連，與神秘主義者聖女貞德的父親是很遠的表現。那名字大致如我所說，在某些記錄上……在一個老教堂內，家族、鎮名和教堂爲同一個名字。」

當賽斯說完了，琴有一陣子默然，然後她臉紅了，告訴我們她一直很怕火，而她在中學的綽號是「聖女貞德」或「女巫」。

但賽斯還沒完呢，他給了另一個學生康妮的轉世資料。特別提及她在丹麥的一次，她是個死於白喉的小男孩。這下眞絕了，康妮的話令每個人驚奇，特別是其他的大學女生。她說自她是個小孩起，她就怕染上白喉，她從不明白是爲什麼。

「且說，這年頭誰還擔心白喉？」她說。

莉蒂亞回答：「比如說如果你害怕癌症，我還能了解。」

康妮說：「我就是這個意思。我以前就是弄不懂，我家的人從沒有死於白喉的。」

因此賽斯隨著轉世歷史給了每個女孩對她們個人非常重要的某一點資料，卻是除了她們自己外，沒人知道的事。而這資料與某些不可解釋的，以前令他們困惑的個人態度美妙地連結起來。突然間她們對轉世深感興趣，並且她們的頭腦照例像板機一樣快，她們現在要想立即知道每樣事。琴說：「賽斯早先說過所有的時間是同時存在的，那麼他怎麼會談到轉世或一連串的人生，一個在一個前面呢？這兩件事好像不能並行。」

賽斯幾乎立即透過來回答她的問題。

「你們對時間的概念是錯的，你們所經驗的時間是由你們自己的肉體感官所引起的幻覺。它們強迫你以某種條件去知覺行動，但那卻並非行動的本質。肉體感官只能一次知覺一點實相。因此對你而言，似乎這一刻存在，而後永遠消失了，下一刻來了，又像上一刻一樣消失了。

「但在宇宙間，每一樣東西都在『一個時間』同時存在著。第一句講出的話乃在宇宙間繚繞，而以你們的措辭來說，最後一句話也已經說了，因爲並沒有「開始」這回事。只是你們的知覺才是有限的。

「沒有過去、現在和未來，只有對生活在三次元實相之內的人顯得是如此。既然我已不在裡面，我能知覺你們所知覺不到的。你們有一個部分也不被物質實相所侷囿，你們的那一部分明白只有一個『永恆的現在』(Eternal Now)。知道此事的你們的那個部分就是『全我』。

「例如，當我告訴你，你活在一八三六年，我這樣說因爲你現在能理解。你在同一時間活過你所有的轉世，但就三次元的實相而論，你覺得這很難了解。

「假裝說你作了幾個夢，而你知道你在作夢。在每一個夢裡，世上一百年過去了，但對你，作夢的人，並沒有時間過去，因爲你與時間存在的那次元無干。你在夢裡——或每一生中——好像度過的時間，只是一個幻象，對『內我』而言並沒有時間過去，因爲根本沒有時間這回事。」

事實上，賽斯曾用幾個類比方法來解釋轉世經驗。在我們自己的賽斯課的第三千六百頁，我找到這個：「各個不同的『轉世的我』，可以**膚淺的**比喻爲塡字遊戲的一部分，因爲他們全都是整個的一部分，然而它們卻可以分開地存在。」

在第二五六節中他說：「因爲你執著於過去、現在、未來的概念，你被迫以一個接一個的串連想法去想轉世。的確，我們是因你們對時間順序的觀念而談到前世。你們有的實際上是像**三面夏娃**中所描述的發展。你們有數個主宰性的自我，全是一個內在本體的一部分，在不同的一生中主宰著。但這些分別的存在卻存在於同時。只是所牽涉到的自我才會區分時間。西元前一四五年，西元後一四五年，你過去的一千年和你未來的一千年——全都存在於現在。」

事實上，賽斯有三、四節將人格「分裂」的個案與我們「轉世的我」相比。他最後說：「有趣的是，〔在**三面夏娃**中〕人格眞地換來換去，而可以說全是同時存在，雖然在某一刻只有一個主要人格。同樣的，所謂前生的人格現在也存在於你內，但卻不是主宰。」

盡我們所知，這「轉世」和「同時時間」的調和學說是賽斯首創，其他的轉世學說大半把時間順序視爲當然。但因與果又如何呢？當賽斯介紹這個概念時，這是羅和我第一個想到的問題。在他後來對時間的眞實本質的解釋中，賽斯對因果的態度會變得很明白。但當羅第一次問這問題時，賽斯答：

「既然事實上所有的事件是同時發生的，那麼說一件過去的事引發現在的事，實在沒什麼意思。過去的經驗**並不**引致現在的經驗。你正在形成過去、現在與未來——同時進行。這很難解釋，既然由你看來事件是順序發生的。

「當我們說前生的某一特性影響或引起現今的行爲模式。這種聲明——我也作過幾次——是爲使某些要點清楚而極爲簡化了的。

「『全我』知道它**所有的**自我的所有的經驗，既然一個『本體』形成了他們，他們之間一定有相似之處和共同的特性。我給你們有關轉世的資料是正確的，尤其是爲了實用目的，但它是實際發生的事情的一個簡化說法。」

因此賽斯雖常常將現世的問題解釋爲前世困難的結果，他對那些能了解的人卻說得更清楚。這些前世今生實在是同時存在的，就好像三個人格能同時存在於一個身體內。但並非所有的問題都是這種「前生」影響的結果。有個個案，一個朋友現在的劣習就是在這生起的頭，雖然她男友的則是前生的遺習。

桃瑞絲有許多問題，其中之一是，她不斷地爲那些不管在何種情形下都不願結婚的男人神魂顚倒。在這些關係中她是採取攻勢的人。每一次那個男的都是不與女人約會，對父母特別依戀，或者爲了某種理由跟女人沒有正常關係的男人。桃瑞絲聰明到足以看淸此點，但每次她都確信這個新的男人有某些不同，使他更合格——或至少更可能接受她的追求。同時呢，她是極端的寂寞，因爲她拒絕與「普通的」男人約會，既然他們與新偶像相比之下如此失色。

最後，在某次這種插曲終止之後，她要求賽斯給她一課。她與我倆很熟，因此我對她課前的行爲很覺驚訝。她是如此緊張，使我發現難以進入出神狀態。她呆坐在那兒，綳著臉，臉色蒼白，看來十分害怕。

賽斯溫和地開始說：「你對我的感覺與你內根深柢固的其他態度有關。你自嬰兒時候便很怕你父親，現在你當我是個年老卻聰明，極端有威勢的男人，像你小時對你父親的看法一樣。這態度使你與你所接觸的男人的關係蒙上了陰影。

「你以兒時所得的印象看男人。你覺得你父親有上帝一般的品質，而試圖把它們投射在你遇見的男人身上。因此他們使你失望，不過這也滿足了你的需要。因爲雖然你看男人像神一樣，同時你也當他是施懲罰的人，不講理而殘酷，因此你怕受他壓制或主宰。因爲你前生是男人，你更憎恨這種壓制。

「因此之故，你一而再地選擇帶有女性特質的男人，希望這些比較溫和的品質會保護你，不受那些你加以誇張的，你所怕的男性特質之害。」

羅後來說，桃瑞絲紅著臉坐在那兒，有些窘。我們的錄音機開著。賽斯接著說了些羅和我所不知的，桃瑞絲早年生活的例子，全課記錄佔了九頁不空行的打字紙。在其中賽斯分析桃瑞絲的態度和特性，拿以前只有她知道的事例來說明，並以極佳的忠告結束。

他告訴桃瑞絲她把這形象投射到每一個她所遇到的男人身上，然後對這形象而非那個人反應。他給她一些心智練習特爲幫她化解這種錯誤的形象。此時桃瑞絲開始哭了一點點。賽斯微笑著說：「好了，好了，不要吸鼻子。我不是你的父親在給你上代數課。我盡力來幫你忙，卻換來眼淚。我通常對人不會引起這種效果。」

桃瑞絲努力笑了笑以回答。

「你可以問問題。」羅說。

「好吧。那麼爲什麼法蘭克(不是眞名)不約會，也不與女人有正常的關係呢？他是個男子漢呀！」她說。然後，幾乎是帶著反叛，她加上：「**他**並不是沒有丈夫氣。」在這個情形，主要問題是由「前生」的困難。

「他曾是個女人，他現在的父母是他的兄弟，他們在美國革命時期住在約略現住的地方。他的兄弟涉嫌為間諜，你的法蘭克，身為他們的妹妹，透露出他們的藏身之處——在一間老旅店下的地窖。她出去買補給品時被捉住了，招出了地點，而無法警告她的兄弟。她覺得她捨棄、出賣了他們。」

賽斯接下去說，在此生，法蘭克選擇投生為已成夫妻的那兩兄弟的兒子。「現在他把不願離開家的願望合理化。那兩兄弟從來沒有怪罪於他。他們知道那女孩子被恐嚇而招供，並無意出賣他們。這裡面並沒涉及責罰。他選擇了今生要給他們服務，並且幫助其他人。他的善於守秘密（他非常口緊）也是前生經驗的結果，他覺得他一度曾說得太多，洩露太多，現在對他覺得重要的事他很會守秘密。」

賽斯強調法蘭克為了他自己的理由不要婚姻關係，而最後說桃瑞絲選擇了法蘭克就為這個理由——說她從未看到他的眞面目，而只是她投射於他的那個形象。他附帶地給了法蘭克有次前生中的名字，叫艾克曼。過了很久桃瑞絲才知他現在的家族有一支是姓艾克曼的。

他更給了許多心理學上的勸告。整節課對桃瑞絲極有助益——順便一提，她已不再怕賽斯了！但如果說**所有**今生的問題全是前生困難之**結果**就是太過簡化了。我們並沒有被我們的問題「纏住」，不管它們是來自今生與否。我們不必拖著它們走。它們能解決，而雖然轉世的影響必然在運作，但它們並非在一個眞空狀態裡運作。下一章講到健康，會包含一些賽斯的如何保持精神、心靈和身體的活力與保持見地的方法。

我想有些人較能善用前生的經驗，而別的人則在每一生中把他們自己絕緣得相當好，使他們盡量不受此種影響。例如，有些人的生活似乎很不合理，除非你知道他們的「前生」。我們五十、六十或七十餘年的一生好像一本完備的小說，情節都經過仔細的構思和施行。

然而，對轉世影響的了解無疑對人格的本質照射了無價之光，幫助我們對現在的自己有一些正確的看法。下面摘錄自對一次轉世的描述，可以讓我們看出，在我們稱爲「自己」的這繡帷上，所牽涉到的連續性和相關性。

一位我暫名之爲麥特的編輯由紐約來訪，我們曾通過信但從未相見，他看過我的手稿而知道賽斯之事。我們立刻一見如故，但這次主要是業務性的會面。然後，我覺得麥特想要我多少「證實我的能力」，而我不願意感覺受到壓力。

我發現，有些人對靈媒和通靈者有最奇怪的想法。當我第一次發現此點時，我曾盡我所能地證明我和常人無異。人們對此非常失望，而我因此感覺到很受抑制。現在，這些都消失得差不多了。我和任何其他人一樣正常，或不正常。

事實上是有點滑稽：麥特盡力表示我不需證實任何事！因此有一陣子我們的談話頗爲活潑而瘋狂。

賽斯曾先給了我們一些有關麥特、他的出版公司和同仁的資料。第二天晚上當我們彼此相處已很愉快時，賽斯出現給了很精采的一課。

附帶一提，麥特自此和我們成了好友。但在那時他對我們而言仍是個陌生人。賽斯課中顯示的心理上的洞見眞是驚人——我不相信最有成就的心理學家能像賽斯一樣地，正確指出這年輕人的個性、能力和缺點。

在此節的大半時間裡，我的眼睛是張開的——那是說我的肉眼，因爲在這種時候它們的確是另一個不同人格的鏡子。「有一個需要塡滿的空洞感覺。」賽斯開始，「害怕『本體』會逃走，跑出去。我的杯子滿溢了，而我已一滴不剩——明白嗎？在另一方面這個人一向是很從容而活力充沛地轉向外。

「如此，我們發現這個人有兩生奉獻於滋養別人。但在這兩次中，這個人內心都充滿了恐懼，對他所幫助的人有某種憎恨。如果他在外面幫助別人，那麼誰又來看管本舖呢？他害怕他的存貨會不見了。

「在另外兩生中，取而代之的，是內在能力的發展，不管別人的事，把窗子關起來，把門門起來。他不向外看，也沒人敢看進來。他會在他靈魂的窗口作可怕的鬼臉把人嚇走。然而在這些情形下，內在能力果眞成長了。他『增加了存貨』。

「現在，他開始合成這些內在與外在的情形。他明白，『內我』不需要嚴密的防護。他的『本體』不會逃離他，像一隻脫了鍊的狗一樣……現在，你看我的確是個友善的傢伙，像一隻栓著長鍊的老狗！」

羅和麥特都對此發出爆笑。賽斯隨即說到一些資料，將這年輕人現在的興趣和前生的活動連接起來。他提及了好幾個前生，但強調其中的一次特別重要。「你是一個修道團體的一員。這個團體收集並分類各種不同的種子。這團體的正事是寫稿件，但我們的朋友和其他一些人卻在私下找尋種子，反對當時的學說，不相信檢查自然可以解答有關自然的問題。

「他們調查概念、民間傳說，以及官方所持有的對植物和種子繁殖的知識，而在他們修道院後偷偷地經營違禁的花園。他們試想發現植物生命中遺傳的秘密。

「這是在波爾多（Bordeaux）附近。這修會與聖若翰有關。有一個盾形徽號，不是與修會有關便是與我們朋友的家族有關：前面是四鉗的叉子，在把子上有一蛇形。背景是一座城堡或修道院。

「一四〇〇年代僧侶們被逐出了修會。修會中的這位僧侶似乎名爲Aerofranz Marie（羅的音譯）。」

「那我是怎麼死的？」麥特問。

「三名村人在修道院的土地上打獵，你大聲呼叫，告訴他們他們過了界。你絆倒在岩石上，摔昏過去，村民跑走了。晚上你甦醒過來，游蕩過修道院較遠那邊的田地，到了一處水邊。你跪下祈禱，失去了平衡。你抓著了頭上的一根樹枝，但它斷了，你就淹死了。」

在此時，當賽斯說話時，我好像向下看到他所描寫的景象。我由高處和後方看那修士，當他漫步離開了修道院，經過了田野。賽斯接著說，僧侶的實驗對後來另一位僧侶在同一領域的成就有所貢獻。

他又給了些我確信對許多別人也極爲有用的忠告：「不要將你的才智當作一面發亮的錦旗在你的窗口招搖炫耀。你在用它好像它是屬於你的一件俗麗玩物。你給它上發條好像是一樣好玩具，但你很留意你讓它跑的方向。你的才智是很高的，但你允許自己著迷於它燦爛的品質，而沒有澈底利用它作爲工具。」

我只是將私人的「靈斷」摘錄，選擇出與轉世有關的片段。通常，「靈斷」包含了遠超過這些——保健建議和性格分析及其他的勸告。迄今，每一個這種私人課對當事人都極具重要性。

例如，麥特非常驚訝於賽斯性格分析之精確。更甚者，他告訴我們當他在講電話或無聊時信手塗鴉，畫的就像是賽斯所言及的山。另一有趣的地方：幾年前他曾寫過兩個劇本——其中之一描寫一個僧侶住在離波爾多很近的海岸。另一個也是以十三世紀的法國爲背景。當然，這些事是我們所不知道的。

然而，我們知道這編輯對植物很有興趣。賽斯將此嗜好與他前生對種子的實驗工作拉上了關係。

我試著由賽斯課的摘錄，來顯示應用於個別情形的轉世概念。但有幾個重要問題我們尙未考慮，舉例來說：我們到底活多少世？有沒有限度？簡單得很，爲了發展我們的才能，和準備我們自己進入實相的其他次元中，我們覺得需要活幾世，我們就活多少世。這在討論人格的本質那一章再詳加討論。

然而，在這發展的架構之內，有一個最起碼的要求。賽斯說：「照例，每一個『存有』必須活過三種不同角色——父、母和子。兩次人生就可以達成這三個角色。但在有些情形，這個人還沒有長成人。不過，最重要的要點是潛能最完全的利用。」

賽斯又告訴我們，有些人格在物質環境中不能發展得很好，但卻在別的實相中成就自己。換言之，「最後的」轉世並非結束，還有其他的存在次元，在其中我們在維護生命和意識上有更重要的使命。這些次元以及我們在其中的使命會與「神」的概念、可能性及時間一同解釋。但賽斯對轉世的討論之中心是以下第二三三節的摘錄，它將轉世放入歷史性和個人性的視角。

「人格經由幾次不同的轉世而具體化時，只有自我和個人的潛意識層面採納了新的特性。『我』的其他層面則還保有它們前生的經驗、身分和知識。

「事實上，自我大半因這潛意識的保存而得到它的（相對的）安定性。如果不是在更深層面的『我』在其他次人生中所得的過去經驗，自我將幾乎無法與別人建立關係，社會的結合力將不存在。

「在某程度內，學習是由生化性的遺傳因子傳遞下去，但這是前生所成就和保存的內在知識的物質具體化。……人類不是……在誕生的一瞬迸發而存在，然後再辛苦地第一次嘗試取得經驗。

如果這是實情，那你們會仍留在石器時代。

「有一些能量的波形，有一些轉世模式的波形，因爲在你們這一行星上已有多次的『石器時代』，在那裡新的『本體』眞的是開始他們『第一次』肉體存在的經驗，而當他們進步時改變了地球的面貌……

「他們以他們自己的方式而非以你們的方式改變了它，但這要等很久以後再討論。然而基本上這些全在一眨眼的功夫發生，全都有其目的和意義，建基於成就和責任。『我』的每一個部分，雖在相當程度內是獨立的，卻依然對『我』的每一個其他部分負責；而每一個『全我』（存有）對其他『全我』也要負責。雖然在活動和決定上它大致是獨立的。

「因爲就像『我』的許多層面組成了『全我』（存有），同樣的許多『存有』形成一個『完形』(gestalt)，對它你們知道得很少，而我還沒準備告訴你們。」（這最後一句在很久之後將導致整堆的專門談「神」的概念的賽斯課。）

我們仍有談轉世的課，而當問題發生時，我們便提出來。當然這增加了我們在這題目上的資料。但在課的全部結構上，轉世只佔了較次要的部分，只是我們實相的一面而已。

不論你了解或接受你的轉世背景與否，今生過一個健全、平衡的生活是非常重要的。我們形成自己日復一日的實相。我們形成我們的前生，我們形成此生。由在現在解決問題，我們可使「過去」和「未來」的自己活得輕鬆得多。

第13章　健康

你如何能保持健康？你如何能擺脫任何你也許會有的病？你的心境與你的健康究竟有什麼關連？賽斯在這題目上的概念，對羅和我以及其他接觸它的人都極有價值。在我們的生活中，我們曾把他的觀念付諸實行，有些時候我倆都奇怪在我們沒了解思想、情緒和健康的密切關係以前，我們是怎麼處理日常生活的。

幾週前我們聽說以前的一個鄰居剛去世了。瓊妮曾住在我們這棟公寓中約一年左右，有一度就住在我們正對門。她瘦削、紅髮、脾氣暴烈。我想她是我所知最機智的人之一，她也是個了不起的模仿者。但她常把她的機智當利劍來用，那是一種殘酷的幽默，即使當她用來對付自己時也是一樣，而她常那樣做。

她三十出頭，有個好工作，但她看不起所有其他的職員。她在搬來這兒之前已離了婚，而雖然她總是說要再婚，對男人卻極不信任，我想她根本就是恨他們。對女人她也看不起，不過有時候她可以是很熱心的。她喜歡上羅和我，她和我常坐在我現在在寫書的這張桌前聊天。

她總是以一個對某人的令人絕倒的諷刺故事開頭。她對人的弱點有種奇特的感受力，並加以戲謔。即使如此，當她沒病時她頗有活力，並具有深深的天生精明。我們玩一種遊戲：我喜歡她，但我不願有一小時之久被包圍在消極思想和悲觀的槍林彈雨之中，不管它們是以多麼機智的方式表現出來——而她也明白此點。最糟的是她實在是有趣，不被她逗笑眞是難如登天，即使在當我知道我不該笑的時候。她也知道這個，因此她會試，看她能撒野到什麼地步我才會制止她，而開始一個「迷你演講」，指出她的困難多半是由於她對別人的態度而來。

而她的問題是她的病——各式各樣厲害的病。我想連她都不可能數得淸在任一年中她所得過的病。有些還很嚴重，而她開過幾次刀。她會染上每一種「時麾」的傳染病，和許多並不流行的病。她到處求醫，而總是有相當明確的、常是很可怕的徵候，她的飲食大受限制，而她的病也開始變得越來越嚴重。

在情緒上，她由誇張的高潮掉到誇張的低潮。她的年齡令她心煩，她認定「到四十歲一輩子就完了」——對她而言確實如此，還不足好幾年呢。但聽到她的死我們仍舊感到震驚，雖然我們知道她眞的是令她自己生病，我們卻並沒想到她會「病得要死」。

記得我以前曾說過，我們形成物質實相好似內在概念之複製品。這是「賽斯資料」的一個主要前題。瓊妮討厭每一個人，很少例外。更有甚者，她確信沒人喜歡她，而她也不可愛。她覺得被人迫害，確信只要她一轉過背去，人們就在談論她，或說她的閒話，因爲她自己就是如此。日常生活對她而言包含著各種的威脅，而她使自己的神經常處於緊張狀態。她的身體抵抗力減低了。

她疲於這經常不斷的戰局，卻從未明白多半的戰爭只是單方面而莫須有的。她將她對實相的概念投射出去，而它們眞的把她帶向毀滅。

然而，她受過到警告。在她死前兩年，她要求參加過一次賽斯課。賽斯相當嚴肅，不像平時那樣快活。當時我認爲他對瓊妮頗爲嚴厲，現在才明白他是試想使她銘記，她必須改變她的態度和反應。他將他對健康的概念盡量清楚而直接地說出來，談到它們的實際應用。我幾乎可以看見，賽斯課開始前，瓊妮盤腿坐在那兒的模樣。如果她能聽他的勸，我相信到今天她還能健康地活著。我也相信，那些了解並聽從賽斯對健康的概念的讀者，會發現他們的健康大有進步。

「你必須注意你用想像力畫出的圖畫，」他說，「因爲你給了你的想像力太大的主權。如果你讀了我們早先的資料，你就會明白，在任一時刻，你的環境和生活狀況正是你自己內在期望的直接結果。在你自己心中你形成這些實相的物質具體化。

「如果你想像可悲的境況、疾患、或絕望的寂寞，這些將會自動地具體化，因爲這些思維本身，產生了使這些事成爲實相的那種情況。如果你想要健康良好，那麼你一定要把它想像得非常眞切，就像你在恐懼中想像相反的情形一樣。

「你創造出你自己的困難。這對每個人而言都是眞的。內在的心態被投射於外，獲得了物質的實相——而這與心態的本質無關。……這法則適用於每一個人。一旦你察覺了你自己的處境，你便能利用它以對你有利，而改變你的情況。

「你逃離不了你自己的態度，因爲它們將形成你所見到的東西的性質。你眞的是只看見你所想看見的東西；而你看見你自己的思想、情緒和態度具體化成爲實體。如果要有所改變，一定得是精神或心靈上的改變。這將由你的環境反映出來，對任何人否定、不信任、害怕或貶損的態度都會反過來害自己。」

瓊妮坐著，神經質地用脚輕輕打著拍子，沒說俏皮話。當時，她正與一個飲酒過量的男人有往來。她說：「他的飲酒惹我生氣。『他』是我的問題，是他使我覺得緊張。」

羅笑了，她聽起來這麼做作，這樣堅決地想委罪於人。

「你必須了解另一件事，」賽斯說：「心電感應經常在作用，如果你不斷地預期某人怎麼樣做，那麼你就是經常地發給他心電感應的暗示讓他那樣做，每個人都對暗示反應。按照當時存在的特定情形，這個人或多或少地依照他所收到的大量暗示去做。

「這些大量的暗示，不僅包含那些別人口頭上或心電感應上傳給他的，也包含那些在他醒時或夢中，自己給自己的暗示。如果一個人在意志消沉的狀態，那是因爲他已作了他自己和別人的消極暗示的獵物。現在，如果你看到他，心想他看來很可憐，」賽斯銳利地看著瓊妮，「或他是個無可救藥的醉鬼，那麼這些暗示會被他的下意識揀起，雖然你一個字也沒說。而他在本已軟弱的情形下，會接受這些暗示並依之而行。

「在另一方面來看，如果在同樣境況下，你制止自己，而對自己溫和地說：『他現在會開始覺得好些』，或『他的飲酒只是暫時的，眞的仍有希望。』那你就給了他幫助。因爲至少這些暗示代表了一些小小的心電感應的武器，可用之擊退消沉。

「很明顯的，你有辦法塑造你自己的情況，保護你自己免受你自己的與別人的消極暗示。你必須學會抹去消極的思想或畫面，而以它的反面取代之。

「當你想：『我頭疼。』如果你不以一個積極的暗示取代它，那你就自動地暗示身體去建立那些會使這疾病繼續下去的情況。我給你一個比Excedrin——你知道，短暫的頭痛——還要好的廣告。我要告訴你怎麼樣根本不頭痛。」這是整節中唯一幽默的地方。在特爲某一個人舉行的賽斯課中，他通常特意講些快活的評語，使那個人自在些。

我們有個短短的休息，瓊妮仍繼續抱怨她朋友的喝酒習慣，它們又如何加重了她原本的神經質。她確信如果她不必爲這事爭論的話，她的健康必會恢復。她相當暴烈地著手把她的問題全怪在她朋友身上。當賽斯再開始時，他甚至比以前更嚴肅了。

「現在，你談的並不是根本的問題。」他說，「你在飛舞著紙龍，好讓我們去戳破它，但它並不是眞的龍。你必須學著傾聽『內我』之聲。沒有什麼好怕的。你允許自我變成了一個僞我，而你聽它的話，因爲你不要聽在它內那被蒙住的低沉聲音。

「你在審查別人，而非你自己。你在別人身上看到的是你**以爲**你是什麼的投射和具體化，不過卻不見得是眞正的你。例如，如果你看別人似乎喜歡欺騙，那是因爲你欺騙你自己，然後將之向外投射到別人身上。

「現在，這些都是例子。如果一個人在物質世界中只看到邪惡和孤寂，那是因爲他已被邪惡和孤寂所困擾，把它們投射於外，而閉上他的眼不看別的。如果你想知道你認爲自己如何，那就問你自己認爲別人如何，你便會找到答案。

「另一例。一個非常勤勞的人認爲大多數的人都很懶，一無是處。絕沒有一個人會想到說他懶，或一無是處，然而這也許正是他潛意識中對自己的看法，他經常地鞭策自己不要變成那樣。這些原是如此，他卻不知道他對自己的基本觀念，也不知他將他所怕的弱點投射出去到別人身上。

「眞正的自知對健康或活力是不可或缺的。對自己眞實的體認只是指，你必須先發現你潛意識裡對自己怎麼想。如果是個好的形象，就以之爲基礎加建；如果是壞的，則認明它只是你對自己的看法，而非一種絕對的狀況。」

連同她別的許多困難，瓊妮還經常爲嚴重的頭痛所擾。在結束前，賽斯給予她的勸告，可適用於任何人。

「你應當常常告訴你自己：『我只對建設性的暗示反應。』這給你對自己和別人的消極念頭一些保護。一個消極的想法如果沒被擦掉，幾乎一定會形成消極的結果：按照這思想的強度，產生一時的孤寂、頭痛等。

「現在，如果你發現自己頭痛，立即說：『那是過去的事，現在在這新的一刻，這新的現在，我已經開始覺得好些了。』然後立刻轉移你的注意力，專注於某些愉快的事，或換件事做。

「這樣，你就不再暗示你的身體再出現頭痛的情況。這練習可以重複進行。」

壓抑消極思想，如恐懼、憤怒或憎恨，是沒用的。賽斯在其他節中說得很清楚，這些消極思想應該被認明、面對，然後被取代。

我曾習於壓抑，尤其是當我知道消極想法有破壞性之後。最初我過火了。我會捉到自己正在對某人或某種情形產生憎恨的想法，我幾乎反彈回去，「噢，眞是個可怕的念頭啊！」我會對自己說。

「如果我對某人發出攻擊性的思想，他可能受害。」我對羅說，「如果我埋掉它，它會傷害我，而以某種身體上的徵候出現。所以，下次請你問賽斯他建議怎麼樣？」在這節賽斯解釋了壓抑和正確應付方法的不同。

「魯柏應該記住，當他感覺憎恨時要認出它，然後領悟憎恨是可以摒退的。可是，必須有最初的認識，然後叫他想像將憎恨連根拔去，而以一種積極的感覺取代之，但他必須想像連根拔除的過程。

「這是壓抑和積極行動之間的區分。在壓抑下，憎恨被推到底下而被忽略。用我們的法子，它被認出了，因它的不受歡迎，而在想像中予以連根拔除，並以和平思想及建設性能量來取代。」

（賽斯經常警惕我不可因害怕攻擊性而予以壓抑。羅說當賽斯透過我說話而這樣找我麻煩是很滑稽的——對他而言！然而賽斯的建議總是極佳的。）

過後他說出很正確的一點，「如果想要健康的欲望反而導致你強調那些必須克服的徵候，你還不如避免任何有關健康或疾病的想法，而集中精力於別的方法，例如工作。這樣的強調會引致對妨礙我們的阻礙集中注意，這會加強了負面的情況。」

賽斯總是說生命是豐富、充滿活力而堅強的。我們每個人都有我們自己對抗消極的防禦力，我們應當信任自己的免疫力。只有當他們自己的心境消極時，人們才對消極的暗示反應，那時我們便切斷了我們自己所需的建設性能量。

再者，賽斯並不是建議我們**壓抑**情緒，最重要的原則是自發性（spontaneity），如果我們眞的有自發性，賽斯說，我們就不需特別去做積極的暗示，因爲我們的健康會保持正常。

我的一個學生——一個商人——當賽斯談到自發時總是很憂慮。他將之與缺少紀律相提並論。賽斯以親切的幽默叫這人「教務長」，因爲他是我最好的學生之一，別人很感興趣地傾聽他的心靈探險。但他同時也是個非常重視群體的人，而「自發」這字眼對他而言，可說像是招惹公牛的紅巾。我得承認我們中有很多人覺得我們內在的情緒太熱烈，難以控制。

我們有一晚在上課時談到這個，賽斯突然來臨。「情緒像雨雲或藍天樣地流過你，你應對它們開放和反應。」賽斯說，「你不是你的情緒，它們流過你，你感覺它們，然後它們就消失了。當你試圖隱忍不發時，你的情緒就累積如山。我曾告訴我們的教務長，『自發』知道它自己的紀律。你的神經系統知道如何反應。當你允許它時，它就自發地反應。只在你試想否認你的情緒時它們才變得危險。」

那晚我們有一個新學生，而有人說起賽斯可以是相當嚴格的。現在他玩笑地說：「今晚我遭到非常的誹謗，因此我來給我們的新朋友看看我是個快活的傢伙。至少那是我最初的意向，現在卻已改變了。因爲我必須再一次告訴你們，『內我』自動自發的行爲會自然地顯示出你們尚不了解的紀律。」

現在賽斯透過我的眼睛向四周瞪視。有人把我的眼鏡撿起來放在咖啡桌上（如我以前提及的，當賽斯來到，他總是把我的眼鏡拿下來，常常頗豪放地把它扔在地毯上），燈總是開著的。他面對著大家，加強語調地說：「你不是你的身體，你不是你的情緒。你有情緒，你有思想，好比早餐你有蛋一樣，但你不是蛋，你也不是你的情緒。你不受你的思想和情緒所控制，就好像你不受鹹肉和蛋所控制一樣。在你肉體的組成中你用鹹肉和蛋，在你精神的組合中你用你的思想和情緒。你一定不會和一片鹹肉認同吧？那麼也不要與你的思想和情緒認同。當你造起障礙和門，你便將情緒關在你內……好比你在冰箱中存積成噸的鹹肉，而後奇怪爲什麼沒地方放別的東西了。」

他跟「教務長」說：「爲什麼你這麼難明白自由是什麼？」

「自由之總意義幾乎像是不負責任嘛！」

「那的確只是你的解釋，」賽斯說，「那是因爲你定下了要求。現在讓我問你，如果一朵花在清晨轉臉向天說：『我要求出太陽。而現在我需要雨水，因此我要求下雨。我要求蜜蜂來採我的花粉。因此我要求陽光照射多少小時……而蜜蜂甲、乙、丙、丁、戊來採蜜，因爲我不接受任何其他的蜜蜂。我要求紀律發生作用，而泥土也要受我指揮。但我不允許泥土有任何自發性，我不允許太陽有任何自發性，我不同意太陽知道它在做什麼。我要求所有的事遵照我對紀律的想法。』那你認爲這朵花還能活得下去嗎？

「我問你，誰會聽它的？因爲在太陽奇蹟似的自發中，有你完全不能領會的紀律，和超越我們所有知識的一種知識。蜜蜂在花間自發地飛繞，其紀律超越了你所知的任何紀律，其法則遵循它們自己的知識，其快樂是不受控制的。你要明白，因爲眞正的紀律只存在於自發之中，自發知道它自己的規則。」

賽斯又再盯著「教務長」，但現在他對其他的人說：「在你們神經系統的自發運作之中，你們發現了什麼？我們看到這兒長在教務長肩上的頭，以及他那要求紀律的智慧。但所有這一切都依賴『內我』的自動運作，以及鮮爲人知的神經系統。如果沒有那自發的紀律，就不會有長在他肩上的『自我』在那裡要求紀律……現在我證明了我有多快活，你們可以休息一下了。」

每個人都笑了。在我們休息之後，賽斯重新開始，回答一些其他的問題，但他以給「教務長」一笑來結束他最後的討論。「現在，每一年，季節去而復始，正如它在你們這行星上多少世紀來那樣。季節以莊嚴的自發性降臨，它飽滿的創造力爆裂在世界上，但它們也以高度儀式化與紀律化的姿態來臨，因為春天不會在十二月來臨。在季節的變換中，我們看到有一種眞正奇異的自發與紀律的合一，而你們並不怕季節的來臨。

「你們每一個人以你們的方式都有所貢獻。因為你們可以將地球和所有你們所知的——樹木、季節、天空，在某一程度當作是你們自己的貢獻……自發和紀律組合使地球享受成果。」

所有的自然界都是自動自發地運作。如果我們不把錯誤的概念投射到我們的身體上，我們的身體自然會健康。

但，當然並非一切都如此單純。在對我課上的學生們直接說話時，賽斯試著把事情盡量用他們能了解的方式解釋清楚。在我們自己的賽斯課上，他在這些主題上說得深刻得多。以下是一堂私人課的摘錄，他解釋疼痛和意識的生理上和心靈上的成分，又說疾病本身有時是一種有目的的活動。

當你讀到這裡時，回想一下你曾有過的種種不同的病，看看這說法如何適用。此地賽斯不只是討論疾病與表面人格的關係，並及於它與我們最深的生物性架構的關係。賽斯前曾談過莎莉（強的太太）不與她的「病體」認同的必要，現在他更詳盡的說明：

「所有的疾病都被病人暫時接受為自己的一部分，這即為其危險所在。它不僅是象徵性地被接受，而我也不是象徵性地說。一種阻礙性的行動好比說一種疾病，相當眞實地為那人格架構所接受，一旦這事發生，衝突便開始發展了。『自己』不願放棄它自己的一部分，即便這部分在作痛或於己不利。在這後面有很多理由。

「其一，疼痛雖令人不快，它卻也是由與加速的意識邊緣相擦而熟悉自己的一種方法。任何一種升高了的感覺，不論它是舒服與否，對意識都有某種程度的刺激性效果。即使當這刺激可能是令人屈辱的不愉快，心理架構的某個部分卻不分皀白地接受它，因爲它是一種感覺，而且是個鮮明的感覺。」

現在賽斯談到一個在他的學說中非常重要的一點：「對於痛苦的刺激也予以接受是意識之本質的基本部分。行動並不分辨快意、痛苦或快樂的刺激。這些分辨要很久之後才會出現，並且是在另一個層面（此地賽斯是把人格當作是由能量或行動所組成）。

「行動以肯定的態度接受所有的刺激。可以說，只有當它在具高度分化的意識中被區劃出來時，這種精細劃分才出現。我並不是說在具較少自我意識的有機體內，不快的刺激不會被感覺出是不快的，而引起對抗的反應。我是說即使在它們自動的反應中，它們仍會歡喜。因爲任何刺激與反應代表著感覺，而感覺是意識認知自己的一種方法。

「具身體結構的複雜的人類人格已經演化出——隨同一些其他的結構——一個高度分化的『我』意識（換句話說即『自我』），它的特性即在它試圖保持『本體身分』的明顯界限，爲此之故，它在行動之間作選擇。但在這老成的完形（gestalt）之下是它存在之較單純基礎，而的確包含了對所有刺激的接受，無此刺激則不可能認清『身分』。

「沒有這對即使是痛苦的刺激的接受，這結構絕不能維護它自己，因爲其內的原子和分子經常接受這種刺激，甚至歡喜地忍受它們自己的毀滅。在所有行動內它們覺察到它們的『身分』，而因不具複雜的『我』結構，它們沒有理由害怕毀滅。它們覺察它們自己爲行動的一部分。

「所有這些都是基本知識，如果你想要了解爲什麼人格不顧『自我』對痛的抗拒，而會接受像疾病這樣一種阻礙性的行動的話。」

賽斯接著說疾病可以是一種「健康的」反應，雖然它永遠牽涉到人格的問題：「人格必須了解，疾病對整個結構來說是一種困苦……對原始人格並非必要。

「人格的整個焦點可能會由建設性的範疇轉移，而將主要能量集中於阻礙性行爲如疾病上。在這種情形，疾病事實上代表著一個新的、使之團結的系統。現在，如果人格的舊團結系統損壞了，疾病可被用爲一種暫代性的緊急措施，來維持人格的完整性，直到一個新的、建設性的『團結原則』代替了原來的。

『團結原則』是成群的行動，人格在任何特定時候以之爲中心而形成。當行動被允許無阻地流動時，這些原則通常相當順暢地改變（試看這與賽斯在『自發性』的價值和壓抑的問題上對學生之勸告的關聯）。於是這些阻礙（疾病）有時可保護整個心理系統的完整，而指出內在心靈問題的存在。疾病是組成人格的行動之一部分，因此它是有目的的，不能被認爲是外來的侵略……

「疾病不能被稱爲是一種阻礙行動，除非在目的已達後它仍滯留不去。即使在那時，你在未知全部事實時也不能遽下判斷……因爲疾病仍能給人格一種安全感，被留在手邊作爲隨時可用的緊急設備，萬一新的『團結系統』失效的話。

「換言之，在我們未透澈明白組成一個人格的所有行動之前，我們不能判定一件行動是阻礙性的。這點至爲重要。忽視此點就冒了得更嚴重的病的危險。

「當行動被允許自由流動，那麼神經質的拒斥便不會發生，是這神經質的拒斥引起**不必要的**疾病。

「所有的疾病幾乎總是另一個行動未能被貫徹的結果。當達到原來行動的路線被開放了，途徑開放了，疾病自會消失。不過，那被阻撓的行動也許是個會招致災禍的行動，卻被疾病阻止了。人格自有它自己的邏輯。」

賽斯一而再地告訴我們，肉體的徵候是來自「內我」的訊息，指出我們犯了某一項心理的錯誤。在有一節中他將身體比喻爲「永未眞正完成的雕像，『內我』在其試驗作品上嘗試各種的技巧，結果並不總是最佳的。但雕刻家是與他的產品無關的，他知道還會有別的產品。」

他還有一些迷人的評論，說及各種徵候與牽涉的內在問題的關係。「別忘了你是『內我』的一部分，它並不是利用你，你是它那經驗到物質實相的一部分。現在，不危急的肉體上的病（如不是失去一個肢體或器官）卻可以被拿來觀察，**通常**代表一個正在被解決的問題，一個『公開亮相』的問題。

「這種疾病是一個發現過程的最後產品。內在問題眞的是被拿了出來，以使它們能被面對、被承認、被克服，用徵候爲量度進步的指針。這裡包含了『嘗試錯誤法』，但內在過程頗爲迅速地反映在身體狀況上。」

如賽斯在其他節中指明的，在此種情形下，徵候本身即爲治療過程的一部分，因而，我們該做的是改變我們的精神態度，反省自己，以找尋徵候所代表的內在問題，以徵候之減退爲我們進步的度量。

當徵候本身是在內部的時候，如胃潰瘍的例子，這表示這人格還不願面對問題，而象徵性的，很合適的，徵候不能爲肉眼所見。因此，徵候能被觀察的程度，是人格對其問題的態度的一個線索。

「有許多問題從未被具體化，它們保持爲心靈上的盲點，沒有培育也沒有生產的區域。在那區域內沒有問題，因爲不允許有經驗……那麼便有一個心理的、心靈的或情緒上的盲點以及完全的封鎖。如此拒絕去經驗，遠比有一個特定的問題損害要更爲深遠，因爲在那區域這人格沒有能力表現自己。」

羅的父親有動脈硬化的情形，正住在老人院裡。他不認得我們。當我們去看他時，我們周圍全是多少在同樣情況的老人。有鑑於此，我們對老年的問題很關心。

照賽斯的說法，每個衰老的個案都不相同，但一般來講，人格將意識的主要部分轉移到下一次生存的地方，在那兒他通常是完全清醒的，並能作用。人格的精神焦點漸漸地離開這個人生，而開始完全在另一個層面作用。肉體的疾病——動脈硬化——是被此人漸次地拒絕接受新的肉體刺激所引起，由此而避免肉體經驗（或是故意的或是出自錯誤）。非常怕死的人可能會走這條路，因為當肉體的死亡發生時，意識已與它的新環境相熟了，而器官之死亡相對地變得無意義。不管怎樣，個人內在的決定引起肉體的徵候，而並非其反面。

甚至在死後你還能繼續某些徵候。舉例來說，住在我們這棟公寓裡的C小姐，最後死於動脈硬化。有一夜我發現我離開了自己的身體，而在一棟奇怪的房子裡——奇怪是因為它雖是極老式的房子，看起來卻是全新的。當我抵達時，C小姐剛走出門。她很不安。突然我「知道」這房子是她所創造的一個幻境，她兒時的家的複製品。我知道她還沒悟到她已死了。

同時我了解我的工作是將事實解釋給她聽。我追上她，溫柔地領她回到屋中，說：「C小姐，你不必再擔心死的事，它已發生了。你的心智現在能夠完全清楚，沒問題了。」她看來似乎了解，而當我跟她說完話，另外一個人便來代替我。

我曾讀到過這種例子，但我得承認，我以為它們是極富想像力的報告，直到我發現自己在引導C小姐。她這麼怕死，竟沒察覺事情已全過去了。既然她的肉體已死，她是在她的靈體內；然而她卻手足失措，而頭腦也仍不清楚，好像她還有動脈硬化症似的。

依照賽斯的說法，在我們轉世的存在中，我們應當了悟我們投射我們的思想和情緒於外，而形成實相。例如，當你了解，壞的健康狀況是扭曲的概念被投射到身體上了，那麼你就可努力澄清內在問題。這種了解能治癒甚至與前生有關的疾病。既然賽斯說這些存在是同時的，那麼這些「平行的自己」現在就存在於我們內。透過治療，我們可以搆到它們。

記得我們那個不斷愛上她所不能擁有的男人的朋友嗎？她終於變得越來越陰鬱，而幾次試圖自殺。有一晚她不在時，我們爲她舉行了一次賽斯課，賽斯的勸告有重要的一般性含意。

「你沒能**樂天知命**，」他說：「你要求它如何如何，並按照你有意識地決定的途徑而行。你拒絕快樂地接受生命，它在你內有它自己的理由和原因。

「你**必得**找到一個愛你的男人這個想法，是對在你心的更深處拒絕接受天命的一種掩飾……你是在說：『除非按照我的條件生存，否則我寧願不生存。』沒人有此權利拿自己來與自己天生的活力如此對抗。

「一旦你全心地樂天知命，然後你可能眞的會得到你所追求的，但卻不是在你堅持要它作爲一個生存下去的條件時……當你放棄你的條件時，你自己的目的會使生命每日喜樂。你忘了你所眞正擁有的——健康與活力。你忘了你的智慧和直覺，你忘了你所擁有的幸福。

「你不能誤用它們，試著強迫它們合乎你所設的生存條件。你必須活在信心中，相信你的目的已成就，將會成就，正在成就中。你必須活在相信你有這樣一個目的和意義的信心中，不然你不會在這兒。

「你自己人格的那份獨特性應當加以珍惜。你現在人格的特殊目的，只能在現在的環境中，以一種全盤說來最好的法子去達到。這些挑戰可以在另一次生命和另一個時間中面對，這是眞的。但現在這些你能予以幫助的特殊的人，以及現在你能做的特殊善事，永遠不會再以完全同樣的方式做到……

「那些沒有你們百分之一的福氣，或三分之一的理由期待另一天的到來的男人和女人們，曾快樂地榮耀黃昏和淸晨，並以幸福和喜悅傾聽他們內心的悸動。他們成全了自己，也帶給別人快樂。他們按生命自己的條件接受生命，而在如此的接受中，他們滿被恩寵……那是來自給生命你所有的一切。」

但，精確地說，什麼才是健康？在最近一節中，我們的「教務長」問賽斯。

「你應嚮往健康，因爲它是你存在的自然狀態。你應信任你自己的存在的天生智慧。健康是它的自然狀態。宇宙的能量經由你的肉體形象表現它自己。你，一個個人，一個個人化的意識，是它的一部分。如果你不健康，你就不能完全表達自己，也不能達成你作爲這個『身分』的目的。因爲心感覺到身的感觸，而身感覺到心的感觸。」

「教務長」皺起眉頭。「你的意思是說如果我身體好，我的精神狀況也就良好？」

「如果你身體很壞，並不指你是個壞人。讓我們把話說淸楚。它表示在某一個特殊範圍你有阻礙，使你不能建設性地運用能量……理論上說，如果你以正確的方式運用能量，你會有極佳的健康，富足無憂。不過，各種的缺陷能以很多方式顯示出來。

「我不要你們有一種態度，以爲健康或地位自動地表明精神上的富足……你們有人在某些地方做得好，而在別的地方有阻礙。理想的是用你所有的能力，而在如此做時你會自動幫助別人，並且幫助你爲其一份子的種族。」

賽斯建議，自我催眠和輕度出神狀態可以作爲發掘引起困難的內在問題的方法。他又建議我們直接要求「內我」將答案提到我們能知覺的地步。如果沒發現內在問題，我們只會以一組徵候來代替另一組。在種種不同的賽斯課中，包含了在這方面和另方面所應當採用的特定步驟。夢在發現問題和提供答案上是非常重要的。事實上，下一章我即將開始談，賽斯建議如何用夢作爲治療法。那些指示很簡單，任何人都可以用。

第14章 夢——假魔——治療性作夢

有天晚上，我作了一個像是非常眞實的嚇人的夢。我發現自己在我們的臥室，離開了身體，突然，我發現某人或某物在我正上方。下一秒鐘我被壓到床脚下，被放開飄到空中，又被推下來到臥室地板的黑暗角落裡。在我上方，有一個我只能說是大而黑的東西，像一個腫脹、模糊的人形，但卻更大而且非常堅實。

聽起來可笑，但我知道這玩意兒是「出來捉我」的。我知道我離開了身體，而我滿懷驚怖。雖然我讀到過，有人在「投射中」曾被惡魔之類的東西襲擊，但我根本不信邪。那麼它到底是什麼？我沒時間去奇怪，因爲它咬了我的手好幾次。它是驚人地暴戾，而不斷努力將我拉得離我的身體更遠，把我拖進壁櫥。

在驚惶中我聽到羅在打鼾。無論如何，我並不在我的肉體中，他可能不會知道有任何不對勁。賽斯在哪兒呢？那些在你陷入這種危境中理應馳援的「嚮導」又在何處？當我在想法把這玩意兒打走時，所有這些念頭疾閃過我腦際。我非常留意這東西的重量，它的重量著實驚人，而它的企圖如果不是立時致我於死地，便是盡可能地傷害我。

「別慌。」我告訴自己，拚命試著保持外表的鎮定。但那玩意兒壓下來又要再咬我。這時我想：「去他的不要慌張。」我開始叫得頭都快要掉了。我知道那不是我肉體的頭，但我希望我的喊叫能把那玩意兒嚇走，或引來救援。

那玩意兒退縮了一下下，很像一頭受驚的巨獸。我從它下面溜出來，像火箭般快地射回我的身體，它還跟在後面追我。換句話說，我作了一個迅速而懦弱的撤退。我這麼快地衝回我的身體，我的身體的頭都被撞暈了，但那沒關係。我從沒這麼喜歡我的身體過。

有一刻我怕睜開我的肉眼。「天呀，如果它還在這兒，我就完了。」我想。但它遁去了，至少它是在另一個存在層面裡。我想到叫醒羅告訴他此事，但決定不去打斷他的睡眠。

一旦我平安無恙，就頗以自己的懦弱爲恥。但我還沒平靜到願意立即重回夢鄉，所以我起身，喝了杯牛奶，想著我應該如何如何，譬如，神氣地說：「給我滾吧！魔鬼！」之類的話。我想最起碼我應該還擊。

第二天晚上，我們照常有星期三晚上的賽斯課。在我告訴你們賽斯對這事所說的話以前，我應先回溯一下。在此事之前，我情緒低沉了好幾天，沉思（雖然我明知不該）那些有時彷彿包圍著我們的消極態度。更糟的是，在我自己身上，我看到了不少憎恨、恐懼和憤怒。

現在賽斯說：「我們的朋友（指我）昨晚試圖選擇一個不同的戰場。他決定把所有的消極感覺當作敵人，而在另一個實相裡賦予它們形體，以便與它們鬥爭。這不是一個星光層面（astral plane），而是一個較低的層面。

「在這『黑物』後面的能量來自隱藏著的恐懼，但任何人都可以造成這種東西，因爲任何人都有恐懼。魯柏試想孤立它們，給它們形體，而把它們一網打盡。那玩意兒實際上是一頗爲笨拙的較低次元的野獸，一隻被激怒的另一次元的呆狗。它以象徵性的咬嚙攻擊魯柏。一個像這樣完全由恐懼創造出來的『東西』，會對它的創造者感到害怕，尤其是憤恨，它只能用攻擊來保護牠所擁有的不論多少的眞實性，因爲它知道魯柏創造了它只是爲了要殺掉它，如果可能的話。

「因此它**眞的**有眞實性。魯柏跳回到安全和正常的意識，那東西隨即消散了（對魯柏而言），因爲當魯柏『逃回家』時，他自然地由牠那兒抽回了（他的注意力的）能量……魯柏試想將所有他認爲消極的原素分離出去，而一次把它們擊潰，幾乎像是如此做他便能由宇宙間除去邪惡似的。

「他試著毀滅那『邪惡之獸』，而被反咬。現在，邪惡並不是以這種形式存在的。即使是疾病或恐懼，也不一定是敵人，它也可能是對『了解』的助力，達到一個更遠大目標的方法……」

賽斯繼續說：「魯柏假想由他投射出去的邪惡，其實並不存在，但因爲他相信它存在，由他的恐懼中，他造成它的具體化。它是他近來的沮喪的化身。廣義的說，並沒有邪惡，只有你自己的缺乏知覺力（perception），但我知道你們很難接受此點。

「但在魯柏『出體』時，這個事實是他的護身符——只要他記得它。『願平安與你同在』這句話能帶領他度過在其他層面的實相中的任何難關——因爲就像他形成那形體，其他人也形成形體，而他可能會遇上它們。祝它們平安能給它們一些安慰，因爲它們眞的有某種的實相。害怕它們的話，就是把你自己放在它們實相的領域裡，那時你就得以它們的條件與之鬥爭，那是不必要的。」

以一種挖苦性的恭維，賽斯叫羅告訴我，我的能力在進步——它是個做得很好的「思想形」(thought-form)。現在，我絕不建議我的任何一位讀者嘗試這種魯莽的冒險。但我想也許有些人在不知不覺中已經做過了，而醒來時只記得一個特別可怕的夢魘。

這件事卻是在作夢狀態中的一次「出體」經驗。它可以指出一點：夢境實相與醒時實相一樣眞實。夢確實會影響日常生活，它們能改變我們的健康，或加深沮喪的心境。不過，我們有法子有目的地利用夢，來改進我們的生活。雖則我承認上個例子不是個好例子。

歷來，人都知道夢能給我們各種行爲的線索。心理分析家利用夢來發掘潛意識的動機。但極少人知道如何創造性地利用夢：改進健康、獲取靈感、恢復活力、解決問題並且豐富家庭關係。

賽斯提供了一些啓發性的建議，有關如何能利用夢來做直接的治療，他有些觀念在「自助計劃」及心理治療中可能大有助益。

他開始道：「人格是由能量完形 (energy gestalts) 組合而成。就如人格被任何經驗改變一樣，它也被它的夢改變。就如一個人到某個程度被他的物理環境塑造，他也被他自己所創造的夢塑造……『自己』是無限的，當你的知覺力失效，對你來說似乎界限就出現了。舉例來說，當你不再覺察夢時，好像夢就沒有了。但並非如此。

「在某一個層面，人格試圖以夢境之建造來解決問題……而常常給予人在醒時生活的限制下所不能適當表達的行動以自由。如果這個企圖失敗了，那麼這個問題或行動（如我們先前曾見過的）便可能具體化成爲疾病。

「例如，試想有這麼一個情況，在其間，這個人格需要表達依賴性，但卻覺得這樣表現不適當。如果他能形成一個夢，在其中扮演一個依賴角色，那這個問題就能在夢境裡獲得解決。在很多情形這就是眞正發生的事。那人可能從未憶起這樣一個夢，但這經驗仍是有效的，而依賴性已獲得了表達。

「人們在夢的解釋上下了不少功夫，但卻不怎麼會控制夢中活動的方向。在適當的建議下，這可以是一種非常好的治療法。消極的夢有加強人格的消極面之傾向，而形成不幸的糾葛之惡性循環。夢中行動**能**被轉向，以成就建設性的期望，這種期望本身就能引起好的反應。

「透過夢境治療，可以避免許多疾病。頗爲無傷大雅的『侵略性傾向』能在夢中被賦予自由。可以給予建議，叫所涉及的人在夢中體驗侵略性。建議他，當他作夢時，觀察自己（觀夢像觀劇一樣），以學習了解侵略性。如果容許我沉醉在一個幻想中的話，理論上在夢治療時，你能想像一個巨型的實驗，在其中戰爭是由夢中國度而非醒時國度來打的。」

當我第一次讀這節時，我想這是一個擺脫壓抑的好方法——把它們夢走。如果你眞的對某人極爲惱怒而不敢報復，那你在睡前可以給你自己建議，在夢中你要眞地擺平此事。但這並非易事。

賽斯很堅定地說：「還有其他必須了解的考慮事項……例如，當問題是在侵略性時，最初的夢的建議應當包括一項聲明，即侵略性並不是對某一個人而發的。在所有的情況下，問題是在那無實體的原素（如這兒的侵略性），而非作夢者也許想報復的那個人。

「我們不要一個人建議自己夢到傷害別人，這有好幾個理由，包括你們尙不了解的心電感應性的實相，以及不可避免的罪惡感模式。我們並不是談以夢中行動代替實際行動，而是在討論需要治療的特定問題。」

賽斯一再地說，夢裡的或幻想的經驗與任何醒時事件一樣的眞實。如果你有一段沮喪時光，你很可能同時有沮喪的夢，但賽斯建議以下的練習作爲夢的治療術：在睡前，建議你自己，你將有個愉快的或快活的夢，它會完全恢復你的愉快心情和元氣。除非這沮喪有很深的理由，否則當你醒時它就會被打破，或是減輕很多。

我常利用這個方法，效果極佳。有時我記得那些夢，有時則否。但我醒來時總是神淸氣爽，而且這效果很持久。在這種例子中，我記得的夢都很有鼓舞性，不但強到足夠克服一段憂鬱時光，並且能使我恢復極好的心情。

雖然這些都有實際的利益，但羅和我對賽斯關於「夢之實相」的解釋卻更感到新奇。我既有許多在夢中「出體」的經驗，乃對發現我自己所處環境的實相頗爲關心。在賽斯課開始之後不久，他即開始討論「夢的實相」的本質，到現在還在繼續。我簡直是被他的有些聲明嚇倒了，直到我由賽斯那兒學會了「監督」我自己的夢，並喚醒了我的批判天賦。

且看現在我已接受爲基本的、這早期第九十二節的段落：「每個夢都以心靈能量開始，個人不將之轉化爲物質，卻把它轉變成一個實相，具有同樣的機能性和眞實性。他以可驚的辨識力將概念形成一個夢中物體或事件，因此夢中物體本身獲得了存在，並且存在於許多次元裡……

「雖然作夢者爲了他自己的目的而創造他的夢，只選擇那些對他有意義的象徵，他把它們向外射成爲一種『價值完成』或『心靈擴張』。當夢被演出時，心靈擴張便發生了。當作夢者結束了夢之事件，便發生一種收縮，但能量不能被拿回去。」

賽斯將夢創造之人格（如我的「黑物」）稱爲「雙重雜交」(dual-hybrid) 建構。在我的個案裡，他所說的「擴張」發生在我以自己的心靈能量造成它時。「收縮」發生在我由它那兒收回我注意力的主要能量時。但我不能取回我給了它，而造成它的存在的那能量。那玩意兒繼續存在，但不在我的次元裡；它被釋放了，自由了。

在談夢時，賽斯還說：「**投射到任何一種心靈或物質建構裡的能量**，無法收回，卻必須遵守這一刻它所塑成的『形』的法則。因此，當作夢者向後收縮他的多重實相的物體，結束了他所構建的夢時，他只對自己結束了那個夢，那夢的實相仍繼續存在。」

按賽斯的解釋，能量可以被轉移，卻不能被消滅。

賽斯回答過許多羅心中（也許也在你心中）的問題：爲什麼普通的日常生活對我們而言比任何夢中的存在要眞實得多？如果這樣一個宇宙是眞有的，爲什麼它沒對我們的日常生活干擾得更多？至少我們全都對實質上發生的事或多或少地同意，但夢卻是非常個人性的。夢之宇宙怎麼可能有任何的延續性？在這樣一個宇宙中，任何人怎麼可能與另一個人對所發生的事同意？

賽斯說：「首先，物質宇宙本身就是不同的個人象徵的一個聚合體。任何一個象徵對兩個人絕不代表完全相同的意義。即如所謂基本的性質，如顏色和所放的位置也不可靠。你僅只集中注意力於相似性上。心電感應可被稱爲是一種膠水，它將物質宇宙膠著於不穩定的地位，以使你們能對物體的存在與其性質獲致同意……

「因此當你想到夢之世界時，你有同類的宇宙，只不過是在你不能以感官感覺的一個地方建造的。但它比你所知的世界更有延續性，在其中有令人可驚的相似性……

「其一……那些現在存在於物質層面的人，因爲某種週期，以前曾活在差不多相同的歷史年代。他們擁有一種內在的親密，或多或少屬於某特定時期的一種內聚力。那時他們住在同類的實相中。那麼他們的夢之經驗並不像你可能假設的那樣不同。在夢之系統中，某些象徵被構建成實相，與在物理系統中，概念構建成物體相彷彿。

「使物質系統團結一致的心靈上的協議，同樣地使夢之系統團結一致。如果一個人眞能把焦點對著物質宇宙間，那些沒被認知的、在其中沒有達成協議的元素，如果他能將焦點對準相異點而非相似點，那他就會奇怪，人們哪裡能甚至對一件實質物獲致同意。

「他會奇怪是什麼集體性的瘋狂，允許人們由事實上無限的混亂中，選擇出僅只一撮的相似點，而以之造就了宇宙。你也一樣，看到似乎是混亂的夢之實相，奇怪我怎能說它包含了內聚力、確實性，與相當的永久性。」

我想，夢所以有時顯得這麼混亂和無意義的一個理由是，我們只記得它們晦暗的片段，而忘了其統一的因素。另一個理由是，夢自有它必須加以解析的直覺上和聯想上的「邏輯」。在其中，我們所知的「時間」並沒有多少意義。按照賽斯所說，有些夢是夠簡單的，只涉及還沒解決的目前的問題或事情。不過，即使是在這種夢裡，夢中事件仍可能代表前生的事件。

每一個夢「體」，實在是有二或三層的，是對其他更深資料的象徵。舉例來說，一個含有轉世資料的夢，可能會幫助我們面對今日的問題。因爲它提醒了我們尚未用到的、人格中天賦的其他才能。我有兩個特別生動的轉世的夢。一個是在賽斯課開始之後不久，那夢眞的嚇著了我，因爲我怕它是預知性的。我夢到我是個老婦，在某個非常貧窮的醫院病房中。我知道自己正死於癌症，卻一點都不怕。我的鄰床病人也快死了，我告訴他不要憂傷，我會在那兒幫助他，然後我死了，但其間意識似乎沒有中斷。我幫那老人離開他的軀體，並一直告訴他一切都沒問題。

在下一節賽斯課中我們查詢此夢。賽斯告訴我那是有關上個世紀我以靈媒身分死於波士頓的事。他以前曾給我們關於那生的一些資料。現在他告訴我，我不會再死於癌症。(他的一次失策，因為他早就告訴我要戒煙，而我沒照做。他從未設法嚇我放棄這習慣，只說吸煙對我整個的健康或發展並無好處。）

另一個夢更是生動，並且眞的令人愉快。我不知我有過這麼快活的時候——無疑在醒時沒有過。照賽斯的建議，在睡前我告訴自己，我會作個給我更多關於前生資料的夢。在這時我眞的並不相信轉世，但我跟羅說：「好吧，反正我又不會有什麼損失，我來試試看。」然後我給自己幾次這樣的建議便睡著了。

在夢中，羅和我都是二十幾三十不到的男子，並且是合夥人。我知道「後來」我們在此生會成為羅和珍，雖然在外型上並無相似之處。例如，羅是黑髮黑膚的，雖然他現在的膚色和髮色都很淡。我們穿著土耳其式、在足踝處紮緊的長而飄然的褲子。我不記得我們的名字。

夢開始時，我們進入一間大廳，有一群穿同式衣裳的男人坐在地板上，墊著色彩鮮艷的墊子，大致圍成一個圓圈，圈的中央空著。在更早的一世中，我認識所有這些人，我曾是他們的領袖，但我很早就死了。這些人已年老，而我又重生了。現在我回來實踐「我將回來」的諾言，我很明白以我現在的樣子，他們不會認識我。

我說明了我的事情，同時他們有禮地傾聽著。他們的發言人告訴我，他們死去的領袖曾答應他們，當他回來時會做一件特定的事來證明他的身分。他叫我以我的行為來表明我即那人，已準備好來接替他的合法地位。羅和我都笑了，早已預期這項考驗。

除了幾個矮桌外，大廳中央是空的。「將來的羅」請他們把這些搬走，以便我表演。他們照做了。他們靠近了些，蹲在墊子上。我的合夥人站在我身後，我踏出儀式性的、輕快而富彈性的步子，然後就離開了我的肉體，它撲通一下跌到地板上。我的合夥人小心地把它移到旁邊。

然後，在我的靈體中我飛過大廳，它有一個很高的拱頂。我嬉笑著耍出一個我認爲很棒的惡作劇，我輪流低飛過他們每個人的頭上，吹掉他們的包頭巾。我的合夥人遞給我一隻羽毛——顯然他能看清我，而我能操縱實體的東西。搖著那羽毛，我來來回回地飛了幾趟，因此，那些人看到羽毛便知我在他們頭頂上的方位。

我的合夥人一直在大聲笑著，我也很得意。我終於回到我的身體，站起來迎接他們認出我的叫聲。其餘的我幾乎不記得了。我知道他們帶婦女們來見我們，但我們笑著打發她們走，喜歡先與我們的老同志話舊。我們的膚色都很黑。

在很早的賽斯課中，他說他曾生在土耳其過，但我們並不知道我們也是。不過，關於我們的前世生活，還有許多待補的空白，因爲只要我一日拒絕接受轉世的觀念，我便一日不要羅問有關轉世的資料。同時，當賽斯說到這種資料時，我是那麼煩躁，恐怕使得他認爲最好暫時中止一會兒。當賽斯就某一個題目長篇大論地發揮時，我們不願請他講別的事情而打斷了資料的連續性。此外，我們已知賽斯最終總會盡量答覆我們的問題。

就我目前所知，那土耳其的一世是我所僅有的一次多采多姿的前生。按賽斯所說，波士頓的一世平凡得可以。作爲一個靈媒，我並沒激起大浪花。我作靈媒以便幫助他人，也助我付房租。不過，我是相當地不自律而輕浮——這些人格的缺陷此生我正試著去改正。我相信這夢是要提醒我，我曾一度高居權位，現在不該害怕負責任，或害怕我的才能。賽斯堅持許多人的夢給了他們前世的資料，但他們常常不記得，因爲他們通常沒領悟到夢的重要性。

但那個地點——土耳其大廳又怎麼說？它有多少眞實性？當我們在睡著時似乎去遊歷的地方有多眞實？這是賽斯所說：「你以爲當你清醒時才有意識。你假定當你睡時沒有意識。骰子的確是在醒時心智方面加灌了重量。但在這一刻且假裝你是從另一面來看這情形。

「假裝你是在夢鄉，關心醒時的意識和存在的問題。從那一個觀點，這畫面就完全不同了。因爲你在睡著時的確是有意識的。

「那麼，在夢中你遊歷之地就與現在實在的地點於你是一樣的眞實。讓我們別再說有意識或無意識的我，只有『**一個**』我，而他將注意力的焦點集中於各個不同的次元內。

「如果當你醒時你很少記得夢中的地點，當你在夢中，你對『實質』的地點也少有記憶。當肉體躺在床上，它距作夢的自己所居的地方有很遠的距離。但這距離與空間毫無關係，因爲夢裡的地點可以就同時存在於身體睡眠的那個房間裡。

「夢裡的地點並不是與好比說床、櫃或椅子重疊起來的。它們以醒時你們看著是床或櫃或椅的同樣原子及分子所組成。記住物體是你們的知覺力的結果；你們由能量造成模式，隨之再認知它們爲物體而加以利用。但物體是無用的，除非你集中焦點在那個物體爲了它而特別形成的次元中。

「在某些夢裡，你們用這同樣的原子和分子來形成你將在其中運作的那個環境。在作夢時，你找不到這床或櫃或椅；而當你醒來，你卻又找不到那在一刻前還存在的夢中地點。」

這並不表示，我們不會有時離開身體，而以夢體或靈體遨遊到其他物質的地點。照賽斯的說法，不論我們記得與否，我們都常常這樣做。例如，我有些學生不但在夢中也在醒時，都經常有「出體」的經驗，而有好幾次我們似乎在我的起居室裡會過面。

早在我自己有這種經驗，或讀到這種事以前，賽斯就告訴過我們這是可能的。但他對醒時與夢中實相的相互關係的概念非常迷人。

「有一次我提及耶穌被釘在十字架上，說它是個事實，是個實相，雖然它並沒在你們的〈物質的〉時間發生。它發生在夢發生的同類時間裡，而它的實相世世代代都感覺得到。它並非物質的實相，但它對物質世界的影響卻非一純然物質的事件所能引起。

「『釘在十字架上』就是這種實相之一，它豐富了夢的宇宙和物質的宇宙兩者，而它源自夢的宇宙。它是那個系統對你們自己系統的一個主要貢獻。可以物質性地比喻爲在物質宇宙出現的一顆新行星。」

此處，賽斯**並不是**說釘在十字架上「只是一個夢」。他是說雖然它在**歷史上**並沒有發生，它在另一個實相裡卻眞的發生了，並且出現在歷史中，作爲一個概念而非一件實際的事件——一個改變了文明的概念。（自然，照賽斯的說法，一個概念**就是**一個事件，不論具體化了沒有。）

賽斯接著說：「『耶穌昇天』並沒在你們所知的時間中發生，它也是夢之宇宙對你們物質系統的一個貢獻，代表『人是獨立於物質之外的』這個知識……

「有許多的觀念和實際的發明，僅只是暫擱在夢之系統中等待著，直到某些人接受它們爲實相的物質架構內的可能性……想像是醒時之人與夢之系統間的聯繫。想像時常重建夢的資料，而將之應用到日常生活中的特定環境或問題中。

「因而，夢之宇宙擁有有朝一日將完全改變物質世界的歷史的那些觀念，但否認這種觀念之可能性延緩了它們的出現。」

有些賽斯課精確地告訴我們，我們如何形成夢。在醒時意識中，那些化學元素被累積起來，而後在「造夢」時釋放出來。另一些則講到夢之實相的電磁成分。但每一次他都堅持我們所謂的「夢裡乾坤」之「客觀性」。

首先，賽斯給我們指示如何記起夢。接著，他告訴我們，當我們正在作夢時，如何喚醒我們的批判能力，如何以夢作爲一個起跳板，而將我們的意識投射到身體之外。我總是很高興去試賽斯建議的任何實驗，現在仍然如此。其所導致的個人經驗，給我有關賽斯的許多觀念之正確而主觀的證據；此外，我也喜歡自己單獨做事。

舉例言之，讓我們看看這個由夢境投射的事。一天早晨，早餐後，我躺下來試作夢境投射。這僅指有時我能認知我正在作夢，將我正常的「醒時意識」帶入夢中，然後用它來將我的意識投射到別處。那天早晨當我達到那一點時，我感覺自己離開了我的身體，同時又知它是安全而舒適地躺在床上，門也鎖上了。

我在空中如此快速地旅行，一切看來都模糊了，然後我發現自己在一個陌生城市的街道上，我決心找出我在哪裡，因此我繞著街廓走，找路牌。那是個有旅館和大商店的地帶，我看到兩個街名。最後我決定進入某間旅館的門廳。這兒我發現了一家書舖，就走到書架邊去看看。那兒有珍・羅伯茲談ESP的三本書，而在當時（一九六七）我只寫了一本。

我嚇了一跳，再到處看看，一切似乎都很正常，不論我在哪兒，它是一個物質的地方。有什麼東西使我向上看，一個年輕人帶著高興的、像猫抓到了金絲雀的笑容看著我。他是店員之一。現在我看到店員多半十分年輕，他們都在看我。

我不知該做什麼或說什麼。「瞧，我實在是在『出體』的情形，這是靈體投射。」他們絕不會相信，但那三本印了我名字的書，和店員瞭然的笑容又作何解釋？

「呃，我以前沒見過這些書。」我說。

「我想你不會，在你住的地方，你還沒寫它們呢。」年輕人說，隨即笑了起來，但是帶著一種友善而開朗的態度，就像其他的人一樣。他們現在都圍了過來。

「我在哪兒？」我問。

他告訴了我，說：「但忘了它吧，我是說反正你不會記得的。」

「哦，我會，我會記得，我訓練過自己。」

「你還沒那麼行呢！」他們之一說。而我眞的生氣了。不管我是靈體出遊與否，這些人眞是好好地取笑了我一頓。

「瞧，」我說：「我是在我的靈體內，我的身體在家裡床上。」

「我們知道。」那年輕人說。

那些書又吸引了我的視線。他說：「去吧，記住書名。我很抱歉，但那對你是沒用的，你不會記得。」現在他們笑得比較有同情心的樣子。

「我已記住了兩個街名。」我說：「你確知我將寫這些書嗎？」

「在這兒，你已經寫了。」

不管別人怎麼說，我已下決心盡可能記住任何明確的東西——名字、路牌或公路的號數。最後當我告訴那店員不管怎樣我將獨自探險時，他提議帶我觀光一番。他非常友善。我們聊天，而他指出市內的名勝，同時卻警告我說我不會記得它們。

然後，沒有任何警告的，我感到自己被拉開了。有一種可怕的呼呼聲，而我又回到了我的身體。我眞的覺得被擺了一道。通常很難回到同樣的地點，但我那樣生氣，我的意志力驅使自己回去，我在同一街角「降落」，卻再找不到那年輕人了。我開始去找那家旅館，我發誓我繞著同一個街廓走了三次，認出了別的房子，卻找不到那家旅館。最後我回到了我的身體。

自然我們向賽斯查詢這次的經驗。他正在給我們一般的資料，關於當我們由夢境投射出去時能預期會碰到什麼情況。

他說：「在夢之實相中有形相存在。但首先形相是潛存於心靈能量內。這潛在的形相在未具體化之前早已存在。五年內你將住的房子以你們的條件來說尙未存在，它可能還沒蓋起來。因此實質上你不會看到它。然而這樣一個房子仍然有其形相，而確實存在於『廣濶的現在』之中。

「現在，在夢之實相的某些層面，這樣的形相可以被看到。在夢之實相內，你可能與許多其他的、你通常不必管的現象接觸。就你心中所想的投射實驗而言，這些資料變得非常實際了。你明白，我想給你一些你能預期什麼的概念。

「當你在物質實相之內操作時，你有一套相當簡單的法則可用。在夢之實相內有較大的自由。『自我』不在場。親愛的朋友，醒時的意識並不是自我，自我只是醒時意識中掌管物質操縱的那一部分。

「醒時意識能夠被帶入夢境，自我則否，因爲它會膽怯而引起立即的失敗。在你的實驗中，你會遇到各種不同的情形，你會很難區分它們，直到你學會控制之後。有些你能操縱，有些你不能，有些夢的地點是你自己造出來的，另一些於你而言則很陌生。它們會是屬於其他次元的實相，但你可能誤闖進去。

「一個作夢者相當可能去拜訪在你們說來是過去、現在或未來的其他行星系。這種拜訪通常是片斷的、自發的。它們最好保持如此。當它們發生時，好好利用它。可是目前還不要企圖去試，因爲仍牽涉了許多困難。」

整段整段的賽斯課都在談從夢境投射意識時所用的方法，和可能遇到的情況。賽斯說在某些投射實驗中，他親自幫過我，但我不曾覺察他的幫助。我從沒夢見過賽斯，我覺得這很奇怪。在半夜我常被弄醒，完全警醒地突然意識到我正在被授以一種賽斯課。我可以聽見賽斯的話，像信號般經過我的腦子，就好像我轉到了一個我不該收聽的電臺廣播。因爲當我開始傾聽時，我腦中啪嗒一聲，電臺關上了。有兩回我聽到足夠的話，知道說的是什麼，以及那賽斯課是對誰而發的。後來所涉及的人告訴我，同一個晚上他們夢到賽斯透過我對他們說話。我並沒跟他們提起，是他們自動告訴我的。

照賽斯的說法，我們眞的有共同的夢或大衆的夢。在我們日常生活中，這些實際上充當了一種穩定的力量。我們的夢有私密性嗎？顯然不像我們以爲的那麼私密。在第二五四節裡賽斯如此說：「在某些大衆的、共同的夢中，人類共同地處理政治與社會結構中的問題。在夢之實相中，他所獲得的解答，並不一定總與那些在物質世界中他所接受的解答一樣。

「不過，夢中之解答被保留爲理想，舉例來說，沒有大衆的夢，你們的聯合國不會存在……

在你們發展的現階段，必須有選擇性。如果你覺察到確實在侵襲你的心電感應式通訊的不斷彈雨，那現在你要保有一種身分感就極爲困難了。因此，共同的夢也常常是妥隱於知覺之下……當身分感經由經驗而強化，它自然地擴展自己，以增加更多的實相，而它能在其中操作。

「當你夢見別人，他們會知道。當他們夢見你，你也知道。可是，在此時，在意識上知道此事並沒有什麼好處。」

在此節中賽斯也提及約翰·甘迺迪，並作了些評論，把種族問題與夢連接起來。「如你所知，許多人預先夢到傑克·甘迺迪之死。在某一個層面上，他自己也獲知此事。這並不表示那死亡**必須**發生。它是一個鮮活的可能性。它也是對幾個問題的許多解決辦法之一。雖則它不是最適當的解決辦法，卻是人們在物質實相中那一特定時刻所能想像出的最接近的一個……」

賽斯繼續說一個夢的情感強度很少被完全憶起。然後，他簡短地提及，羣衆的夢是帶來歷史性變化的一個途徑。

那些關心現今種族情況的人們「單獨地並集體地夢到要改變它。在他們的夢中，他們演出各種不同的可導致轉向的方法。**這些夢確實有助於導致後來所發生的變化**，那些夢本身的能量和方向就會幫助改變情況。」

照賽斯對夢的解釋，我可以寫上好幾本書專談夢的書。按照「賽斯資料」的說法，我們心靈的發展和成長學習的過程和經驗，都與我們的夢中生活有關。在其中我們探訪存在的其他層面，甚至獲得必要的技術。在這種時候，有明確的電磁性和化學性的連繫來統合我們意識的種種階段，他並對此詳加解釋。

透過夢我們改變了物質實相，而我們具體的日常經驗改變了我們的夢中經驗。其中有經常的相互作用。當我們作夢時，我們的意識只不過是被導入了一種不同的實相，與醒時生活一樣生動鮮明的實相。我們可能會忘記我們的夢，但它們卻永遠是我們的一部分，縱使我們也許不會知覺它們的全部實相。

照賽斯的說法，我們還在許多其他的實相系統中運作，醒來的自我完全不知道這些。不僅有由物質或反物質所組成的宇宙系，而且在兩者之間還有無數不同的實相。顯然也有「可能的實相」，在其中我們循著在物質生活中我們可能走卻沒有走的途徑。

賽斯說：「『內我』直接感受到夢的經驗。如我告訴過你們的，夢有一種電性的實在性，在其內它們不僅獨立存在，與作夢者無涉，並且它們有你們可以稱之爲『實在』(tangible) 的形相，雖然不是你們所熟習的物質形相。」

賽斯多次告訴我們，所有的經驗都是以「電性」的密碼存於我們的細胞內，但並不依附於它們。這也適用於夢的經驗。他繼續說：「一個人的思想和夢比他所知的要更『無遠弗屆』。它們存在於更多的次元中，它們影響到他所不知的世界。在實效上，他們與建築物一樣的實在。它們在許多系統中以許多面目出現，一旦被創造後便不能被撤銷……

「夢的電性實相之密碼被解讀出來，因此它的效力不但被腦經驗到，並且還及於肉體的最末端。在意識上早已被遺忘的夢中經驗，仍永遠以電碼式資料的方式存在於身體器官內……它們存在於細胞內（連同個人所有的經驗）……細胞在它四周形成。這些電碼的信號形成了全部經驗的副本，而後其模式獨立存在於物質實相之外。」

換言之，我們的夢，連同我們的人格，獲得了某種它們自己的永恆性。賽斯說得很清楚：「每個人自出生以來，以他累積的、個人的、連續的電性信號，包括他的夢、思想、欲望和經驗來形成他自己的副本。然後當肉體死亡時，他的人格就離開他的物質形體而存在。」

第15章 可能的自己與可能的實相系統

一九六九年六月，當賽斯告訴我們，羅可能被他的一個「可能的自己」(probable selves) 拜訪時，我們眞嚇了一跳。在那時我們並不知道「可能的自己」是什麼，雖然賽斯過去曾用過一、兩次這個名詞。可能的自己**是**什麼呢？照賽斯所說，我們每個人在別的實相系統中都有對等者存在。不是一模一樣的自己或雙生子，但卻是其他的我，是我們「存有」(entity) 的一部分，他們以與我們這兒不同的方法發展才能。

這些「可能的人格」比我們「轉世的自己」跟我們的關係要更遠一點。比較像帶著些家族相似點的遠親。按我們至今所得的資料來看，他們有些人具有與我們不同的知覺方法 (methods of perception)。

舉例言之，在我們的系統，羅是個藝術家。幾年前他做了些醫學方面的藝術工作，他很驚訝他對它以及對醫學程序與術語的熟練，當他開始做時這些於他都還很陌生。羅的每一幅素描與繪畫都替他爲之工作的醫生贏得獎金。在這第四八七節中，賽斯告訴羅，在另一個實相系統中，羅有一個可能的自己，他是個醫生，以繪畫爲嗜好。這就是爲什麼羅那麼容易地喜歡上了醫學圖畫！

（對那醫生而言，自然羅是一個可能的自己。）

賽斯那晚告訴了我們不少有關這個「人」的事，並描述他嘗試用以接觸這個實相的方法。賽斯說：「在**你們**所謂的一個空間架構中，事實上存在著無數種物質。當然，用肉體的感官，你永不能知覺這些其他的系統。然而，對運用『內在感官』的高級訓練可以導至這種探究。你的朋友（可能的自己）是較高級的——就這點而言他的系統是較高級的。

「就像思維可以被送過空間，因此個人的意識也能被送過實相系統（別的次元）。就像一粒種子能飛過空中，因此個人的意識也可以遊過這些系統。但它必得受到保護。某些藥物可以保護它（所有這些都是羅的『可能的自己』由他的可能系統投射出來時所用的方法）。

「現在，這些藥物就像按時發散藥效的膠囊一樣，在某些期間減低刺激，而後當抵達目的地時則注入興奮劑。這過程是非常複雜的。藥物注射入肉體內，影響到腦。意識則投射而遊於體外。肉體的腦被保護不受衝擊，因為在這種情形下，意識以如此快的速度旅行，以致它與肉體的平常的聯繫將被切斷。

「然後給腦做某種注射，事實上是幫助在腦外的意識，並且作為滋養。不過，這只是現行的一種方法而已。這藥許可高度強化了的意識在管制期間以顛峯狀態運作，而所有心智能力都加速了。不過在這些週期之間，是無意識的時期，這具有保護作用。

「在無意識的時期，注入肉體的大腦的藥給大腦裡與『意識的射出』有關的那些部分更多的滋養。因此，雖則你可能的自己是在所謂伸手可及的地方，他有時是在這些『失去知覺—滋養』的時期內。

「以你們的時間來說，高度意識活動的時期歷時約三天，接著，按情況的不同，有一天到四天的休止。這牽涉到意識能量由一個老家系統轉移到一個陌生的系統。由一個系統到另一個系統必須有某些或多或少的自動改變，牽涉到腦波的應用——在不同的體系中，所謂正常的模式也有所不同。

「舉例來說，除了你們的科學家所發現的腦波之外，還有其他的腦波模式。當必要時，藥物有助於改變這些模式。如果在進入或離開一個系統時這些腦的模式沒變，至少理論上來說，意識可能會被陷在某一個系統內：加速或減速，你明白，但只是精神上的。」

課結束之後，當羅告訴我賽斯所說的話，有好幾分鐘我們只坐在那兒瞪著彼此。「你**可能**有一個可能的自己。」最後我笑著說。

「它眞的並非一個新概念。」羅說，「科學家曾創出一個『可能的宇宙』的理論。」

「但由你所告訴我的看來，賽斯說的是無限個可能的自己，」我說。「而且創立可能的自己的理論是一回事，去想他們中之一也許將與你接觸又是另一回事。」

羅說：「我準備好了。」的確，他在以後的幾週內，按賽斯建議做「心理時間」的練習，並試著直覺地警覺任何不尋常的事。同時我們又上了一節課，羅有好些問題要問賽斯。照賽斯所告訴我們的，這可能的自己是皮醫生，在他的實相系統中，他比在我們系統中的羅要老些。雖然他全神貫注於他的繪畫，這個興趣仍比他的醫學工作次要些。

「他正在研究以繪畫作治療，」賽斯說。「不僅用藝術作治療法來輔導病人，並且研究某些畫**本身**即有治癒效果這個概念。」賽斯繼續說。「某些畫能捕捉並引導觀者的治癒能力……畫家的意向銘刻於他所用的媒介與他的畫中。」

羅問：「皮醫生知道我存在嗎？」

「他知道你假設性的存在，」賽斯說。「他相信他有個可能的自己，而他正致力於拜訪這可能的宇宙。可是，他並不知道你會期待這樣的一次拜訪，或你可能計劃與他見面……他曾與兩個人研究這些藥物。

「當他離開時，他將能在他自己的系統中操作，你的心境和接受性將會傳給他，而作爲他能認出的一個招呼站。你人格中與之交感的一面將用以在你們之間打開淸楚的通道。當然，你明白這通路不是物質性的，然而到某個程度卻牽涉到分子的結構。」

「但我會看到他的人嗎？」羅問。「設若我們有了某種接觸，我會知覺到他嗎？」

「你會看到他——以全然具體化的樣子或是以一個異常鮮明的內在影像。但更甚於此者，你們之間應有一種心電感應式的內在溝通。你了解嗎，他也是以視覺爲重的，也許他能給你看，他自己的實相系統中的一些影像。他也許能在投射狀態中帶你到那兒，而從那一點你應能觀察你自己的系統，而在一系列的閃現畫面中非常清楚地看到你和魯柏的生活。」

「但他按我們的時間何時才會來呢？」羅很快地問，因爲快到結束的時候了。

「我相信在七小時之內他就會到你們的系統內，不論你能否感覺到他。藥物或許會有將他的影像染色的效果。所以不要驚訝於淡淡的黃或紫色。爲了一些我們今晚無法討論的理由，這實驗已進行了數週之久，一直到你們的秋季時才會再試。這與細胞結構的傳導性有關。並與在這個時期裡你們特定的大氣狀況有關。」

這節課在一九六九年六月九日舉行。賽斯再次告訴羅，「心理時間」的練習可以使接觸容易些（這些在談到心靈能力（psychic ability）的發展那章將有所解釋）。羅在那週做了好幾次這些練習，卻沒有與皮醫生達成任何接觸。六月十六日賽斯使我們驚訝地說，有兩次幾乎達成了接觸。

「所發生的是，在深於意識層面的非常短暫的人格特徵的融合。」賽斯說。「你倆都不知如何處理它，你們怕你們自己的身分弄模糊了，而且對他們內在的某些相似處相當害怕。可是，就是這些相似點才使即使是那樣（小）的接觸成爲可能。」

羅問：「這發生在什麼時候？」

「在當你的思緒突然改變方向時。我相信你有一個人體內部的精神性影像，或與內臟有關的一個思維。這發生在當你在更深的層面知覺皮醫生的出現時。」

羅**確會**作人體的畫像，因此這些資料對他來說是有道理的。不過他卻不記得任何有關人體內部的強烈內在影像。但他說他曾想到過身體的內部——這是我所不知的。賽斯繼續說，更完滿的接觸仍爲可能，「雖然皮醫生的焦點不太準，並且他出現的強度也變化不定。」

賽斯還又說了些有關皮醫生在他的實驗中所用的藥物，顯然它們保證意識不會太快地回到肉體的腦子。他又說有些方法「以使在旅行的意識大致的行爲和情形能在另一端控制住。假若有任何嚴重的危險時，意識能被拉回去。但這非常危險。」

倘若任何人有疑惑的話，按賽斯的說法，這可能的實相系統與我們自己的一樣「眞實」。對它的居民來說，它是由物質組成，而它只是物質與反物質間無數的系統或宇宙中的一個。皮醫生的系統裡的人民已假設有其他的可能宇宙存在。皮醫生是最早的探險者之一，主要是由於他優越的醫學背景。

這種在可能系統之間的旅行，是經由將意識投射於體外而達成，如摘錄中所解釋的。但這似乎牽涉了醫學、物理學和其他學科的密切銜接。在過去的其他聲明中，賽斯告訴過我們，任何在我們自己系統內的遠程太空旅行也需涉及精神的而非肉體的旅行。

如果，如賽斯所堅持的，我們有「可能的自己」，並且如果，除此之外，我們在這行星上有種種不同的存在，那麼，一個單一的靈魂的觀念又該怎麼說呢？

此地我要包括三節課的摘錄，在其間賽斯解釋一個實質事件與一個可能事件之不同，以及我們與可能的實相系統之間的關係。(記住羅和皮醫生都是「個別的人」，賽斯解釋這關係說他倆有像遠房表親一樣的親屬關係。）他以一個我認爲是對「全我」或「全部本體」與此生或其他存在之關係的極佳解釋開頭。

錄自第二三一節：自己與可能的實相

「行動就是行動，不論你能否知覺它；可能的事件就是可能的事件，不論你能否知覺它們。思想也是事件，希望和欲望亦然。人類系統對這些的反應與它對實質事件的反應一樣的完全。在夢中，常常在半意識狀態下經驗到可能的事件之一部分。這近乎爲一種「滲漏」(bleed-through)，我故意用這個名詞，因爲你們的錄音機可以用來作比喻。

「想像我是由某些錄音母帶所組成，你們的錄音機有四個頻道，我們將給我們的錄音機無數個頻道，每一個代表全我的一部分，每一個存在於不同的次元中，然而全是全我（或母帶）之一部分。你看如果說你錄音帶上單頻道甲比單頻道乙有更多或更少的確實性是很可笑的。單頻道甲可以比作你現在的自我。

「讓我們現在想像這些『自己』增多起來，因爲你有丙自己，丁自己、戊、己等等。現在在你的錄音機上，你有一個立體音響的設備，這使你能和諧地混合與組合各不同頻道的元素——在同時。我在這兒慢慢地講，以使你聽得更清楚，因爲我不常以立體音響純粹的清晰傳過來。

「你的立體音響設備可以比作我們所稱的內我。每一個自己按照他知道的本質以他自己的態度去經驗時間。當立體音響的頻道被打開，那時，所有的自己便知道他們的統一性。他們各自不同的實相混合爲全我的全盤知覺。

「直到全我能如此同時知覺他自己的各部分之前，似爲分離的各部分視他們自己爲單獨、孤立的。在他們之間有溝通，但他們不能察覺它。對每一個頻道而言，母帶是共通因素。現在內在自我是那導演，但全我（或靈魂）必須知道他自己，只內在自我知道是怎麼回事是不夠的，內在自我終必要使同時的各個『自己』都理解。

「全我的每一個部分必須知道其他的部分。我們當然不是討論像錄音機那麼簡單的一樣東西，因爲我們的錄音帶（自己們）是經常在變的……」

可能事件與實質事件之不同

「例如，拿甲事件來說，這可能事件將被自己的各個不同部分以他們自己的方式來體驗。當它被你的自我所經驗時，它就是一個實質的事件。當它被自己的其他部分知覺，自我並不知覺。

「事實上事件是完全一樣的，而對它的經驗則有所不同。因此全我知覺可能性並受其影響，全我把這些全看作是行動，不論自己是否選擇接受任一事件爲實質性事件。時間的先後順序也會有變化。過去、現在和未來只對你的自我才是實相。

「現在，如你所知，內在自我存在於『廣濶的現在』。『廣濶的現在』是全我存在於其中的基本時間。但**自己的各個不同部分，在他們自己的時間系統內，有他們自己的經驗。**

「很顯然的，當時間—經驗不同時，其心理的架構也必相異。例如，你們自己就可以看出，光是存在於意識與潛意識之間的種種心理變化……

「自我藉著向後看入『過去』，在其中找到它自己的一些什麼，以保持它自己的穩定性。儘管可能性的那一部分『自己』並沒有『過去』的經驗來給它們身分感或延續感。如自我所認爲的『永久性』對自己的這些部分而言是個陌生的觀念，並且非常的可厭，歸結就變成僵化。

「在此，『彈性』是關鍵性字眼，自己在被允許去探究每一個可能性時，即自動地隨之改變。經驗是可塑的。基本的身分感是由你可比之爲你所知的潛意識所維繫的。換句話說，是心理結構中的這一部分負有維繫身分的重任，而自我的經驗才眞是如夢一般。」

錄自第二三二節

「可能性系統與實質系統一樣的眞切，而不論你知道與否，你存在於其中，你只是不集中焦點於其中。偶爾，當你在夢境時，也許你會變得知覺到它（或你的可能自己之一）。我告訴過你們夢中影像有確切的實相，可能的事件也一樣，只是你看它們像是不具實體。

「例如，你可能夢見手中拿著個蘋果，醒來卻發現它不見了，這並不表示它不存在，但醒時你卻不知覺它。同樣，你並不『有意識地』知覺可能事件的確實性。可是，你全我的一部分卻相當介入這種可能的事件。你夢中的『我』可以適當地比喻為經驗到可能事件的『自己』。（那個『我』會把他自己視為完全有意識的，而視醒時的『我』為可能的自己。）

「讓我們這樣想：一個人發現他可以在三個行動中選一個，他選了一個而經驗到它。另外兩個行動也被內在自我經驗到了，卻不是在物質實相中。……然後內在自我再檢查其後果以助其做其他的決定。不過，可能的行動是確切地被經驗了。這種經驗組成了『可能的自己』的生活，就像夢中行動組成了夢中自己的經驗……在全我的所有層面間，潛意識經常的交換情報。」

錄自第二二七節

「你能集中焦點於其上的一個整體經驗，實在是由許多個小的整體經驗所組合成的，但實相的全部整體卻比這還大許多。自己的一部分能夠而且確實在以（與自我）完全不同的樣子去經驗事件，而這一部分走的方向不同。因為當你『有意識的自己』感覺某事件時，這自己的其他部分可謂分枝出去而進入自我本可經驗的所有其他的可能事件。

「自我因其限制必須選擇一個事件。但自己的其他部分能夠而且確實鑽入其他你可稱之為甲1，甲2，甲3的事件。在自我單單經驗甲事件所需的同樣長短的時間內，它能追求並經驗所有這些其餘的事件。

「這並不像它看來那麼牽強。你也許覺得握手是一項簡單的行動，你並不知覺組成這看似不重要的行動的上萬個小動作，但它們確實存在。你沒費時一一知覺這些動作，你以它們完成了的形式去知覺它們。可是自己的這部分有意識地經驗這些可能事件，其快速與你潛意識地知覺組成握手的上萬小動作一樣的快速。」

錄自第二二七節：人格與可能性

「自己的這些部分只是在不同次元的實相中運作，有不同的活動領域。在這個別的例子中，將全我的各個不同部分比之為一個家庭之各不同成員：男人也許在城裡工作，女人也許在他們鄉間的家中做活，三個孩子每個也許上不同的學校，他們全是同一家庭的成員，並由同一間房屋出來工作。沒有什麼基本的理由讓任何一個孩子不能在他父親的辦公室中待上幾天，但他將無法了解那兒的事情和活動。

「我試著使這比喻更清楚一些。這孩子在肉體上能適應在辦公大樓裡，你明白。實質上說，並沒有什麼圍欄把他摒擋於外，同時卻容許他父親進去。那男人也可以到學校去，但那種安排不會有什麼意義。

「在家庭之內，對它成員的經驗有一個大體的認知，但這些都是二手的，除了那些全家作為一個單位所共享的事。自己的任一部分對其他部分的經驗也有一種概括的直覺知識。

「不過，有些事卻會被自己的所有層面都感覺到——雖然是以他們自己的方式——而被當作一個單位經驗到。很少有這種事件，但它們卻是非常的生動，而它們——就像一個家庭的共同經驗一樣——能加強整個心理結構的身分感。

「再說一次：可能事件與由它們中被選而爲實質經驗的那一事件同樣的眞實。再拿我們的甲事件來說，它只是無數個可能事件之一……不過，爲了它的目的，有意識的自我選擇了甲事件。但直到自我經驗到這事件之前，它只是所有可能事件之一，並沒有任何不同。在你們的實相中，只在當它被肉體的我經驗之後，它才變爲事實……

「這些其他的可能事件在其他次元中變成一樣的『眞實』。附帶說一句，有一些有趣的挿曲，當一個嚴重的心理震撼或深重的無用之感引起了『短路』，以致自己的一部分開始經驗到它的其他可能實相中之一。我特別想到某些健忘症的案情，其受害人結果突然在一個不同的市鎭以另一個名字與職業出現，而不記得他的過去。在有些情形裡，這樣一個人是在經驗一個可能事件，但你明白，他必須在他自己的時間系統中經驗它。」

自然，在可能的宇宙和事件上，賽斯給了我們比這更多的資料。他也討論到與預知及時間有關聯的可能性。我們仍未能與皮醫生作有意識的接觸。在我寫這些時，我們正在接近賽斯所說，有可能再度達成接觸的秋季。

此種接觸的念頭非常的吸引人，我們無法不奇怪它會有什麼樣的效果，不僅是對羅和皮醫生，並且是對他們分別的實相系統而言。只因賽斯保證在某種條件下接觸是可能的，才促使我們加以考慮；不利於這種接觸的機率似乎這麼高。我們倆都覺得我們需要多得多的資料和努力。今後我們期待在這方面有更多的經驗。

如你們所能共見，此章中的許多摘錄也使我們對人格的性質看得更清楚。因爲人格**是**多重次元的，我們不能只在一個標題下討論它。在解釋它時，賽斯用一個幾乎是多重次元的方法。就此而論，不只是他說的話，在課中所發生的事也很重要。不久我將描述一個最近發生的非常重要的發展。可能它遠比字句更能展示出人格的多次元面貌。

你是誰或是什麼？面對所有這些「存有」和「可能的自己」的概念，你是否感覺迷惘？就你所了解的，**你**的角色何在？下一章，專談賽斯對人格的概念，你將明白你所知的那個你的本體是永遠長存的。

第16章 多次元的人格

不太久以前，一位年輕的心理學教授打電話給我，請我去本地學院他的班上演講。那是個約有十五個學生的小團體，所以我建議他們不如到我的公寓來算了。此人的態度一進門便很明顯了。就他個人來說，他是不會去碰一個靈媒的，即使是用一根十呎長的桿子。但既然他們存在，而且他還知道其中的一個，他感到有責任將他的學生「曝光」於此種現象。無疑的，他對自己的開明十分讚賞。

我講了兩個半鐘頭，談人類人格的潛能以及認識、發展和利用它們的必要；盡我之力解釋心電感應、千里眼和預知是什麼；以及做什麼實驗可以顯示它們的運作。最後我建議學生們做一項練習，如在我自己的班上有時候用的。每天我在門後釘上一幅「標的」(target)素描。這些女孩將試著「得到」對它的印象，並重新畫出來。到了指定的時間我便將我的畫寄給教授，他可以自己判斷猜中了多少。

我小心翼翼地──我自認為！──解釋暗示是非常重要的，而請教授在測驗期間要有客觀的態度。但是，我後來由他的一個學生處得知，他的態度絕非客觀也不科學。他讓學生由他的談話和一般行爲中得知，他認爲這種測驗不配予以嚴肅的考慮。怪的是，結果卻一點都不差，但他的態度這麼差，以致於只有五個女孩子參與這項實驗。我建議他也試試看，但他不肯；而他的態度使夠多的學生爲之氣餒，因此後來他可以說參與的人數很低，使得測驗結果不可能予以評估。他將所有猜中的全當作是巧合而不予考慮。

這位教授聰明、風度好又熱心。如果我們在不同的情況下認識，我也許會喜歡他。但他不願重新考慮或評價他對人格本質的成見。他失去了一個開擴他的看法的機會，以及，或許能找到令他信服人類人格遠比他假定的要更無限制的證據的機會。

這次的事和一些類似的事，使我對與所謂客觀的學者交往存有戒心。但並非所有的心理學家都如此心胸狹窄，或智性僵化。去年我有個學生在本地大學的夜間部選課，由於教授的鼓勵，她常在班上討論賽斯和我們的ESP班。我的學生想要按賽斯所解釋的人格的本質寫一篇報告，她問賽斯肯不肯爲這個目的特別講一課，她要錄音下來去放給大學班上聽。

賽斯同意了，並用ESP班的一整節課談此事。他對他自己的實相也說了些有趣的事。某方面來說，這並不是那種賽斯在私人課中所給的深奧討論，但對那些從不知賽斯資料的人來說，它包含了他對人格的學說之極佳簡明描寫。爲此之故。我要用其摘錄來開始這一章。

那天有差不多十個我的正規學生。賽斯擺出他最好的樣子：微笑著，常以一些輕鬆的說笑或評論打斷嚴肅的資料。大半時間他直接對要求這一節的那個學生講話，或是對那些沒在場的，她心理學班上的六十多個同學說話。整節課差不多有六張不隔行打字紙的長度。

賽斯開場道：「本體（identity）與人格不同，人格代表本體之可以在三度空間的存在中實現的那些方面……以你們的話來說，人格可能被環境所塑造，但本體**利用**這些經驗，卻不會攪得亂七八糟。

「『自己』實在是沒有限度的，在某個角度你能說自己向外伸展而包圍住環境。現今通行的有關人格本質的學說，並沒將心電感應或千里眼的存在以及轉世的事實考慮進去。實際上，你們所有的是一個單次元（一度空間）的心理學。可是，本體是在許多次元中運作的……」

然後賽斯對錄音對象的大學生說話。後來我們都認爲在某一方面來說，這節非常滑稽——一個我們看不見的人格，對一個缺席的心理系班級談人格的本質問題——可是賽斯顯然知道他在做什麼，因爲他用他自己不正統的溝通方法做爲一個恰切的例證。

「在這兒（在此節本身）你們有一個對人格本質的煽動性示範。」他說。「因爲我的人格並不是魯柏的，而他的也不是我的。例如，我並不是個從屬人格。我並不試圖駕御魯柏的生活，的確，我也不期望他會答應。我並不代表魯柏自己的任何被壓抑的部分。如你們在場的人所知，他自己很難說是那種肯受壓抑的類型！

「我曾幫助過他，使他自己的人格運作得更有效。他能更完滿地利用他的才能。但那可不能說是一種心理上的罪行。事實是，親愛的心理學班和教授，你們全都比你們所知的爲多。你們每個人都生存在其他的實相和其他的次元中。你稱爲『自己』的你，只不過是全部本體的一個小部分而已。

「現在，在夢中你的確與你其他的部分接觸。這種溝通經常在進行。但你的自我如此貫注於物質實相以及在其中求生存上，以至你無法聽到你內在的聲音。你必須了解『你是什麼』是不能在鏡中看到的，你在鏡中所見，只是你眞正實相的一個朦朧反映。

「在鏡中你見不到你的自我，見不到你的潛意識，在鏡中你見不到內我。這些名詞只是表現你內那些看不見也摸不著的部分。但在你所知的自己內有基本的本體——全部的內我。這全我曾活過許多次，它曾採用過許多人格，它是一種『以能量爲體性的人格』(energy essence personality)，就像我也一樣。唯一的不同是我沒在物質環境裡具體化。你並不是在死時突然獲得一個『幽靈』(spirit)的，你現在就是。」

然後，賽斯微笑著更深入地討論他自己的——和我的——存在問題。他開始說，他總是要我留意保持獨處和活動之間的良好平衡。然後他對心理學班的教授說：

「如果你想要的話，你可以稱我爲潛意識的產物。我並不特別喜歡這樣的一個命名，因爲它並不是眞確的。但如果你眞叫我是魯柏自己的人格之潛意識延伸，那麼你必須同意，潛意識是有心電感應和千里眼的。顯然，我曾顯示心電感應和千里眼的能力。因此，讓我提醒你，魯柏自己也有這種能力……然而，除非你願意分派給潛意識這些能力——你大部分的同事不願——否則我不能被認爲是源自這種潛意識。

「如果你**眞**願意放棄這一點，那麼我還有其他的辯辭。我的記憶並不是一個年輕女人的記憶，我的心智不是一個年輕女人的心智。我曾熟習許多職業，而魯柏對它們卻沒有記憶。我並非魯柏的一個父親形象，我也不是潛藏在女人心智後面的男人形象。我們的朋友魯柏也沒有同性戀傾向，我僅只是一個『以能量爲體性的人格』，不再具體化爲物質形象。

「人格和本體不必依賴物質的形體，只是因爲你想他們需要，所以你覺得這類的表演這麼奇異……你採用一個身體就像一個太空旅客穿了一套太空衣，而且是爲了差不多同樣的理由。」

賽斯早已知道，心理學班對賽斯的實相與對人格的本質同樣的感興趣。賽斯笑著說：「另外一點，這些賽斯課是定好時間的，因此是在某種控制的條件下運作。魯柏自己的人格絕不受它們威脅，而他的自我是被小心的迴護著的。它並沒被丟在一邊，反而被教以新的能力……我並不是由催眠而被人爲的『誕生出來』。在此對人格特徵並沒有人爲的干預。沒有神經過敏。魯柏允許我在高度控制的情況下用他的神經系統。我並沒有被授予一個隨時可以接管的全面性許可，我也不想要這樣的安排，我還有別的事要做。」

就我所知，賽斯提及催眠是因爲某些靈媒所經歷的「訓練」與催眠有關，在其中催眠被用來開始並且穩定「出神狀態」，偶爾用以召來「監使」(control) 人格的通訊。這在我的案例中並沒有發生，整個事情是自發的。雖然經過過去幾年的研究，我現在知道如何運用自我催眠，但我從沒爲了賽斯課而用它。

賽斯以略述覺察內我的各種方法作結。這資料將在後來的章節中提到。我的學生在她下次的大學課中放了錄音帶，因爲它需要的時間比預定的長，這心理學教授和有些學生後來就到她家裡去聽全部錄音帶並加以討論。

自然，賽斯的性格通過錄音帶比在紙上要更鮮明些，因爲他的音調變化和涵意很明顯。而且我們還錄了幾段對話，因此我正常的聲音可以與賽斯的比較，即使最像講課的私人課也總是被賽斯的表情生動化了，而這在他對一個團體說話時更爲明顯。

就算我們死後尚存，我們的哪一部分尚存呢？當賽斯給我們更多有關轉世和內我的資料時，我們自然覺得奇怪。有一個「全我」也許是很棒，但如果我珍・羅伯茲自身在死後被它吞沒了，那對我而言並不算什麼尚存。這就像是說當一隻小魚被大魚吃了後仍生存，因爲它變成了大魚的一部分。

但按賽斯所說，個人性（individuality）從不會失落，它永遠存在。複雜難懂的一點是，自己並沒有界限，除了那由於它的無知而接受的界限之外。我們個人的意識成長，而由它的經驗中它形成不同的「人格」或他自己的片段體。這些片段體——珍・羅伯茲是其中之一——在行動與決定方面完全獨立，然而內在心靈的各組成成分經常地與他們爲其一部分的全我相溝通。這些「片段體」自己也成長、發展，可以形成他們自己的存有或「人格完形」或（如果你喜歡）完整的靈魂。

賽斯說即使在這個生命中，我們每個人也有各種不同的自我，我們僅只接受「一個自我」的概念，作爲一種速記式的象徵。在此生中任何時刻的自我只是我們「浮現出表面」的那部分，內我用來解決各種不同問題的一組特徵而已。即使我們所謂的自我也經常在變。例如，現在的珍・羅伯茲與十年前的珍・羅伯茲不同，雖則「我」並沒意識到本體的任何特別改變。

我自己的經驗說服我，我是比正常所謂的「我」自己要多。例如在獲得千里眼的資料時，我的某一部分知道珍・羅伯茲通常不知之事。我的這一部分將這知識輸送給珍的自我。我相信這不止發生在超感覺力的情況，並同時與藝術性的靈感有關：我們調整週率到我們本體中更博識的那個部分。

當然，這些能力對你沒什麼意義，若你不學著去用它們，並自己去經驗它們的話。在早期賽斯課中，他描寫他所謂的「內在感官」(Inner Sensee)——內在的知覺方法。它能擴展正常的意識而讓我們對我們自己的多次元存在有所知覺，一直到相當時間之後我們才完全了解了這是什麼意思，以及我們能怎麼利用它們。我們仍在學習如何更有效地用它們。

如前所說，賽斯在課中對我們說的也由在課中所發生的事爲其後盾。當他談到潛在的才能時，我們發現自己正在發現自己的潛能。那麼，大致來說，我們個人的經驗確實印證了賽斯的學說。舉例來說，一九六五年三月八日的第一三八節是個恰切的例證。

那晚賽斯剛開始講到人格即行動。他所提出的概念對他整個的「本體學說」(theories of identities)是很基本的，而因他又說到意識的一些特徵，所以它們也是後來講到的「神」的觀念之基本資料。

在那時，我們在臥室中舉行賽斯課。臥房很小，有個小窗望向大院子。時當夏季，還幾乎無人知道這些賽斯課，而賽斯飽滿的聲音昇起到外面夜晚的空氣中，恐怕會引起一些我們還沒準備好回答的問題。羅坐著拿紙筆逐字逐句記錄，就像賽斯課一開始他就那樣做的。他常覺得相當熱，因爲我們將窗子關了以使賽斯課盡量保持私密性，尤其是由於鄰居們常常坐在院子裡（當我在出神狀態時我從不覺得熱，雖則不然的話我對熱是很敏感的)。

看了這些摘錄你便能看出賽斯對將發生的事的確有所暗示。由字裡行間你們中有的人甚至可能猜到有什麼在等著我們。

「本體可以說是意識到它自己的『行動』(action)。爲了我們討論的目的，『行動』與『本體』這些名詞必須分開，但基本上這些分隔都不存在。一個本體也是存在的一個次元，行動內之行動，在行動本身之上再開展出行動——經由這行動與它自身的互相交織，經由這個『再行動』(re-action)，一個本體便形成了。

「行動的能量，行動在它自身之內及之上的作用形成了本體。但，雖然本體是由行動形成，行動與本體並不能被分開，那麼，本體即行動對它自己的影響。沒有本體，行動便無意義，因爲那就沒有行動可以遂行的東西了。由於其本質，由於它本身與它本身的作用，行動必須創造本體。

這適用於最簡單到最複雜的情況。

「再說一次，行動並不是對某物作用的外力，**反之，行動是內在宇宙的內在活力——它是在內在活力想完全具體化的欲望及衝力，和它的無法完全這樣做之間的一個兩難之局**（dilemma）。

「這第一個難局終於導致了行動，而由行動在它自身上的作用，我們看到了本體的形成，而這兩者是不可分的。因此行動是所有結構的一部分。行動，由其本身並因其本質而形成了本體，而也就因其本質會像是毀掉了本體。因爲行動必然會涉及改變，而任何改變似乎都威脅到本體。

「不過，本體依賴穩定性是個錯誤的觀念。本體，因爲它的特性，將會不斷地尋求穩定，然而穩定卻是不可能的。這是我們第二個兩難之局。

「就是這在『本體』的經常希圖保持其穩定性，與『行動』天生求變的衝力之間的進退兩難，結果造成了那不平衡，而有那極精緻的創造性副產品——**對自己的意識**。因爲意識與存在並不是由微妙的平衡卻是由缺乏平衡而使之成爲可能。它是如此豐富地富創造性，如果平衡一旦能維持住，就不會有實相。

「我們有一連串創造性的緊張，本體必須尋求穩定，而行動則必須求變化，然而本體無變化則無法存在，因爲它是行動的後果並爲其一部分。本體從不是恆常不變的，因你自己從這一刻到下一刻，在意識上及無意識上已不是同樣的了。每個行動是一個結束，如我們先前討論的。然而沒有這結束，本體會停止存在，因爲意識若無行動就不再爲意識。

「因此，意識本身並不是一件『東西』，它是行動的一個次元，一個幾乎是奇蹟似的情況，由我名之爲一連串創造性的兩難之局 (creative dilemmas) 而使之成爲可能。

「可以相當容易地看出第二點是如何由第一點演化而來。我曾說第二點造成——且不斷的造成——對自己的意識。這並不是『自我』(ego) 意識，對自己的意識 (cosnciousness of self) 仍是直接與行動連接的意識。『自我』意識是由第三個兩難之局而來。它發生在當對自己的意識試圖將它自己與行動分開時。既然這顯然是不可能的，既然沒有行動則沒有意識或本體能存在，我們便有了第三個兩難之局。

「再說一次：對自己的意識包括了對在行動內的（並爲其一部分的）自己的意識。在另一方面，『自我』意識牽涉到一種情況，即對自己的意識企圖將自己與行動分離——是意識方面的一個企圖，想知覺行動有如一物件……而把行動知覺成是爲自我所創始，並將之視作是自我存在的一個結果，而非原因。

「這三個難局代表了實相的三個區域，在其中內在的活力能體驗它自己。而在這兒我們也有了爲什麼內在活力永遠不能完成完全的具體化之理由。活力之企圖將自己具體化所涉及的那項行動，就已加大了活力本身的內在次元。

「行動（內在的活力）永遠不能完成自己。不論它是如何具體化，它立時增加了更具體化的可能性。同時內在活力是自己發動的，只需要它極微小的部分就能播種一個宇宙。

「與我們早先的聲明符合，即行動必然會改變接受行動之事物〔基本上是它自己〕，那麼接著就是，我們的課所涉及的行動改變了課的本質。我曾說意識是『自己』集中焦點的方向，而行動暗示著無限的可能焦點。」

當賽斯在說你剛讀過的這一段時，我有一連串新的經驗。當然，我無法告訴羅，直到休息的時候。而的確，它們幾乎無法描述，最接近的只能說，當這資料用言語說給羅時，也由另一途徑給了我。我似乎是在「行動」裡面漂過各種不同的次元。

我**感覺**到賽斯所說的，好似字句已被轉譯成主觀的經驗。我倒像是被捲走而變成了另外的什麼東西，而非被否定我的存在。我的自我並未失落，但卻變成賽斯所說的那些觀念之一部分，我在它們內向外看。

將近結束時，羅問賽斯可否解釋發生了什麼事。賽斯說：「魯柏正經驗到『行動完形』(action gestalts)，正像所有其他的意識，他**即**行動；但今晚他是稍稍經驗到了行動，而沒有自我通常想分離它自己〔和行動〕的企圖。

「我在我們最後的討論中提及，這個資料會是將來賽斯課的基礎，另一個次元眞的被加入了課中。在我們繼續時，我希望指導魯柏沿著更直接的知覺的方向走。我告訴過你們可以期待這種發展。這些是自然的開展，並且會按照它們自己的性質和時間繼續下去。我期待這最近的發展還將包括另一個發展。」

這類的事開始經常在課中發生。我猜後來我們視它爲理所當然，沒有悟到第一回它給了我們怎樣的印象。我的經驗通常與賽斯所給的資料並行，按照賽斯的說法，這涉及內在感官的應用。而我的經驗意在指明，這種能力不但在我內存在，並且是每個人格的潛在能力。

賽斯說肉體和它的感官是專爲允許我們住在物質實相而有的設備，要知覺其他的實相，我們必須用內在感官——屬於內我的知覺方法，不論我們有沒有肉身它都在作用。賽斯稱我們所知的宇宙爲「僞裝」(camouflage)系統，因爲物質只是活力——行動——在其中所持的形式。其他的實相也是僞裝系統，在它們內，意識也有按它們特異的特性而設的特殊化裝備。但「內在感官」讓我們看到僞裝之下的東西。

這些「內在感官」屬於全我，而我們是全我的一部分。每一全我幫助並激勵它所有的人格。以我們通常所想的人格開始，「在運作中的自我之後，有一層個人的潛意識資料。在這之下是將人類看作一體的種族資料。在這之下，沒被扭曲而你只要要求就可擁有的，是內我與生俱來的知識，關於整個實相，其法則、原理和組成。

「在此，你可找到與生俱來的知識：關於你所知的僞裝宇宙的創造，所涉及的力學，以及許多我所給你的資料。你會發現存在於心理實相的氣候中的內我，幫助創造不同的存在層面，構建外在感官來投射和知覺這些層面，並構建在各種不同的系統中發生轉世的方法。在此你會找到你自己的答案，有關內我如何爲其自己的目的轉化能量，改變其形式，並採納其他的實相。」

說了這麼一大堆！賽斯是說我們每個人都能夠搆得到內我，「內在感官」助我們知覺三次元以外的實相，而我們能藉決心和訓練達到這知識。我們由自己開始，遊歷過我們自己主觀的經驗，由自我向內工作。肉體感官助我們知覺我們所知的外在實相，而「內在感官」助我們知覺內在的實相。

在某個範圍，羅和我都曾經驗大部分的「內在感官」到某個程度。且讓我們談談相當簡單的一個——「心理時間」(Psychological Time)。賽斯說：「由它的架構之內，你將可看出物質的時間是如夢一般，就像你一度以爲內在時間是那樣的樣子。你將發現你的全我同時向內並向外窺視，而發現所有的時間只是一個時間，而所有的區分都是幻想。」

當我們作「心—時」(Psy-Time)——如羅和我稱它的——我們的經驗似乎發生在通常的時間架構之外。就像是換了檔，因此知覺力在一個不同的境況中發生。例如，「心—時」是當我投射時旅行於其中的「時間」。在第九章裡提到，當我去加州的時候，在半小時之內我越過了六千哩，顯然在正常時間中這是不可能的。

更深一步地了解這題目需要更多關於時間的眞正本質的資料。因爲照賽斯說內我並不在我們所知的時間之內運作，而是透過某些幾乎完全忽視我們所知時間的知覺力。

那麼，問題便來了：我們怎能忽略時間？我們，或時間，具有什麼使得我們能將其一與另一分離的因素？你們有些人可能對這種問題不感興趣，但如果這問題沒有得到回答，其他的人會感到被騙了。賽斯並不忽略這種問題，而我將摘錄他對這問題的思考作爲此章的終結。此地賽斯部分地解釋了時間的本質，並顯示爲什麼基本上我們是不受其約束的。

錄自第二二四節：人格與時間

「過去像是一串電磁聯繫，存在於物質的腦與非物質的心智中。這種聯繫是可以改變的……

「未來也是包含在心智與腦中的一連串電磁聯繫，而這是你可以合理地給予現在的唯一實相。

「換句話說，過去與現在，其眞實度是一樣的。有時候過去可能變得比現在更『眞實』，在這種情形時，你在所謂的現在中對過去的行動反應。你認爲當然現在的行爲能改變將來，但現在的行爲也能改變過去。

「對知覺者來說，過去並不比現在更客觀或獨立。這組成過去的電磁聯繫大半是由各個知覺者所造成，而知覺者永遠是個參與者。

「因此，這些聯繫可以改變，而且這種改變絕非不平常的，它們在潛意識的基礎上自發地發生。過去很少是你記得的那樣，因爲就在事情發生的那一刹那，你已經在重新安排它了。當個人的態度與聯想改變時，過去也經常地被再創造，這是實際地再創造，而不是象徵性的。小孩的確仍在大人內，但他已不再是以前的那個小孩了。因爲即使是在大人內的小孩也經常在變。

「事實上，當這種改變不自動發生時，困難就來了。嚴重的精神官能症常常就是因爲一個人沒有改變他的過去而發生。再說一次，對『過去』能賦予的唯一實相，是以電磁性存在於物質的腦與非物質的心智中之象徵、聯想和意象。

「我現在是以你們的用語說話，你們應該了解這一點，因爲我將情況相當地予以簡化了。態度的改變，新的聯想，或任何無數其他行爲之一，即將自動造成新的電磁聯繫而切斷了別的。

「每一個行動改變了另一個行動——我們回到我們的基礎。因此之故，你現在的每一個行動都影響你所謂過去的那些行動。一粒石子所激起的漣漪散向**所有的**方向，我自己此時正處於相當危險的無路可退的狀態。記起你所知時間的本質，你就會了悟，在過去、現在與未來之間的明顯界線，只是由你肉體所能知覺的行動數量所引起的幻覺而已。

「因此，一個人可能在過去對尚未發生的事件反應；可能被你自己的將來影響；也可能在過去對將來的一個事件反應，而這事件在你們說來可能永不會發生。

「我確信你們記得在約克海濱所見的那一對？〔這事在第二章述及〕」

羅抬頭看，說：「不錯。」

「現在這對男女代表一種『時間—投射』(time-projection)，因爲事實上你們可能變成他們那樣兒。這在那時以一種可能性存在。你們知覺可能的將來的那一部分，而對它反應，而你們變成他們那形象的可能轉變並沒有發生。因爲過去、現在與將來同時存在，你沒有理由不能對一個事件反應，不論它是否恰發生在你通常觀察與參與的小小實相界。

「在潛意識的層面，你對許多以你的自我的知覺來說尚未發生的事反應。這種反應被小心地濾除，不允許進入意識。自我覺得這種例子很惱人，當被迫承認它們的確實性時，將會訴諸最牽強的藉口來解釋它們。

「的確，內我能知覺在肉體死後發生的事。它從未被『自我時間』所禁錮，它的知覺力只是被自我所抑制而已。內我能知覺在死後將對它自己發生的事件，以及它所未涉及的那些事件。

「然而，在所有這些例子裡都有不確定性，因爲可能的事件能與實質上將發生的事件看來一樣清楚。沒有一件事是預先注定的，任一事不止在它發生以前、當時、甚且以後也可能改變。再說一次，我**並不是**象徵性地說，我了解我將爲自己招致強烈的批評，而光是在這一個晚上顯然無法答覆那些批評。

「例如，有些限制必須加以清楚的說明。但在這些限制內，你將發現事件能被改變，並且是經常地被改變，而不管它們最初發生的那明顯的一刻。

「當然，這些都適用，除非一個人被完全地提出於物理時間系統之外。一個被謀殺的人不會完好無傷地回到物質生命中（雖則他可以以『鬼魂』方式出現，相信他自己仍活著）。

「結論爲：一個人很少是在過去事件的掌握之中的，因爲他經常在改變它。他也很少在將來的掌握中，因爲他不但能在它發生之前，且在它發生之後也還能改變它。

「再說一次：過去與將來一樣的眞實，不多也不少。因爲過去只以電磁流的模式存在於心智和腦中，而這些都經常在變……一個人將來的行動不依賴實在的、完結了的過去，因爲這樣子的過去根本不存在。」

我們即將發現這些概念並不只是理論。在下一章我會告訴你，我生命中最奇怪的一次經驗——在其中我被沖出了時空的世界。然後，同樣突然地被丟回到它裡面。

第17章　一個「未來的」賽斯

——賽斯課的起源

到現在我已對賽斯習慣了。起先那麼奇怪的賽斯課已成了我們生活中熟悉的一部分。我曾有——現在仍有——許多東西不了解，因此我希望多發展我的能力來學習更多東西，但我以爲賽斯課多少會保持一樣。現在回頭看早先的資料，我可以看清楚我應該早就知道我錯了。

一九六八年四月的一晚，我們安頓下來舉行我們例行的週一晚間的課。我坐在搖椅裡，不知道新的事情即將發生。羅如常坐在沙發上記錄。按羅說，賽斯的聲音那晚是不尋常地強而有力。我睜開的雙眼顏色非常深，賽斯似乎在注意地看他。

賽斯開始第四○六節，告訴羅在以後幾年這些資料將採取的方向。「我已給了你們一個概括的大綱，但我們有時間塡滿它。」他笑著說：「就那件事而論，大綱本身也還不完全……我們要論及在你們的僞裝系統及其他系統中的實相之本質，並且研究其有關的全盤特徵，不管它是在哪一個系統裡具體化。」

「這資料有些將自動解答了你們所關心的許多問題——你們的科學家曾處理的問題。我們將討論存在於所有的實相系統之間的相互關係，包括某些涵括它們全體在內的接觸點（point of contact）。這些不同的點能以數學方法推斷，而在你們未來的某一時候被用作接觸點，在某些情形裡將可取代太空旅行。」

這資料長達數頁，賽斯討論我們的課將來的內容。之後我們休息了一會兒。甚至在這一刻，我們也都沒覺察到這次與普通的賽斯課會有什麼不同。可是，就在我們重新開始時，我突然感到一股巨浪般的能量流過我，因此在它內「我」好像幾乎失落了，被捲走了。

當然我無法告訴羅我正經歷到什麼，但他開始懷疑有事發生了。賽斯的語氣變得非常強而有力，他密切地注意羅，此其一；他開始加強每一個字，此其二。

「如果你保持這些頻道開放而自由，你將得到在可能範圍之內最未被扭曲的資料，」他說，「魯柏所能達到的範圍是非常廣的，而我生存於其間的實相層面遠超過在物質系統內之人通常能達到的……你和魯柏必須注意，不要讓他因爲讀了被扭曲的資料而曲解了他的經驗。這〔種資料〕有它的目的，它以人們能懂的用語來解釋實相，有些好處，因爲那些背景和幻想都是人們所熟習的。不過，我們這兒不需要那種資料。」他繼而建議我別看那些「專談傳統的宗教主題，以那些有限的術語來解釋實相」的書。

此刻，當賽斯的講話變得更有力時，羅開始覺得了賽斯聲中新而怪的能量，我睜開的眼非常黑。羅開始抬眼看我，當他在筆錄中能抽出一秒時。

賽斯說：「在未來我們將努力給你倆一些對觀念的直接體驗。這些個實驗將與以聲音表達的觀念並行，並密切追隨之。它們將給你們對『當任何觀念必須以物質的方式來溝通時，所發生的不幸卻必然的意義之損失』隱約的一瞥，這將是一種不同的深入研究，一個頗爲獨特且具創意的發展，它將盡量不用那通常幾乎自動被加諸這種經驗上的固定形式的象徵，你懂嗎？」

羅說：「懂，」但他幾乎是自動地答；演說加快了，而他難以趕得上記錄。後來我們將一再地讀以上這一段，當——你馬上會看到——我發現自己幾乎「沒頂」。

賽斯的聲音繼續增強。「我是我說我是的賽斯（I am the Seth that I say that I am），但我也是更多。屬於我一部分的賽斯人格是我最能清楚地與你們溝通的那個部分。你懂嗎？」

羅點點頭，「我懂。」他又說。

「我的賽斯部分曾與你倆關係密切。因此在那方面來說，我也是。這與『人格能量原素』的定義密切相關。當然所有的人格都由它內萌芽。」

聲音變得甚至更有力了。羅想到請賽斯慢下來，但他不確知到底發生了什麼事，而想最好不要去干擾。

「在魯柏的人格內有一個奇特的角落，也偏轉進入（deflected into）於你自己的人格內，這讓他能相當無阻地達到由你們系統內最難達到的資料通道。在這節課中，在這一刻，接觸格外地好，同時對遠超過平時所經驗的能量也有路可通。魯柏以前覺察到此點，卻害怕打開這些通道，直到他覺得自己已準備妥善了。」

「在多次元中存在著一種幾乎可比喻爲心理上與心靈上的『迴旋面（warp）』。在魯柏人格的那一個角落是一個尖峯點，在那兒溝通和接觸得以發生。」

然後，賽斯令羅很驚奇地叫他結束此課。羅應按照近來所示下的過程來結束我的出神狀態。

（不久以前，我開始進入與以前比較起來特別深的出神狀態。賽斯曾建議羅叫我的名字三次。）

賽斯說：「今晚你有點越過了我平時讓你知道的我的人格。即使我繼續說話，還是結束出神狀態吧。」

羅叫了我好幾次，卻得不到反應。然後他觸及我的肩，我相當猛地跳了起來，這中斷了出神狀態。我也不知發生了什麼。那強力的能量一直流過我，如果我站起來，我覺得會被這力量推進而飛穿過牆壁。我覺得我的頭好大，好似我的耳朵在幾呎之外。這最後一種感覺並不是新的，在有些『心理時間』的經驗中我有過。但試想容納那能量又是另一回事。

我搖搖頭。「哇！如果我曾有過任何疑惑……不管發生的是什麼，它不是由我而來的，不是出自我自己的人格。」後來在我自己的筆記裡我寫下，「……巨大的能量彷彿流過我，謝謝天，這的確必然是由我之外而來的，而在我這一端，能量自動被譯爲字句。我感覺這是——幾乎——與最初的賽斯課同樣重要的一個發展。『接觸感』不可否認地在那兒，我的感覺是我眞的是與某個完全包涵一切的實相接觸了。」

下週三晚上當賽斯課的時間越來越近時，我有些猶豫。我們九點正開始，但羅立刻就知道這將不是節「正常的」課。其一，聲音不同，要像我自己的聲音多了，然而卻非我的。賽斯的低沉聲調、神態與特有的用字方法都沒有了。

聲音比平時要柔得多，羅必須注意傾聽才能聽到所有的字。「上節中的發展在第一節裡就已潛在，但它可能發生也可能不發生。如果它沒發生，那麼許多重要的未來發展就會被擋掉了。（賽斯的）聲音最大最強的那些點即常代表一個門戶，發展可以經由它而發生。可是，爲了各種理由，那個方法卻沒被利用。你明白，能量必須由聲音中導出，因能量已經貯積於聲音裡了。」

聲音變得更輕，幾乎是輕快的。「內在宇宙的法則（賽斯已經給我們過了）並不是在某些書上的法則。那些是想以字句來解釋內在實相的本質的嘗試。我必須把觀念解開理順，以便加以解釋。在這過程必然損失了許多。

「爲了實現這資料，可能的話，我將隨時幫助你倆達成主觀的體驗，那會塡滿了字句的空缺。這將隨情況而變，但在最近的發展後，現在比較可能多了。

「我所給你的每一個內在宇宙的法則，事實上只是以單次元用語所作小而不充分的聲明，然而它卻比大多數的要深多了，它是對在任何存在之下的基本事實所能作的最近似的說法，並且是我們必須在其中工作的環境下所能作的最好聲明。正如文字很少能暗示聲與色的實相給沒經驗過它的人，因此文字也只能給我們對實相的本質一些洞察力而已。我希望經由加入各種主觀體驗，有時可能使你感受到觀念。

「『內在感官』將讓你知覺內在存在的實相到某個程度。在這新發展中魯柏比從前更有效地利用了這些『內在感官』，達成聯繫的方法有些改變，這給魯柏一種不習慣的感覺。」

此地我只給了摘錄，但在說這些話的時候那聲音變得更輕快而中性，最後它穩定下來：高、清晰、遙遠，不帶感情。

「賽斯人格是個中間人，且是個適當的中間人。已經給你們的關於『人格完形的本質』的情報應使這發展看似合適。賽斯即我，然則我比賽斯更多。可是，賽斯是獨立的，如我一般的繼續發展，我們一同生存於『廣濶的現在』(Spacious Present)。

「他能比我更清楚地介紹某些資料給你們。」羅這次抬頭銳利地看，如果賽斯沒在說話，誰在說話？

「雖然我是〔上節中〕資料的來源，你們所知的賽斯有時是個不作聲的夥伴，幫助魯柏作適當的翻譯，而他個人卻退居一旁。早先的那些課賽斯從我這兒翻譯資料，以便魯柏能收到它。

「你們可以放心。你們所知的賽斯將永遠是這些課中的一個要素，他是我們之間的聯繫。他曾是我的一部分，我派他來會你們，他是自願參與的。」

此處我們有次休息，而我很輕易地脫離了出神狀態。這也給我一個機會告訴羅，課剛要開始前發生的事。我有個感覺：一個圓錐形降下來剛好停在我的頭頂上方。我並不認為有個眞的實質的圓錐形在那兒。但對形狀的感覺卻很明確。寬的一頭與我的頭差不多一樣大，窄小的一端向上，像個金字塔。

自此以後，我常覺得這種圓錐形效果，總是在這一種課中。此時課又重新開始，當那新聲音講話時，我立刻又感到那巨大的能量。「你一直與我有接觸，但你只能『看見』我的一部分。記住，所有的名字都是武斷的，我們只爲方便才用它。基本上說，賽斯或我的名並不重要，『個人性』才是重要的，並以你想都想不到的方式繼續下去。

「在最重要的方面，而且在唯一的基本的方面，我即賽斯。我分與他我的某些特徵，以與你接觸。再說一次，這賽斯人格是合理、獨立的，是我的本體之一部分，賽斯與我一樣在學習。

「僅作爲一個比喻，你可以稱我爲一個未來的賽斯，一個在『更高』發展階段的賽斯。不過，這不能照字義解釋，因爲我們兩個都是完全獨立而同時存在的。

「這些個別聯繫的造成是有其理由的。有些事件聯合我們，並在我們各個不同人格的發展中作爲一個轉捩點。以某種奇怪的方式，我現在是什麼與你現在是什麼是相連的。

「有些『接觸點』與你所知的時間無干，它們對所有的人格都很重要。因爲在個人自己之內，強烈的潛在心靈能力，有時生出了新能量的源頭。在這些點，整個新的『自己單元』(self-unit)的聚合物誕生了。他們的源頭發動了，如上面那句話所說。然後他們分散，走他們各自的路。但其共同的來源與最初心靈的誕生力量仍保留著。」

(在此處我有星辰誕生的視覺性的內在影像——我想，是一個將資料變成可認知的視覺術語的嘗試。)

「這些〔人格〕可以以完全不同的方式及在不同的次元中發展，但在他們之間仍存在著很強的交感吸引力。有一個接觸點，在那兒由這些不同次元中來的知識可以交流，而爲了尙無法告訴你的太多理由，魯柏是處於使這種交流發生的適當協調地位。

「這種交流，雖然在你們的時間內發生，依然對在其他次元你所謂你自己人格的未來發展負責，那些人格你能依次接觸到。我回過頭來看你，好比我由其中跳出的自己，但我比當你結束了我所經歷過的次元和時間後的總和還要多。

「因爲我已全然跳離了你，而對你們來說將是個外鄉人(alien)。你竟然能接觸到我就是個最了不起的發展。但如果你沒能接觸我，我將不是今天的我。」

此處聲音非常遙遠，高而清晰，這麼不像賽斯平常的聲音，使得羅仍頗爲吃驚。「可是，我比你所接觸的我這一部分還要多，因爲只有我的一部分經驗那實相。因此，這個資料不被扭曲是非常重要的，因爲大半的交流發生在與此非常不同的層面——〔那些層面〕與你們自己的系統連接得如此密切，即使最『不扭曲的』資料也被扭曲得非常厲害，因爲溝通者自己並不了解是他們創造了實相然後再加以描述。

「我已盡我所能給你一個了解，作爲未來的課的基礎。你過去所知的賽斯還是你現在所知的賽斯，因爲不論是我自己說話或透過他說話，他仍是中間人，我們之間的聯繫者。更有進者，他仍會以你們所知的他的樣子出現，有他自己獨特的必要的感情成分。

「我的人格結構非常不同——對我是很過癮的對你卻很陌生……我不要你覺得我拿走了一個朋友，我也是個朋友。在許多方面我是那同一個朋友。我其他的部分關注於別處，因爲我知覺在其他次元中我自己的存在，把他們保持在我注意範圍之內，並指揮我的許多的自己。」

當課結束後，羅和我秉燭聊天。我說：「眞是瘋狂。當我們有一節平常的賽斯課時，我有點感覺賽斯的『接管』，雖然我不喜歡這名詞。然而，跟這個人時，我卻走出了自己，我的身子被空空地留下來，而我到了另外的地方，似乎在某烏有之鄉與他接觸。不管那是什麼地方，我不知道自己是怎麼到那兒的或怎麼回來的。」

羅點點頭，在某方面來說，我們兩人都有近乎悲傷的感覺。我想我們是怕我們經常的賽斯課已成過去，而新的接替其位。羅說：「此外，我們怎麼稱呼這個新人格？」我們知道基本上名字並無意義，但我們覺得我們需要一個名字，一個標籤。這個新人格與賽斯到底有什麼不同？他能做什麼賽斯不能做的事？我說：「我希望它是更男性或更女性，一個中性人格似乎是那麼的奇怪。」

在我們的下節課——一九六八年六月八日的第四一九節——我們有些問題得到了答覆。在瀕開始之前，我又開始感到金字塔的效果。我有點窘地笑了，我移到我覺得是降下金字塔的正下方。

然後課開始了。一位朋友派特・諾來里在場。

「我已告訴過你我們是誰。我們是賽斯，凡我們說法時我們都被認作是賽斯。這存有在你們的時間出現之前就已開始。他與許多其他的存有都曾為早期能量形成為物質形式出過力。我們並不是單獨的做這工作，因為在你們的多少世紀以來，其他像我們的存有也出現而說法過。

「我們的存有由衆多有自己身分的自己所組成，他們有許多曾做過這種工作。他們的信息基本上永遠一樣，雖然他們溝通的時間和情況可能不同，因而渲染上不同色彩。

「在人知道音節以前，我們教人說話。我們採用看似恰當的任何人格特徵，因為在我們自己的實相內我們有一羣完整的內我，而我們全都是賽斯，我們試圖將實相翻譯成你們能理解的術語。我們改變我們的面容與樣子，但我們永遠是那一個。我們中有許多沒有以肉身誕生過，像我是其中之一。在某一方面來說，我們播種自己於無數的宇宙中。

「實質上你們會發現我的質量比一粒棕色硬果還小。因為我的能量是如此的密集，它存在於加強的質量中……也許像一個無限的細胞同時存在於無數的次元中，由它自己的實相向外伸向所有其他的實相。

「然而在這樣一個小質量中，這些強度包涵有電磁性的記憶和經驗，一個蜷在一個裡面，我可以遊歷過這些——就像我能遊歷過我所知的、為我一部分的『其他的自己』。然而它們又是如此美麗地非注定的，因為你並不是以完成的人格存在我的記憶中，而是在我的記憶內成長。

「你在我記憶中生長，就像樹在空間長大。我的記憶隨你的改變而變。我對你的記憶包括你的可能自己。所有這些同等者（coordinates）同時存在於一點，而不佔有空間……

「我告訴過你，魯柏的人格在空間裡像是一個迴旋面（warp），在某些同等者中它存在於特別的點，可作爲進入的途徑。通常人格是由存在於許多實相的成分所組成，而它是其頂峯。一個窗子無法看透它自己，但你們能透過一個窗子看。因此魯柏的人格……在那方面來說是透明的。」

下一節顯示給我們看這個新發展能有多麼不同，至少有幾分鐘它也使我幾乎嚇呆了。不過更重要的是，它打開了我們的眼睛，使我們看到了經驗的新的可能性，並示範了一個能在課的架構內發生的現象。

那晚我們的朋友菲爾——我早先講過的推銷商——不約而至。我們如常地在九點開始。賽斯跟菲爾談了些業務的事，並回答了一些他的問題。可是，在我們休息時，我感覺到現在已熟悉了的金字塔效果。當我們再開始，那另一個人格開始說話了。

由賽斯的低沉嗓音和活潑手勢的轉變對菲爾來說非常可驚，他以前沒聽過這另一人說話。現在我的身體幾乎像木偶，臉上也沒有表情。在聲音開始說話以前，我感到我的意識經由那隱形的金字塔被拉上去，就像通上煙囱的一陣風。不過，並沒有會發生任何其他的事的預兆。

那聲音道：「你們像玩遊戲的兒童，你們以爲每個人都玩這遊戲。肉體的生命並不是定規。在你們的地球形成之前，本體和意識早已存在。你們看見肉身，而假定任何一個人格一定是以實體的方式出現。意識是在物質後面的力量，除了這物質的實相外，它還形成了許多其他的實相。只因爲你們現在的觀點如此狹窄，所以你們看物質的實相似是存在的定規和方式。

「你們現在的意識的來源與能量從來都不是物質的。而我在的地方，許多人格甚至不知有一個物質系統存在呢！物質系統是一個幻象；但你們必須接受它，而從它的觀點試著去了解那超越它而存在的實相。既然這幻象存在，它就是眞的。你們的〔實相〕只不過不是我追求過的一個而已，我參與這些課的目的之一，是使叫魯柏的那個熟習內在旅行。他必須離開物質系統，而在如此做時建立起有利的習慣和途徑。」

對最後這句話，沒人特別去注意，直到那晚遲些的時候。聲音又繼續了一個短時間。我「回來」遭遇到一些困難。我覺得在上方很遠的黑暗裡懸著，但我也知覺到賽斯就在近旁。過了幾分鐘，突然賽斯大聲又清楚的傳過來了。兩者之間的對比如此顯著，甚至羅也嚇了一跳。賽斯開始開玩笑。「現在那個『老大哥』已完事了，我把我們的魯柏帶回給你們。」

一旦賽斯通過了，我很容易就由出神狀態出來。我們坐著聊了一會兒，然後又開始，讓我進入了一個此生最奇妙的經歷。這相當難描寫，因此我先引「另一個」聲音所說的：

「你們不知道你們自己的本體和實相的內在部分，因爲你們無法把它們客觀化，而因此不能知覺它們。在這些物質的製作上你們用了那麼多力量，以致你們已無力知覺除了你們自己之外的任何實相。再次的，像玩積木的孩子，你們注意力的焦點是在物質的積木上。

「你們不去知覺其他你可能知覺的形狀和形式。即使在對你們解釋其他的實相時，我必須用『形狀』或『形式』等字眼，不然你們不會了解我。你們由我們得到了你們的數學；眞正數學的一個影子，因爲此處你們又堅信關閉的實相 (hemming-in realities)。你們所謂的進步就是建造更大的積木。但我們無人會想忿怒地將你們的積木構造踢開，或告訴你們將孩子的玩具放開，雖然有一天你們會那樣做。

「後來，總有一天，你們全將由上方看進物質系統，好像巨人們一樣由小窗中窺視那時在你們位置的其他人而微笑。但你不會想留下來，或爬過那小的包圍體……我們保護這種系統。我們的基本而古老的知識和能量自動伸出去滋養所有生長的系統——」

此時我尖叫起來且開始猛烈地顫抖。羅以爲我沉重的搖椅即將翻倒。羅和菲爾跳了起來，在此過程中菲爾將他的一杯啤酒撞到地上，羅揉我的手想使我由出神狀態出來。

這次我由我自己那晚後來的筆記中摘錄：

當那人將物質實相比之為兒童的積木時，他說了將來我們回來窺視物質實相，像巨人們瞇著眼俯視孩子們在地板上玩積木（當這聲音說話時，我的眼睛當然是閉起來的，我不記得他說了什麼，但我查了羅逐字逐句的記錄）。在這兒某處，突然我看見一個巨人的臉看進我們的客廳，他的臉填滿了整個窗子。

下一刻我自己的身體，房間和其中的每樣東西開始長大到龐然的尺寸，我的身體變得巨碩，我能感到我裡面的器官在長大。同時所有的家具——一切東西——越變越大，彷彿這房間大得可以容下全城了。然而每件東西按比例擴大，保留其平常的形狀。

我並不是覺得這**好像**在發生，對我而言它是眞的在發生。我只是恐慌起來而開始大叫。羅花了幾分鐘才使我醒過來，但到那時我已自覺羞恥，覺得自己像個眞正的懦夫。

羅替我擔心不知我是否應繼續此節，但到此時我眞爲自己的小題大作難爲情，而且我知道這經驗很重要。我重回到出神狀態，但很快地我又將突然中止。

這是羅筆記中的一些摘錄，在還沒重新開始前：

我希望此節到此為止，但顯然珍仍要繼續或至少願意繼續，雖有那令人不安的經驗。

我試想說服她不要，但她的眼睛一直要閉起來……

「我在上去會那另一個傢伙的路上了，」她說：「我剛經過賽斯，他跟我開玩笑，關於什麼**重大的**經驗。」

「你為何不就下來？」我問。

「我不知道怎麼回來。」她說。

十點五十五分。珍以現在熟習的高而遙遠、非常正式的聲音重新開始。

「物質實相的積木對你而言顯得非常眞實，當你居住在它們的觀點中時。你的魯柏經驗到系統的『移居』(transmigration)。那並非有意要令他不愉快。這是他主觀的詮釋。最先他涉入一個顯微鏡般的探險。意識並不佔有空間——你必須了解這個。然後他又再進入你們自己的物質積木的系統之中。對比之下，那系統於是顯得巨大而令人恐怖。

「當我們達成接觸，他的意識和人格以密集的方式作一次旅行——以你們的說法，像是空中的一點微塵——意識被縮小成它的精華。由他的經歷我們讓他掉回到物質系統中，那時兒童的積木對比之下變成巨大……這是一個觀念性的體驗。」

在以上的獨白中，我主觀的經驗仍持續著。再次的，我並不知覺那聲音在說什麼，只在後來我才了悟我的經驗與這一段的意義平行。這兒是我的筆記的一些摘錄：

我開始感受到我們物質宇宙的精微本質，比較而言……這真難以言語形容。隨之有一陣孤單的感覺——我想是我自己的。在這人格開始說話前，我總知覺到在我上方的金字塔形。通常我「經由它升上去」。然而這一次，在遠在我上方的窗的一端我看見那個同樣的巨大的頭，向下看我和房間像是由顯微鏡看一樣。如果房間和裡面的每樣東西將要像早先它擴大那樣逼真地縮小——它真的是，我可以感覺到——我還沒準備好接受這經驗。

我試想找到我的聲音，告訴羅我要結束此節，但另一個人格正在用它。我一逕在用「我」字，但「我」是如此地成為那行為的一部分，以致我難以把自己與它分開。現在，不想幹了，我再試用我自己的聲音。

這次我「找到了我自己」，把我的精神集中起來，而在那人格歇一下時，找到了我的聲帶。差不多就在此時我看見那巨臉由金字塔形向下看我。在先前的那次，我不由自主地尖叫起來，在第二次，我發現有法子「找到」我自己的聲音，而結束這經驗。與賽斯一起從沒有這種問題。沒有另一個人格來的壓力要我繼續那經歷……但我必須學當我要時怎樣結束它。

我不相信這另一人格了解那經驗對我而言是很難過的，或就那件事而論，這種名詞對它有任何意義。就它來說資料應該以某種用語給我們，如此而已。我根本不知道它是否知覺我的反應。

可是整件事是非常嚇人的，如果一個心理學家想說這整件事只是幻覺，那他必得承認這幻覺可不是無目的的，而是清楚地指向一點，並為了一個目的。在這擴展事件裡我自己與行動之合一最初很嚇人。全盤而論我猜我反應得不錯，而在第二次事件中，當我覺得這一晚已受夠了便結束了它。第二回我不再是不管願不願意地被扔來扔去，在我預期到將要來的經驗時就打斷了出神狀態，因此我的確由第一次學到了教訓。

那節課已是一年多以前了。我們通常的賽斯課仍在繼續，而這另外的人格只偶爾會發言。我們稱它為「賽斯第二」。這些課常常使我涉入某種主觀的經驗，雖然現在我正在學當這發生時怎樣控制自己。例如，有次在休息時，羅好奇說不知無肉體的狀態是怎麼樣的。當重新開始時，我覺得自己似乎懸在空中，完全有知覺和警覺——但沒有身體，就我所知我沒有形體，但我保有全部「動的自由」——有點像是有意識的空氣。這次我沒嚇著，我明白我們正給羅的問題一個答案。在這經驗中，那無感情的、輕快的、遙遠的聲音解說非肉體的存在是怎麼樣的。

兩個人格的不同在最近一次ＥＳＰ課中特別顯著。在那次賽斯表現出他最快活的樣子，對每個學生表示個別的興趣，就像通常在這種時候那樣，我的臉部表情極活潑。賽斯特徵性的手勢很引人注意。在跟每個學生個別說了一會兒話後，賽斯帶著一絲幽默說：「我希望，我來到這兒像個『可愛的』人格，具有令你們感到可親的特徵。

「現在，這些特徵是我的，而我是我所說的我。但你們所知的賽斯只是我的實相的一小部分，那曾爲肉身的部分，能了解你們的問題。

「但超越這個自己還有另一個自己，又還有另一個自己，我對它們完全覺知。對那個自己，物質實相像是空中的一縷煙……那個自己不需要你們所知的認爲是我的特徵。」

聲音曾是活力充沛而洪亮，隆隆震耳。然後有一個休止。而後第一次那另一個人格傳過來了。賽斯所有的手勢和特殊的習癖全消失了。立刻那高遠中性的聲音開始說話。它幾乎是音樂性的，沒有變化像單音一樣。「而那個自己告訴你們，在人類實相和經驗之外還有一個實相，它是不能用人類的用語來說明的……

「雖然這種經驗也許在你看來顯得很冷酷，它是一種清晰似水晶般的存在，在其中經驗不需時間……在其中，內我把由不同的存在和轉世收到的所有的人類知識凝聚起來……因為所有這些都已存在於密碼中無法抹殺。你們現在也存在於這實相中……

「要知現在在你們物質的原子之內，所有意識的起源仍在歌唱，而所有你藉以認識自己的人類特徵仍舊存在……

「因此我是超越你們所知的賽斯的賽斯。在我內，那賽斯的知識與活力仍在回響。以你們的說法，我是一個未來的賽斯，但這名詞對我並沒有意義。

「我們給你們精神性的心像，依賴這心像你們學會形成你們所知的世界。我們給你們模式，你們肉身的自己是按照這模式而形成的。我們給你們錯綜複雜的、受祝福的那些模式，由它們你們形成每樣你們所知的實質物件的實相。

「你們腦中最微小的細胞是由我們給你們的意識模式所造成的。整個的網狀組織是由我們創始的。我們教你們形成你們所知的實相。」

第18章　神的觀念—創世—三位基督

簡而言之，這是說明賽斯對神的觀念的簡明片斷：

「以你們的說法他並不是人，雖然他經過人的階段；此處佛教的迷思（myth）最接近眞相。但他不是一個個人，卻是一個能量完形。

「如果你記得我所說的關於宇宙擴張的方式，它與空間毫無關係，那麼你也許可以模糊地知覺一個心靈金字塔的存在，它是由互相關連的、永遠在擴展的意識所構成。它同時而瞬間地創造宇宙和個人，賦予他們——藉著贈予個人性的見地——經久力、心靈上的理解力、智力與永恆的確實性。

「這個絕對的、永在擴展的、瞬時的心靈完形——要是你們喜歡可以稱之爲『神』——對它的存在如此有安全感，它能經常把自己分解又再重建。

「它的能量是如此的不可置信，它的確造成了所有的宇宙；而因爲它的能量是在所有的宇宙、系統和場（field）之內、之後，它眞的是知覺到每一隻落下的麻雀。因爲它即每一隻落下的麻雀。」

如前所說，賽斯資料並不忽略關於意識和實相的「開始」這類較深的問題，我眞的認爲這段特定資料就足以與我們這時代最好的形上學的作品相抗衡。爲此之故，我將以第四二六、四二七及四二八節的摘錄來繼續這一章。在此賽斯開始給時、空與可能的實相一個更完整的解釋，那可以領我們一步步地到一個對「神」的討論。

「你們的時空觀念是由你們的神經結構來決定的。

「這僞裝是被內我這麼富有技巧地創造及施行，以致你出於需要必得集中注意力於已被創造的物質實相。能使人產生幻覺的藥物改變了神經的作用，因而可以給你們對其他實相浮光略影的一瞥。

「當然，這些實相存在，不管你知覺它們與否。事實上，『時間』存在於當脈搏躍過神經末梢時，那麼，你必會經驗到時間的流逝，因爲這不是同時發生的過程。當在每一個知覺到的經驗間必有一段時間的流逝時，過去、現在、未來顯得非常可信與合邏輯。

「以你們的話來說，在許多其他的人格結構中，並沒有這種時間流失，每件事都是同時知覺，反應也幾乎是瞬間的。成長和挑戰並不是靠在時間內的成就或發展，而是以強度而論。這樣一個人格不只能反應與欣賞比如說你們現在的甲事件，也能體驗與了解甲事件的所有分枝和可能性。

「顯然的，這種人格需要遠超過你們所配備的神經系統。你自已的神經系統是物質性的，但它是以你『現在』的內在能力爲基礎。它是一個內在心靈架構的具體化。許多其他的人格結構不需要這樣一個**具體化**的知覺架構，但一個內在的心靈組織卻永遠在場。

「你們所了解的時間——過去、現在與未來被許多這些人格體驗爲完全是現在。不過，對另一些人格結構而言，你們的過去、現在和未來將被體驗爲完全是過去。

「那麼想像過去、現在和未來在你們的情形是『經驗』的一個單線描寫；可是，這根線無限制的延長。那麼，由別的次元來的別的人格結構，理論上可以由無限的觀點來觀察它。可是，還不止於此。這單線（代表物質經驗）只是你似乎沿之旅行的表面的線。它是你知覺到的線的全部，因此當你擬想別的次元時，你被迫以從線上方老遠的地方向下望它的觀察者的角度來想。

「事實上，隨著上面那個意象，僅只作爲比喻，在你自己的線之上方與下方有無數根線，全是一個不可想像的奇蹟般的網之一部分。然而，每根線不會是單次元的卻是多次元的。設想如果你知道如何做，應有方法由一根線像跳蛙遊戲般地跳到另一根線。你不會被迫以單線方式跟隨任一固定的線。

「現在，有些人格已發展到能夠這樣做了。可以說，每跳一次就形成一條新線。繼續用我們這比喻，想像你自己是『自己—甲』。我們讓你由物質實相的『甲線』開始，雖然你已經過了許多別的線才到了你現在的地方。

「不走捷徑或即使是普通的進程，任何一個『自己—甲』會沿著細細的『甲線』向著無限旅行。不過，在某一點，『甲線』將轉入『乙線』，同樣的，『乙線』將轉入『丙線』，以此類推。在某個無法想像的點，所有的線都會被通過。現在，在『甲線』，現在的『自己—甲』不會知覺到在別的線上的『未來的』自己。只能藉由遇到這些別的自己之一，他才能開始知覺到他正旅行過的這奇異結構的性質。

「可是，有一個自己，他已經旅行過這些路徑，其他的自己只是他的一部分。這個自己，在夢中與離魂（dissociated）的情況下，與其他各個『正上昇的』自己溝通。當這自己成長於價值完成中，他能變得知覺到在其他線上的這些旅人。他們對他而言會像是『未來的自己』。

「所有這些聽起來很複雜，但只因我們必須用文字來溝通。我希望直覺上你能了解它。在『同時』，最終的自己又在形成活動的新線，你明白嗎。他留在『後面』的架構可以被別人利用。

「很簡單，目的在以存在對抗**非存在**。我告訴你們我所知的，而還有許多我不知的。我知道必須彼此互助，而延伸和擴展是對『存在』的幫助。

「現在——這聽來將像是用語的矛盾——**是有**『**非存在**』。那是一個情境，並非空無一物，而是一個情境，在其中已知並可預期『可能性』，但卻受阻而不能表現。

「朦朧地，透過你們會稱之爲歷史的，(指所有靈魂意識的「歷史」——譯註）幾乎不復記憶時，曾有過這樣一種情境。那是個極痛苦的情境。當其時，創造與存在的力量已知，但產生它們的方法卻未知。

「這是『一切萬有』(All That Is) 必須學的教訓，而無法教給祂的。創造力最初是汲自這極大的痛苦，而我們仍舊可以看到這痛苦的反映。」

賽斯很少用「神」這個字，通常只在與習於以神學術語來思考的學生說話時才用。一般而言，他用「一切萬有」或「原始能量完形」(Primary Energy Gestalts)。

「這種討論有一些一定會遭到扭曲，因爲我必須以你們能了解的時間觀念來解釋。因此爲了你們的好處，我將談談當這些事發生時的無法描述的遠古。

「『一切萬有』仍保有對那情境的記憶，以之作爲朝向更新的創造力之一個恆常的原動力──以你們的話來說。每一個自己，作爲『一切萬有』的一部分，因此也記得那情境。爲了這理由，每一個細微的意識天生就有求生、求變、求發展和創造的原動力。『一切萬有』作爲一個原始意識完形欲求更進一步的存在是不夠的，祂的每一個部分也要有這樣的決心。

「但那極大的痛苦本身也被用爲一種方法，而那痛苦本身作爲一種原動力，其強度足以使『一切萬有』在『祂自己』內創始了**存在**的方法。

「如果──而這是不可能的──『一切萬有』的每一部分，除了最微小的最後一個『單位』之外全都被毀了，『一切萬有』仍會繼續。因爲在最小的部分內有全體的與生俱來的知識。『一切萬有』因此而保護了祂自己，以及祂所曾、正在及將要創造的一切。

「當我說到『一切萬有』，你必須了解我在它內的地位。『一切萬有』不知有別人，這並不表示沒有更多可知的。祂不知是否還有其他像祂的心靈完形存在。如果它們存在祂也不知道。祂在不斷地找尋。祂知道在祂自己的第一個兩難之局──當祂不能表達祂自己──之前，有另外什麼存在著。

「那麼可以想像，祂演化——用你們的話來說——了這麼久，而已忘了祂的起源，祂曾由另一個原（Primary）發展而來——同樣，以你們的說法——那『原』已早走了祂的陽關道。因此有些問題我無法回答，因爲在我們生存的系統內找不到答案。我們的確知道在我們『一切萬有』的系統內，創造一直在繼續，而發展永不停歇。我們能推論，在我們仍不知覺的另一層面也是這樣的。

「這極痛苦地找尋表達之路的第一階段，可以代表我們所知的『一切萬有』的分娩陣痛。那麼，假裝你在你自己內擁有全世界最棒的雕刻和繪畫的知識。它們像實在的一樣在你內悸動。但你沒有具體的工具，沒有如何造成它們的知識，沒有石頭，沒有水彩或任何這種東西的來源，你想產生它們的渴望令你心中作痛。作爲一個藝術家（這當然是對羅講的），對祂所感到的痛苦和原動力，這也許在一個無限小的尺度上可以給你一點概念。

「欲望、希望和期望統治所有的行動，並且是所有實相的基礎。因此在『一切萬有』之內，創造的希望、欲望和期望存在於所有其他的事實之先。這些欲望和期望的強度和活力而後變得如你們所謂的不可忍受，因此『一切萬有』被迫去找產生它們的方法。

「換句話說，『一切萬有』存在於一個『存在的情境』(state of being)，但卻沒有辦法找到表達祂存在的方法，這是我所說的極痛苦之境。然而如果沒有這一『段』收縮性的渴望，『一切萬有』不知能否集結足夠的能量以創造那在祂內、存在於可能的懸疑中的實相。

「想創造的痛苦和欲望代表對祂自己的實相的證實。換言之，這種感覺已足夠對祂自己證實祂的確存在。

「用你們的話來說，最初，所有可能的實相以如星雲般混沌的夢的樣子存在於『一切萬有』的意識裡。後來，這些個『夢』的不明確的本質越來越確切與生動。這些夢變得可以分清彼此，直到它們吸引了『一切萬有』的有意識的注意。帶著好奇和渴望，『一切萬有』對祂自己的夢付出更多的注意。

「祂然後故意給它們越來越多的細節，渴望有更多變化，而開始對這尚未自祂分離的產生了愛。當人格們仍只是在祂的夢中時，祂給它們意識和想像力。它們也渴望成爲眞實。

「那麼，以你們的說法，潛在的個體們在開始前或任何你們所知道的開始前就已有了意識。他們吵著想被釋放進入眞實，『一切萬有』以無可名狀的同情，在祂自己之內尋求方法。

「在祂巨碩的想像中，祂明白在那架構中無法發生意識的廣大無垠的孳生。如果這些可能性要被給予生命，眞實性 (actuality) 是必要的。那麼，『一切萬有』看到無窮盡的可能的、有意識的個體，而預見所有可能的發展。但它們困鎖在祂內，直到祂找到方法。

「這用你們的話說，是最初的宇宙的進退兩難之局。祂一直與之搏鬥，直到『一切萬有』完全捲入而被這廣大無邊的難題所包裹。

「如果祂沒解決它，『一切萬有』將面臨瘋狂。那眞的就會有一個沒有道理的實相，和一個動蕩不安的宇宙了。

「壓力來自兩處：一是來自已有意識但仍只是可能的各個自己，他們發現自己在『神』的夢中活著；另一是來自神，祂渴望釋放他們。

「另一方面，你可以說壓力只存在於神那方面，因爲創造物是存在於祂的夢中，但如此巨大的力量居住在這樣的原始金字塔完形（primary pyramid gestalt）中，以致於祂們的夢也被賦予了活力與實相。

「於是，這就是任何原始金字塔完形的兩難之境：祂創造實相；祂同時也認知在每一意識內存在的巨大的潛能。然後，方法想出了，祂必須把創造和可能性由祂的夢中放出來。

「這樣做將給他們眞實性。然而，這也表示祂將『失去』祂自己意識的一部分。因爲他們是被束縛於祂所含於其中的那一部分的。『一切萬有』必須放行。當祂認爲這些個體是祂的創造物的時候，祂保留他們爲祂的一部分，而拒絕給他們眞實性。

「讓他們走就是『失落』祂自己內部那創造他們的部分。祂已經幾乎趕不上開始由每一個個別意識冒出的無數的可能性。懷著愛和渴望，祂放走了祂自己的那一部分，他們自由了。心靈能量在創造的一瞬間爆炸。

「因而，『一切萬有』在那創造的努力中『失落』了祂自己的一部分。『一切萬有』愛祂所造物直至其中最卑微的。因爲祂認知每一個意識的可貴和獨特，他們每一個都是祂花了如此高的代價由這樣的一個情境中掙脫出來的。每個意識的每個發展都是祂的勝利和快樂，因爲這是對抗第一種情境的又一次勝利，而祂沉醉在祂每個子孫最微小的創造行動中，並爲之欣喜。

「由祂自己和從那情境，祂給予無限的可能性其生命。從祂的極大痛苦，祂找到藉表達而闖入自由的方法。在如此做時祂給了個別化的意識以存在。因此祂很有理由喜氣洋洋。然而所有的個體記得他們的來源，而現在夢著『一切萬有』，就像『一切萬有』一度夢著他們一樣。而他們渴望著那無量無邊的源頭……渴望藉他們自己的創造放祂自由並給祂眞實性。

「推動力仍然是『一切萬有』的，但個人性並非幻想。現在以同樣的方法，並爲了同樣的理由，你給在你自己夢中的人格片段體自由。你爲了同樣的理由創造，而在你們每一個內都有對那第一個極大痛苦——創造並釋放所有可能的意識進入眞實性的衝動——的回憶。

「我被派來幫助你們，歷來其他人也曾被派來，因爲當你們發展時你們也形成新次元，而你們也將幫助別人。

「在你們與『一切萬有』之間的這些聯繫永不能割斷。祂的知覺是如此纖細與專注，祂的注意力的確是以一個原創者的愛導向每個意識。

「這一節需要反覆閱讀，因爲含有一開始不甚明顯的暗示。」

換言之，按賽斯的說法，實相的全部架構包括遠超過轉世與在我們所知的物質系統內的發展。因篇幅限制，我們有關其他實相的本質的許多節，以及講「宇宙論」(cosmology)的課無法包括在此書中。最主要的要點之一，我想，是「神」本身並不是靜態的。有一大堆賽斯資料討論意識的潛能和成分，當它顯示在分子、人類與金字塔能量完形中時。所有這些都密切地連接於一個宇宙性的活動之網內。但如賽斯所說：「即使這全面的金字塔完形都不是靜態的。大多你們『神』的觀念都講到一個靜態的神，這眞是一個你們主要的神學上的難題。這『完形』的知覺和經驗經常在變在長，沒有靜態的『神』。當你說：『這是神。』那時『神』已經是另外的什麼了。我爲了簡單起見而用『神』這個名詞。

「『一切萬有』的所有部分都經常在變，包起來又打開。『一切萬有』尋求認識祂自己，經常創造祂自己的新面目。因爲這尋求祂自己就是一種創造活動。並爲所有行動的核心。

「『存有』(entity) 即是行動，永遠在轉移、改變。他們的界限一點也不專橫。有些人格可以是不止一個存有的一部分。像魚一樣，他們可以在其他的溪流中游泳。在他們內有他們所有關係的知識。

「任何一個人格都可以變成一個獨立的存有，這牽涉到一種高度發展的利用能量和其強度的知識。就像原子有活動力，心理上的結構也有。

「意識尋求認識它自己，因而認識你。你，作爲一意識，尋求認識自己，而變得知覺你自己爲『一切萬有』之一個顯明的個別部分。你不但由這總能量中汲取而且是自動這樣做，因爲你的存在是靠著祂的。

「並沒有基督教式個人化的『神之個人』(God-individual)，」賽斯說，「但你的確能通達『一切萬有』的一部分，一個與你高度調適的部分……，『一切萬有』有一部分導向並集中焦點於每個個人內，居於每個意識內。因此，每個意識都被珍愛，並受到個別的保護。整體意識的這一部分在你內個人化。

「基於人對他自己心理的渺小認識，神的位格常被想作是個單次元的觀念。再說一次，你們所喜歡認爲是『神』的，是一個能量完形或金字塔意識。例如，祂知覺到祂自己是你，約瑟。祂知覺到祂自己爲最小的種子……『一切萬有』的這一部分知覺祂自己爲你，集中焦點在你的存在之內，當必要時可以向祂呼援。

「這一部分同時也知覺祂自己爲比你更多。**認識祂自己爲你並爲比你更多的這個部分就是個人的『神』，你明白**。再說一次，這完形，這個『一切萬有』的一部分留心你的利益，你可以私下向之求助。

「祈禱包含了它自己的回答，如果沒有白髮蒼蒼的仁慈天父在聽著，那麼反之有造成現有一切的那最初並永遠在擴展的能量，每個人都是祂的一部分。

「在你們聽起來，這心靈完形可能不具人格，但既然祂的能量形成你這個人，這怎麼可能呢？

「如果你們喜歡叫這超級心靈完形爲『神』，那麼你們不得企圖將之具體化。因爲祂是你們的細胞之核，比你們的呼吸於你還要親密。」

在另一節，賽斯這樣解釋：「你們是共同創造者。你們稱爲『神』的是所有意識之總和。但全體卻比祂的部分之和要多。『神』比所有人格之和要多，但所有的人格即爲祂。

「創造不斷在繼續。在你內有一個力量，知道如何使你由胚胎長成爲人。這力量是所有意識內與生俱來的知識之一部分，它是在你內的『神』之一部分。

「你對生命和你的世界的責任的確是你的，它並不是由一些外在機構逼到你身上的。你形成你自己的夢，你形成你自己的物質實相。這世界即你，它是造成它的那些內我的物質具體化。」

但如「神」不能被具體化，基督又如何？賽斯說他並不是以一個歷史人物的身分存在的。「當人類在水深火熱中時，會叫來像基督這樣的人。人類會找尋原是由它本身產生它所需的人物，來給予它力量……

「在歷史上有三個人，他們的生命變得混在一起，而他們組合起來的歷史被認爲是基督的一生……他們每一位在心靈方面都有極高的稟賦，認知他的角色，並且甘願接受它。這三人是同一個存有(entity)的一部分，在同一個時代獲得了肉體生命。可是，他們卻不是同日誕生的。這存有爲何沒以一個人的身分回來是有理由的。其一，一個存有的全部意識對一個物質的媒介來說是太過強了。其二，這存有想要一個非如此不能得到的更多樣性的環境。

「這存有一度生爲施洗約翰，而後他又以另兩種身分降生。其中之一包含多數基督故事所論及的那個人格……以後我再告訴你關於另一位。在這一個存有的三部分之間經常有溝通，雖然他們生死異時。人類由它自己的心靈庫存中，從可資應用的、已個人化的意識的聯合庫存中徵召這些人格。」

在馬丁路德·金被刺後，我班上的學生相當難過，像全國、可能全世界各地的許多人一樣，我們開始討論暴力的意義。在我們談話的中途，賽斯傳過來了。

「你們被給以自由意志。在你們內有藍圖，你們知道作爲一個個人、人民、民族，人類應該成就什麼。你們可以選擇忽略那藍圖。現在：用你們的自由意志，你們已將物質實相弄得與本來的意向相當的不同了，你們讓自我變得過分發展，並且過分突出。在許多方面來說，你們是在夢中，是你們把夢弄得太成眞了。你們是該解決問題及應付挑戰，但你們應永遠知道你們自己的內在實相以及你們非肉身的存在。你們已大半與這失去聯繫了。你們對物質實相如此專注，它變成你們所知的唯一實相了。

「當你殺死一個人，你相信你永遠殺死了他。因此，謀殺是一種罪，而必須要加以處理——因爲你創造了它。死亡並不是以這種方式存在的。

「在肉身存在的黎明，在歷史開始前的黎明，人們知道死亡只不過是換一種形式而已。沒有『神』創造謀殺之罪。沒有『神』創造悲傷或痛苦……再者，因爲你相信你能謀殺一個人而永遠結束他的意識，那麼謀殺便存在於你們的實相之內，而必須加以處理……金博士的刺客相信他已永遠毀掉了一個活的意識……但很幸運的，你們的錯誤與過失都不是眞實的，不會影響實相，因爲金博士仍舊活著。」

我的班很小，但學生年齡由十六一直到六十。一晚我們正在討論學生暴動，卡爾和蘇都剛二十出頭，他們一向堅守非暴力與和平的概念。可是，年紀大些的學生開始含恨地抱怨學生的騷動，直到蘇有些冒火地說：「好吧！我也是反對暴力的，但有時暴力是合理的——」

她幾乎還沒說出這些話賽斯就打斷了她，每個人都驚跳了起來。在討論的高潮中賽斯和ESP一概都被忘掉了。現在賽斯的聲音眞的隆隆震耳。「暴力永遠是情無可原的。恨永遠是情無可原的。謀殺永遠是情無可原的。那些不論爲何緣故耽溺於暴力的人們，他們自己已變了，而他們的純潔目的已被沾汚。

「我告訴過你們，如果你們不喜歡你們世界的情況，你們必須改變的是你們本身，個別地和集體地。這是改變能生效的唯一方法。」此處賽斯瞪著卡爾說：「如果你這一代或任何一代要實現一個改變，這是可以做到的唯一方法。我現在所告訴你們的，世代以來就說過了，全看你們（對蘇和卡爾點頭）要不要聽。

「詛咒一朵花和詛咒一個人都是錯。不尊重任何人或恥笑任何人都是錯。你們必須尊重你們自己，在你們自己內看到永恆活力的精神。如果你們不這樣做，那麼凡你們所接觸的都被你們所毀。你們也必須彼此尊重，因爲在他內有永恆活力的火花。

「當你詛咒別人，你就詛咒了自己，那詛咒回到你身上。當你是粗暴的，這暴力回來……我跟你們說，因爲你們有機會（來改善世界情況），你們有時間，不要再陷入那正會把你們導向你們所害怕的世界的老路。

「當每一個青年拒絕參戰，你們就將有和平。只要你們爲利益和貪婪而戰就不會有和平。只要一個人爲了和平之故而做出暴力行爲，你們就將有戰爭。不幸的是，很難想像所有國家的所有青年會同時拒絕參戰。因此你們必須解決暴力所帶來的暴力。在下一百年之內那個時間可能會來。記住，你別以暴力保衛任一意念。

「一個有仇恨的人，他的恨沒有不向外反映而具體化的。一個有愛心的人，他的愛沒有不向外反映而具體化的。」

第19章 内在感官

——何謂内在感官以及怎麼用它

在我最近的一節課中，賽斯說：「如果你們肯暫時將你們視爲當然的自己擱在一邊，你們便可以體驗到你們自己多次元的實相。這並非無意義的好聽的話。並不是因爲我想吹噓一些理論才對你們反覆申說，我要的是你們把這些概念付諸實行。」

有個學生問：「你究竟要我們做些什麼？」

「第一，你們必須試著了解實相的本質。在『賽斯資料』中我已開始解釋了一點點。五百多節課僅只代表了一個大綱，但作爲開始是夠了。這些概念本身就會令你們絞盡腦汁。我已告訴過你們除了肉體感官外，還有『內在感官』。這些感官使你們能知覺存在於物質世界之外的實相。你必須學著認知、發展和利用這些『內在感官』。在資料中給了你們方法。但必須等你們了解這資料之後才能利用它。

「且容我大言不慚的說，這資料本身製作得很聰明，因此當你拼命格鬥想了解它時，你已經開始用你視爲當然的能力之外的能力了。

「首先，你必須停止與你的自我全盤認同，而了悟你比你的自我知覺得更多。你必須要求自己勝過你所曾要求的。這資料不是爲那些願意用繫上緞帶、漂漂亮亮包裝好的眞理欺騙他們自己的人。那些眞理被分解分包，以便你們能消化。那種資料適合某種需要，但我們的資料要求你心智與直覺的擴展。」

有個學生帶了個朋友——瑪琍。當賽斯說完了，她皺著額頭對我說：「但如果我們暫時將自我放在一邊，我們不是失去意識了嗎？」

我沒機會回答，賽斯替我答了——他的方式。他說：「你是一個本體，假裝你拿著個電筒，而這電筒即意識。你可以把這光轉向許多方向，但反之你有沿某一途徑照射它的習慣，而忘了那兒還有其他的途徑。

「你唯一要做的只是把電筒的光轉向其他的方向。當你改變了方向，你過去曾集中照射的途徑會暫時顯得黑暗，但你能看到其他的實相和形象，而且並沒有什麼東西阻止你將電筒的光再射向原來的位置。」

賽斯用了幾種比喻來解釋此點。他在另一節中說：「你不止有一個有意識的心智。我們要你改變你知覺的頻道……如果你把平常用的有意識的心智當作一扇門，於是你站在這心智的門檻向外看入物質的實相，但還有其他的門……你有其他的有意識的自己……

「那麼，你並不會變成無意識。你並不需要感到當你將平常有意識的心智擋在外時，就只有黑暗存在。確實，當你關閉一扇有意識的心智一門(mind-door)的時候——在你開啓另一扇門之前，會有一剎那迷失方向感(disorientation)。

「同時你也的確需要學習知覺其他實相的方法，只因你已不習慣操縱你自己這些其他的有意識的部分。但這些部分與你普通所熟悉的意識同樣重要——甚至同樣有智力——同樣確切且同樣眞實。」

賽斯堅持只有一種方法可學到意識是什麼：藉由研究並探究我們自己的知覺，藉由改變我們注意力的焦點，而以盡可能多的方式用我們自己的意識。他說：「當你內省自己時所涉及的努力，便已延伸了你意識的限制，擴展它，並且允許自我性的自己用它通常不知它擁有的那些能力。」

「內在感官」的重要並不在它釋出我們的「千里眼」或「心電感應」的能力，卻是因爲它讓我們知道我們自己不受物質的拘束，讓我們認識我們獨特、個人性的多次元本體。如果我們正確地利用「內在感官」，它也能顯示給我們看肉體存在的奇蹟和我們在其中的位置。我們能過更聰明、更富足、更快樂的肉身生活，因爲我們開始了解我們爲何在此，不論是以個人或以民族論。

例如，「內在感官」幫助我們用心電感應的能力。這並不是說我們總能「透視人心」，而是指在家庭、事業或社交的接觸中，我們會直覺地感到別人正在跟我們說什麼：我們會知道隱於字句之後的意義。因我們知道自己的感覺是什麼，我們也更能以言語溝通我們內在的感覺。我們不會懼怕它們或覺得有掩飾的必要。

有時候，我們能「透視人心」——雖然這是個流行用語，不大合適。但要正確地用「內在感官」，必須要很平順地用它們，常常把它們混合在一起。例如，我們常弄不清到底我們是收到「千里眼」還是「心電感應」的資料。不過這並沒關係，我們在用「內在感官」時增加了我們知覺的整個幅度。

當我在寫這個時，我一邊收到有關我的環境的各種資料，但我幾乎不自覺自己在這麼做。我確實沒有有意地分開視覺和聽覺的資料，除非我停下來去想它，雖然我知道我經由不同的感官收到這些消息。所有的身體感官同時運作，來給我們我們的實相之畫面。我們經常由意識不察的深處同樣地運用「內在感官」。為了要加以解釋，我們必須分別描寫它們，雖然它們的效果是一齊感覺到的。

賽斯早從一九六四年二月後，就開始列出「內在感官」的名稱與其解釋，我們仍在學習如何加以運用。我照他所列的次序，由他的描述中摘錄一、二。

內在振動性觸覺 (Inner Vibrational Touch)

「把『內在感官』設想為通向內在實相的途徑。第一種感官涉及一種具直接性的知覺——即刻的認識，經由我只能名之為『內在振動性觸覺』的感官。想像一個人站在一條有房屋、樹木及草皮的典型街道上。這感官能讓他感受在他四周每一棵樹的基本感覺。他的意識會擴展到包容了

『作爲一棵樹是怎麼回事』的經驗——任何一棵或所有的樹。在他注意力的範圍內，他感覺到爲(being)任何他選擇的事物——人們、昆蟲、草葉——的經驗。他並不會失去他自己是誰的意識，但能知覺這些感覺就有點像你現在感覺冷熱那樣。」

這感覺相當像「心領神會」(empathy)，但生動得多。(賽斯說我們現在不能經驗到這些內在感官的全部強度，因爲我們的神經系統無法應付這麼強烈的刺激。) 很難將這種經驗歸類，但我想在下例中我是在用「內在振動性觸覺」。

有天晚上比爾和蓓來訪時，一位鄰居也來串門子。波麗是個頗情緒化的年輕女人，她問我能否「接收到」關於她的任何印象？我說我累了而予以婉拒。事實上我感到她是處於不舒服的「亢奮狀態」(highly charged)，而我不想捲入其中。顯然我的好奇心戰勝了。我轉換到我的「內在感官」以找出到底出了什麼毛病——但我並不自覺在如此做。(在用「內在感官」時，就像任何其他事一樣，我們必須學會「愼思明辨」。)

我幾乎立刻看到她在一九五〇年還是少女時的模樣。她躺在醫院病床上，正在陣痛。在我的客廳裡我都能感覺到那陣痛。這經驗格外地生動，痛也很眞實。我看到一位較年老的女人和一個青年在病房裡，我能夠描寫出他們。波麗證實他們爲她的前夫和前夫之母，但否認她有孩子，雖然她說有個女友在同一年生了個私生女。

一開始那陣痛嚇著了我，因而我只是不加思索地說出在發生的事，我並沒要使波麗受窘。後來我自覺很傻，對自己很生氣，猜想陣痛這事只是某種潛意識的戲劇化。兩年後波麗搬到另一個城去了，在她走前，她告訴我那插曲果有其事，那孩子是她自己的。我對病房的描寫也與她的病房符合。自然她不想任何人知道孩子的事，她已被送交領養（反正不關我的事）。她來看我們的那晚，因爲多年來她第一次接到孩子父親的信，她一直在默思孩子誕生的事。也許這就是爲什麼我「接收到」這件事，在這件個案裡我用了內在振動性觸覺來察覺她的感覺。

但一般而言，這第一種「內在感官」可能極具價值，導至經驗的擴展、更深的了解和同情。練習去用它，你能感覺任何生物的活潑潑的情緒成分，對它的活力感到歡喜。它不會減損個人性，也不暗示心靈的侵略。我們不要作心靈的窺視者，但應只用這些能力去幫助別人，或像用我們的肌肉和骨骼一樣快樂地用它。意圖是很重要的，但我不信你能在任何基本方面誤用這些官能；如果你沒準備好，尚不能好好地利用它們，你自己的人格會注意根本不讓你有意地用它。

心理時間（Psychological Time）

「『心理時間』是一個天然通道，意在給由內在世界到外在世界並再回頭的一條簡易通路，雖然你不是這樣用它。『心理時間』本來使人能相當安逸地生活在內在與外在世界中……在你運用它有所進境時，當你意識清醒時你也能在它的架構內休息。它使你的正常時間更持久了。從它的架構你可以看出物質時間與你以前所以爲的內在時間一樣如夢似幻。你會發現你的全我在同一刻向內又向外窺視，你就明白所有的分界都是幻覺。」

事實上，練習應用「心理時間」會導致別的「內在感官」的發展。在「心—時」——姑名之——你只是將你注意力的焦點轉向內。你獨自安靜地坐著或躺著，閉上雙眼，假裝在你內有一個與物質世界一樣生動眞實的世界。關閉你的肉體感官。如果你想要的話，你可以想像肉體感官有一個刻度盤，你把它們一一關上，然後想像「內在感官」有另一套刻度盤，想像你把它們打開。這是一種開始的方法。

不然，你也可以就只安靜地躺著，集中注意力在一面黑幕上，直到形象或光出現其上。在你摒除了外界分散你注意力的事物後，可能腦海中馬上會浮現你的憂慮和日常瑣事，不要專注於那些。如果這些念頭眞的佔據了最受注意的地位，那你還沒準備好，不能向前進行。首先你必須擺脫日常瑣事和憂慮。

既然我們一心不能二用，你可以再次將注意力集中於黑幕上，或集中於任何一個想像的影像——這會消除掉討厭的憂慮。或者你可以假想這些憂慮有其面目，然後「目送」這些影像消失。

在某一刻你會感到很警覺很清醒，但非常輕飄飄。在你腦海中你可能看到明亮的光，或聽到聲音，其中有些可能是心電感應或千里眼的訊息；有些則只是潛意識的畫面。當你繼續練習，你會學會分辨它們。

當你繼續練習下去，你漸漸會感覺到與我們所知的時間分開了。你可能有各種的主觀經驗，從第六感的插曲到得到靈感和指引的簡單片段。例如，在「心—時」中，有時我有出體的旅行。這種感官導至復甦、放鬆、平靜的感覺，它可以為不同的目的用在許多地方。我的學生現在大半擅於應用這種感官，並用它作為其他經驗的前導。

知覺過去、現在與未來（Perception of Past, Present, and Future）

「如果你記得我們那個假想的男人，你便記得我說他站在一條街上，用第一種『內在感官』，他感覺到所有在他範圍內的每個生物的單一本質。用這第三種感官則會擴展這經驗。如果他選擇如此做，他會同時也感覺到在他範圍內每個生物過去和未來的本質。」

記住，按照賽斯的說法，全我經常在用這些「內在感官」。既然過去、現在和未來並沒有基本的實相，這感官允許我們透視明顯的時間屏障。我們看到了事情的眞相。任何預感都需要運用這種感官。當我們在作「心—時」的時候，常常自發地用這感官。

觀念的感官（The Conceptual Sense）

「第四種『內在感官』牽涉到對一個觀念的直接認識，遠超過僅只是理智上的認識。它涉及了對一個觀念的完全體驗。觀念有我們所謂電性的與化學性的成分（就像思想一樣），意識的分子和離子變成了觀念（的分子和離子），然後我們可以直接體驗它們。除非你能**變成**某個生物，你才能眞正地了解、欣賞它。

「你用『心理時間』（作爲起點）是達到近似一個概念的最好辦法。坐在安靜的房間裡，當一個概念來了，不要以理智去玩味它，卻以直覺接納它。不要害怕陌生的身體上的感覺。如此練習，你將發現你能在某個限度內『變成』那個概念。你會在它裡面，向外看——而非向內看。

「像我現在所說的概念超越了你們的時空概念。如果你們用第三種『內在感官』（知覺過去、現在與未來）用得熟練了，當認識差不多成了自發性的時候，那麼你即能較自由地利用這觀念感官。任何一個眞實的觀念，其起源都在你們這僞裝的系統之外，並且在它的範圍之外繼續發展。除非你以這種方式應用『內在感官』，不論某概念是多麼的簡單，你只能得到這觀念的隱隱一瞥。」

我相信在第十七章所述的插曲中，當房間裡的每樣東西似乎都長大到可怕的尺寸時，我就是用這種感官體驗到無法用文字來適當形容的一個觀念。

認識可知的本質（Cognition of Knowledgeable Essence）

「記住，這些個『內在感官』是整體地運作，彼此合作無間，而在某限度內可說它們之間的界限是我武斷訂定的。這第五種感官與第四種（觀念感官）不同，不涉及觀念的認識。另一方面，它與過去、現在、未來無關，而涉及把自己變成另一種東西的切身變化，這些與第四種感官是相似的。

「這很難解釋。你試圖以你的肉體感官去了解一個朋友。用這第五種『內在感官』，會讓你能進入你的朋友內。在你們的系統中它無法全然表現。它並不暗示一個存有能控制另一個，它包含了對於活的『組織』(tissue)的本質直接瞬間的認識。我小心地用『組織』這字，請你們不要以爲這字一定是說肉體。

「所有的存有或多或少圍困於它們自己之內，然而又同時與其他的存有聯繫著。用這種感官你穿透過圍困存有的被囊(capsule)。這種『內在感官』像其他多種一樣，經常地被內我所用，但經此所獲得的資料極少篩濾過而達到潛意識或自我。可是如果沒有用這種感官，再也沒有一個人能了解別人。」這感官是更強的一種內在振動觸覺。

對基本實相的天生知識 (Innate Knowledge of Basic Reality)

「這是一種極爲基本的感官，關乎存有對宇宙基本活力的天生的有用知識，沒有這知識就無法操縱活力，例如，如果沒有天生的平衡感，你就不能直立。

「如無這第六種感官，或內我沒有經常在用它的話，你們就無法構建物質的僞裝宇宙。你可以把此感官與本能相比，雖然它關係到的是對全部宇宙的天生知識。與某特定範圍的實相有關的特定資料給予了一活的有機體，使牠能在那特定的範圍內活動。內我擁有全部的知識，但一個有機體只用一部分的知識。一隻蜘蛛在織網時是用最純粹的此種感官。蜘蛛沒有智力或自我，牠的活動是純粹自發地應用『內在感官』，幾無阻礙或僞裝。但在蜘蛛內就如在人內，有與生俱來的對整個宇宙的全盤理解。」

賽斯總是堅持，我們對實相的問題之答案是在我們內的。當我們將注意力由物質資料轉移而向內注視時，它們便將自己透露給我們。此時第六種「內在感官」就發生作用了。它也顯示自己在靈感裡以及自發的「了然於心」的插曲中。我確知當我體驗「宇宙意識」時，這感官突然的發生了作用，而對我那「概念建構」的稿子也負了部分責任。這感官引起大多數啓示性的經驗。問題是我們必須設法把這些資料翻譯成我們能了解的術語，用語言或圖象來加以解釋——而扭曲是必然會產生的。有些這種經驗是無法具體表達的，然而當時人對其可靠性確信無疑。

組織囊的膨脹或收縮（Expansion or Contraction of the Tissue Capsule）

「這感官有兩種作用。它可以是自己的一種擴張或放大，自己的界限和有意識的理解的擴大。它也可以是把自己收得更緊而成爲極小的囊，以使自己能進入其他的實相系統。組織囊包圍著每一個意識，事實上是一個能場（energy field）的界限，使得內我的能量不致滲出。

「在任一種系統中，意識若無這囊的包圍就不能存在。這囊也被稱爲靈體（astral bodies）。第七種『內在感官』能容許這組織囊得以膨脹或收縮。」

羅和我有過用這種感官的經驗，我的幾個學生也有過經驗。在「心—時」時，這造成了一種奇怪的「象皮病」的感覺：我覺得我在膨脹，然而卻越來越輕。這感覺在「出體」之前也可能發生。在幾個與另一個人格——賽斯第二——的課中，我有過相反的感覺。

由僞裝中脫出（Disentanglement from Camouflage）

「由僞裝中完全的脫出在你們的系統中極少見。雖然是可能做到的，尤其是在『心理時間』內。當『心—時』應用到其極限，僞裝便被減少到一個可驚的地步。內我在由某一僞裝中解脫之後，它不是平穩地採取另一僞裝，就是完完全全免除了僞裝。這是由你可謂改變頻率或振動來達成的。活力由一種形式轉變到另一形式。某些方面，在你清醒時的世界，『內在感官』被保護不爲你察覺。你的夢境反給你對基本的內在實相一個更接近的經驗。」

對這一個「內在感官」我們少有爲我們覺察的體驗，只有在先前提及的一個小插曲中，當我覺得沒有驅體，沒有形體，像有意識的空氣一樣時，是我最接近於應用這種感官的一次。

能量人格的擴散（Diffusion by the Energy Personality）

「一個能量人格想變成你們系統的一部分時，就用這種感官。這能量人格首先把他自己擴散成許多部分。既然欲進入你們的層面或系統作爲其一員別無他法，必須以最簡單的樣子，然後再聚集——自然，精子在這一點說是一個入口。然後此人格的能量必須再聚合起來。」

賽斯此地所說的是，內我用這感官來引至它人格中之一誕生入肉身生活中。它在靈媒的某些活動中，如陰間人格希望與陽間溝通，可能也佔了一個角色。當出體涉及非物質實相的經驗時，這感官可能也要用上。

學著利用「內在感官」有什麼意義呢？在為大學的心理班所錄的一節中，賽斯談到某些好處。他說：「你不會被主觀呑蝕，你會學到實相是什麼……人們所不了解的是，自我研究引發了你們所不熟習的意識狀態，這些能用為研究的工具。

「在我所說的這種深刻探究中，人格試著走入它自己內，穿透它所採用為特徵的面紗而找到它自己內在的本體……自己的內核所具有的心電感應和千里眼的能力，對家庭關係和你們的文明有很大的影響，現在你們並沒有加以有效利用。這些正是目前最需要的能力。如果對世界性的溝通能抱任何希望的話，你們每個人必須了解作為個別的、主觀的生物，你們的潛能在哪裡。

「書本不能教你們這些，即使你經常做心理分析，而發現你在哪方面有神經質，你仍然是很淺薄的。你仍在探測你人格的最上層，你仍得不到意識狀態改變的益處，而這改變是在當你用如我所告訴你的方式向內看入你自己時，所會發生的。

「有一種意識的情況比你從來所知的清醒還要清醒——在其中你同時覺察你清醒時和作夢時的自己。在身體睡眠時你能變得全然清醒，你能擴展你目前清醒的限制。」

賽斯所暗指的是，「心理時間」的練習眞的能延伸正常的意識。各種前此被抑制的靈感、預感和有用的超感覺資料現在都進入了知覺的範圍。當你規律地練習「心—時」，你變得警覺到由「內在感官」而來的資料。你對資料反應而學會處理比以前多許多的刺激。

這種直覺的警覺延續於日常生活和睡眠狀態。由賽斯給的指導，我學會了如前所說在作夢時變得完全清醒。在這種狀況你認知你的夢是個「夢」，而能或多或少地隨意控制它。你的身體被留下安穩地睡著，而自己的意識投射出去。這些都牽涉到努力——至少在我而言。你必須由經驗中學習如何維持正確的意識層次，總有跌回到普通的作夢狀態的可能性。

這些意識層次對我所達到過（極少次）的其他狀態而言只是一個起步。在這狀態你的理智、直覺和整個人在一個眞正是超常的層次運作。你的感官幾乎是不可置信的敏感，這狀態能在你正常清醒時發生，或在睡夢中的「淸醒」狀況發生，或在出神狀態發生。但你覺得好像你一輩子都活在夢中，現在才如夢初醒。這一瞬間你知覺到你多次元的實相。一旦你有過這種經驗，你絕不會忘記。

這些成就全由練習「心—時」開始。它們由每天你將你注意力的焦點從物質實相轉開一下下開始。每個人對「內在感官」有不同的體驗，因爲任何知覺都是非常個別性的。然而沒有先用「心—時」的話，很難用別的「內在感官」。事實上我有些學生在做「心—時」時，自發地「打開」了他們其他的「內在感官」。有些用「心—時」來接收關於他們前生的資料。在這種情形，他們用許多「內在感官」一起來找出他們所要的資料。

一起用的話，「內在感官」會給每個人一個實相的畫面，即它獨立存在於實質之外的樣子，一個他自己獨有的內在本體的圖象。它們會自動地增強注意力，釋放出能使日常生活增加意義、活力和目的的能力。

第20章 個人的評估

——賽斯是誰或是什麼

生而爲人，我們活在生死之間。我們與動物共有這特點，這是我們存在的一個條件。但據我們所知，動物並不預期牠們自己的死亡，或奇怪牠們出生前的身分，牠們活在現在這片刻。我們知覺到過去、現在和未來——一連串的「片刻」似乎是一個串在一個後面。如果，這一串只是我們所不知覺的更大的現在、更廣濶的「片刻」的一部分，又當如何呢？

當然，不管我們知不知道，我們會存在於這另一個時間次元中，就如我們的猫存在於我們的下午四點鐘，雖然牠連鐘是什麼也不了解。在某一方面來說，猫比我還要對，因爲鐘錶報時是人爲的發明，與猫無干。假設，如賽斯所說，過去、現在和未來也是人爲的發明，是擺在所有的行爲都同時發生其間的一個「廣濶片刻」上面的分界。

物理上來說，我們在某一刻只能處理那麼多的資料，因爲在那方面我們依賴我們神經的結構。自我們出生後所接受的每一個感覺仍完整地存於潛意識中，我們把這種細節推向「後方」以便處理現在的事。我們將注意力集中於某一組事件——「現在」的事件——然後讓它們墜入潛意識中，它們變得像是越隔越遠。如果我們能注意這些過去的事而仍能同時集中注意力於現在的事，那我們對「現在」的感覺將會無限增大。

未來又是怎麼回事？也許它包含了已經存在於這「廣濶的現在」的事件，我們為了方便起見已決定暫時「尙」不予爭論的事件。照賽斯所說，事件無論如何並非具體的，而是可塑的，而且起始總是發自精神的。我們把其中有些造成為物質的實相，在那種情形下，我們遵循著以前所提及的過程。另一些事件，在這個次元中我們根本不去處理，它們甚至根本不進入我們所謂的過去、現在或未來的這一架構中。

生理上我們是否無法知覺這些事件？或者，我們是否有心理上的盲點作為防禦機構，以保護我們不至被實相的眞實情況壓倒？不錯，我們的神經系統只允許我們知覺這麼多，但除了這限制之外，我猜是有些心理因素使我們摒擋了本來可以知覺的資料。

如果我們能移走這些盲點，而且擴大我們注意力的焦點，我想我們可以知覺這些其他的事件。而心電感應、預知和千里眼，全是獲取資料的正常、實際的手段。換言之，我想超感覺力是正常的，我們否認它，因為它與我們對實相的概念衝突。

我能聽見很快的、情緒化的抗議：「不成，如果我們具有所有那些能力，我們將知道我們什麼時候會死！」但假設我們看過死亡那一點，驚奇地發現我們仍有意識——不只知道我們「過去的」自己，並且知道我們以前不曾知覺的我們的其他部分？假設賽斯事實上是正確的：我們只居住在肉體中，在它內存在卻不靠它而存在？

我們與我們的身體認同，正如心理學家告訴我們我們必須如此。但這種認同是基於「如果無身體則無我」的概念，它同時假設我們所有的知識皆自我們的感官獲得。顯然，按照這概念，如果我們在我們身體之外，就不能知覺任何事。事實上，根本就沒有可以脫出身體的「我」，因爲我們的意識將是身體機制的結果。這是許多科學家和心理學家的正統看法。

有組織的宗教聲稱他們持有相反的概念，即人死後，其本體與物質無干。可是，它卻常以懷疑的眼光看可能顯示人「現在」就想利用這種「獨立性」的任何的調查。它一面宣揚靈魂的不死，一面卻可疑地對所有死人與活人似有溝通的案例不感興趣。

但我眞的相信，對任何一個開通到去考查超心理學，或大膽到去做他自己對意識本質的實驗的人，事實都很明白。對任何一個曾經驗到一個有確實根據的預知性的夢、千里眼的情形或心電感應的溝通的人，事實都昭然若揭。

我自己——和別人——經驗的事實是這樣的。到某個程度，我們是無羈於我們的肉身。在我們的意識與肉體分開的情形下，我們能看、能感覺、能學習。我們能知覺未來的一部分。我們對非由肉體感官得來的資料確有其他的路徑可達。如果科學願意，它可以花一百年來接受這些概念，但同時這些卻仍是事實，並沒有涉及幻覺，除非現在我在幻覺我寫這些字、喝我的咖啡，並且，因我們有的人情願限制自己的能力來保護狹隘的觀念，而感到眞心的憤慨。如果那些觀念與我們親身的體驗不同，為什麼我們一定要對它確信不疑？

自從我第一本有關ESP的書出版後，許多人曾寫信告訴我，他們自己的心電感應、千里眼、預知或出體的例子。有些人甚至告訴我他們連對最親近的親人也保密的經驗。他們知道這種事不該發生，因而恐懼超感覺事件會使人對他們的精神或情感的穩定性產生懷疑。

在某方面來說我也一樣糟：我對我自己及我的經驗步步存疑，現在仍如此。但至少我不讓陳腐的觀念來決定，在我親身經驗中，哪一部分我能接受為眞，哪一部分我必須拒斥。但如果我沒被這些概念所影響，我可能會更自由的接受我最初的心靈經驗，並且更熱誠地考查它。相反的，尤其是在開頭，我對每一個新的發展感到同等的恐懼和欣喜。

這些經驗教了我這個：我們現在眞的是多次元的人格——你，我和每個人。我想意識就與原子、分子一樣地聚集在一起，有一叢叢的意識就好像有一叢叢的物質一樣，而不論我們知道與否，我們是這些「叢」的一部分。我們對自己的心理知道不多，對意識的本質知道更少。要知道更多，我們必得願意去個別地檢查我們**自己的**意識。如此做我相信我們會發現更多的個別性、獨特性和身分感。當我們固守著這自我性的、物質傾向的知覺之限制時，我們也許將自己關閉於我們最深的問題的答案之外，那知識能助我們聰明地過物質生活。

我自己的工作就是這樣的一個調查。我把我的心靈經驗、賽斯課以及我與賽斯的全部關係當作一個學習的探險——仍在持續不斷。我想「賽斯資料」包括了我們迫切需要的有關洞察力和實相本質的資料。這些理論擴展了個別性的意義，向我們挑戰，要我們接受一個更大的自己，那是宗教和科學家在種種不同的時候都教我們予以否認的。

最重要的是，我確知賽斯是我獲得啓示性知識的管道，這知識是啓示給自己的直覺部分，而不是靠推理能力發現的。我相信這種啓示性的資料我們每個人或多或少都能得到。我們種族的希望和成就源自其中。我想啓示性知識首先以直覺、夢、預感或如我這樣的經驗得來，然後理解力再對所得的資料加以利用。兩者都是很重要的。

至於賽斯是什麼或是誰，他所說的「以能量爲體性的人格」似乎是任何人所能得到的最接近的答案。我不相信他是我潛意識——如心理學家所謂的潛意識——的一部分，也不是次級人格。我眞的認爲我們有一個超意識，遠在正常的自己之「上」，就如潛意識是在它之「下」，雖然賽斯堅稱「自己」並沒有眞正的層次——這些名詞只是用來簡化事情。我把ESP能力歸於這超意識，我想它能通達平時人格的自我部分所不能得到的、有關實相本質的資料。可能賽斯是正常的我之超意識延伸 (supraconscious extension) 的心理上之人格化。

如果是這樣的話，他有多獨立呢？這問題可不好回答，他必然不會在我所知的我的人格結構中出現。例如，在我自己人格的心理測驗中，我不相信會發現他的存在。可是，在賽斯課中，當超意識的本體取我而代之時，這固有的關係會立時進入焦點。

同時，賽斯的性別也是個問題，至少對我而言。大多數人格的直覺部分似都帶著女性而非男性。如果賽斯只是較高級的直覺的我，我會期待他是女性，或女作家常常創造出的假男性型的男角，通常男人立刻識破以這種方式造出的角色爲過於浪漫。雖則賽斯不是「極顯著的」的男性，但是他的言行表現是男人中的男人而非女人眼中的男人。男人喜歡他。雖則他是個教師，基本上他也不是樣版的「精神嚮導」。簡而言之，他只是他自己，那可能是他自己獨立存在的標記。

他對人的影響是立竿見影的，顯然他有相當強的「臨在感」(presence)。他對別人反應，而且比我更能與各行各業的人建立關係。雖然，如摘錄顯示，他明白指出，我們據以認出是他的那些特徵，只是他人格的一部分，是他判定最有利於引起我們的注意力，和傳送資料的那一部分。

有一回羅問賽斯，他是否永遠都能應邀來講課。賽斯的回答明白顯示我們有不止是簡單的一對一的關係。我信賴我們所得的回答，相信它們是關於一個非常複雜的心理聯繫的誠實陳述。

錄自一九六九年一月廿日的第四五八節

「至於說到我是否方便來講課，你們能在我們所設的條件下，在我的幫助下，呼叫你們所認識的我的人格要素。有點像是一種有生命的四度空間的信件或電訊，在其中——如果你不介意我借用這術語——『媒介即信息』。

「在某方面，魯柏變成了有生命的電報。當你發出電訊或電報時，你只送出文字，我則送出我自己的一部分。並不一定總要涉及我全部的素質。換言之，我不必完全集中焦點在你們的範圍，但我集中焦點到足以處理我們的約會。不過，我說到過的『心理橋樑』對我們很有用。這不但存在於我自己，也存在於魯柏那一方。

「因此，我的實相的某一部分，在約定的時間內可爲你們所用，而橋樑總是在那兒的。魯柏可用它在別的場合請我來，我可用它來拜訪你們。這並不一定是說，這樣的呼叫在我們任一方總會得到正面的答覆，或一定能有所接觸。

「就好像是橋有兩部分，像可合之吊橋，而這兩部分必須碰頭（先前賽斯解釋過這『心理橋樑』是由我們兩方構成）。當你在非約定時間想與我接觸，我不一定能有空。不過，我會得知你自己情緒上的需要，如果這需要很強烈，我當然回應，就像你不會不顧朋友的需要。可是我不是自動的一定會在，你也不是。」

我們倆都知道有些課似乎比其他的更「切身」，現在當賽斯繼續說時，我明白其原因了。

「不過，我自動地是我帶給你的信息之一部分。有時我比其他時候更完全地『在這兒』。其中道理通常與非一般所能控制的環境：電磁情況、心理狀況有關，這些可以認作是我必須歷經的大氣情況。

「如我告訴過你的，在我和魯柏兩方面都牽涉了某程度的投射問題。你（羅）的關注也是很重要的，不論在某節中你有沒有出席……就好比說當你看教育電視吧，你看見那位老師，他在說話。他在那一刻卻不一定在說話，因爲你也許在看錄影片。但不論他那一刻是否在說話，這位老師是存在的。他所教的也是正確的。因此且把魯柏當作我的電視銀幕……我現在是否在魯柏內說話，或是我昨晚在他夢中錄了影，而今晚所播是一個影片，兩者並無區別。

「再說一次，在『廣闊的現在』，媒介即信息。」賽斯笑著說，「當節目的時間到了，我就在你們面前，不管在**你們**所謂我的現在我在哪裡……我可以在魯柏不知覺時，預先準備好我的影片，這並不表示這樣一節賽斯課比較不正確。」

賽斯繼續說我答應這樣一個安排，而當我睡熟或在做別的事情時，我們大半的工作仍在繼續。

「這並不意謂著我用魯柏爲傀儡，把錄音帶塞在他口中，而你總是在聽錄音帶，也不指在賽斯課中情感上我不總是與你們同在。這只表示在這種多次元的溝通中，所涉及的常比你所設想的還要多。

「老師在錄音帶內，人格被濃縮了。你的問題源自你覺得如果我在此地，我在同時便不能在別的地方。或是，如此我在此地，我的能量就必須集中於此。在我的本體中有你們所不熟悉的面……雖然在『以後』你們可能會熟悉。」

「在這架電視中，還沒有用到所有的頻道，你知道。」賽斯幽默地說，「在某一時刻，你只知道你所能知道的我的全部。比較來說，我不可能使你弄清楚我的全部實相，因爲你的了解力尚不能包容它。來，休息一會，我們不要讓眞空管過熱而燒毀……」

我顯然曾避免稱賽斯爲一個幽靈，一方面我不喜歡那個名詞，另一方面，我認爲那是避重就輕的說法。在接納一個解答時，我們對可能隱藏於其下的其他解答閉上了心扉。我並不是說賽斯**只是**一個心理上的結構，讓我接收啓示性的知識，也不否認他有獨立性存在。我眞的認爲在賽斯課裡，在他的和我的人格之間，一定有某一種揉合。而這「心理橋樑」**本身**是在這一種溝通中必須有的合理結構，賽斯在他那一方，我在我這方。此地我同意賽斯。我不認爲這只是一件相當簡單的事：靈媒只是昏迷過去而像個電話交換機。我眞的認爲賽斯是另一個存有的一部分，他與所謂一個死後「倖存」的朋友相當不同。

我並不覺得這些概念有什麼矛盾。賽斯仍可以是一個古老存有的一部分，而賽斯第二以我們的話來說是更進化的一部分。如果肉體生命會進化，爲什麼意識本身不會？我不覺得難以接受我們可能是這種存有或意識叢的獨立片段體。姑且承認這些，那麼在我們之間某種溝通是可能的。我們全是由同樣的「精神性材料」形成的，不管那材料是什麼。然而，對我們而言，這種經驗**會**像是超乎正常的。

賽斯第二說，我人格的某些部分，像是開向這些其他的實相和意識的透明窗戶。果眞如此的話，一定有許多這種「窗戶」。賽斯第二可能已演進到幾乎超乎我們理解之外了，光只這「距離」就會使溝通困難，一連串的譯者也許是必要的——賽斯也許是其中之一。

我自己也有許多問題，例如：當賽斯不經過我說話時，他是多有意識？如果他是我進入其他實相的窗子，我是不是**他的**進入物質世界的窗子？我的想法是賽斯是全然有意識的，但他屬於

——且生存於——其他的存在次元中。但這只導至另一個問題：非物質的生活到底是什麼樣子？

賽斯曾答應寫他自己的書，在賽斯課中口授，在書中他將回答某些問題：「在我的書裡，我可謂將把人格由內剖析給你們看……在某種程度它將與我自己的經驗有關，但我希望它給你們一個由不被三度空間局限的這麼一個人所見的、實相本質的畫面。

「那本書將涉及對靈媒的研究，不是由靈媒的角度，而是由他所代言的那人的角度，它將包含對我所看到的你們的實相系統之檢討……

「我將清楚地說明我現在存在處的本質和情況，並解釋關於死後生活的陳述常是矛盾的某些理由——這些陳述由不同的靈媒所接到，其中對死後生活的眞相有相當不同的描述。

「這樣一本書同時也會包括我進入你們系統的方法，以及因而產生的某種心理橋樑人格。再說一次：在賽斯課中的我並不是我完全的本體。在我的通訊中，一定要有某種心理結構在場來給我用。不過，有時候，比較上來說，我的本體相當淸楚地傳過來，我可以獨立的存在作爲我自己，不需魯柏的幫助。

「這樣一本書與魯柏自己的寫作完全無干，他仍照他自己的速度寫他自己的書……這書要用我的名字，但我會將它獻給你們兩人。」他大展笑靨地說。

「多謝了。」羅無表情地說。

自然我並不聲稱這些資料代表純粹、未扭曲的知識。在第四六三節中這關於扭曲的問題出現了，也許是第五十次。當我為此書簽了合同後，我們的朋友蓓．加拉格正要為當地報紙寫篇關於賽斯的故事，而她參加了一課以獲得資料。賽斯在對蓓開了幾個玩笑後（「有天我要訪問你」），開始談到扭曲的問題。

「姑且不論靈媒是否在與大西洋一樣深的出神狀態中，他總不會是個純粹的管道。自我將完全被越過，但自己的其他層面，尤其是神經結構，將總在繼續運作。它們將被經過它們的知覺所改變。」

他繼續說用語言溝通是例外，比我們更進化或比我們進化得慢些的存有都不用口傳。為了要使三次元的我們明白，資料必須「擠」過去——這本身也會引起扭曲。

「我對你們所說的字句傳達了資料，但字句本身不是資料，只是資料的傳帶者。

「資料極少能像澄澈的水流一樣，而靈媒能像水龍頭似的被開關。它必須由靈媒的人格的各層面濾過。當神經系統翻譯資料時，它同時也對資料發生反應，這樣說來沒有一件事是中立的。資料收到了並被譯為神經系統能處理和解釋的機制(mechanisms)，像任一種知覺，資料即變成神經結構的一部分，一定是這樣的。

「任何知覺即刻改變了收受者的電磁和神經系統，在你們說來，知覺即：神經系統的變更。收受機制本身改變，並為它們所知覺的東西所改變。我現在說的是任何知覺的物理天性。

「以你們的肉體結構，如果想像不改變知覺者的內在情況而能收受任何知覺，在邏輯上是矛盾的。我試想把話盡量說清楚——資料自動地與人格的整個肉體結構相混合，交融交織在一起。「任何知覺都是行動，而它改變了它施之行動的對象，而**當它如此做時，它自己也被改變了**。最輕微的知覺改變了你體內的每一個原子，而這又順序地散播其漣漪。因此如你所知，最小的行動在每一處都被感受到。」

賽斯繼續舉例說明，在正常知覺和超感覺中所發生的各種不同的扭曲：「魯柏或任何一個人在心緒低落時，可能曲解資料，過分強調悲觀的成分。耽溺於自我懲罰的需要的人會持續不斷地以這種方式曲解任何知覺。」

當賽斯繼續解釋知覺的本質時，越來越明顯是肉體知覺本身把實相造成爲某種形式。即使是超感覺也必須被轉譯爲肉體的用語，如果我們想有意識地知覺到它的話。「賽斯資料」顯示在我們所知的正常實相之下有什麼。但把它用語言翻譯出來這件事本身，就必然會扭曲了它的意義。除此之外，還有其他的變數。賽斯並不是安定的；他不只是當我們是錄音機似地有條不紊地傳遞資料，他還回答問題，因此，有時，問他的問題必然會使他改變他討論某一特定題目的特定方式。

既然他是對人有反應的，他必會受到他和我們的關係的影響（雖然也許不至於到我們受他影響的程度）。無疑的，我的人格在調整自己以適應賽斯經驗時成長了不少。我必須學習應付比以前多得多的刺激，而在我學著發展我的潛能時，保持一個整體的安定性。這必然涉及了緊張和壓力，也同樣有報償：但所有這些全可以以幽默感和常識來解決。當我感到需要休息時，我就中斷一陣子，賽斯總是很有風度地尊重我的意思。

以賽斯所告訴我們的人的潛能，我必須承認，我們有時會奇怪，爲什麼人類在道德和精神方面沒有更長足的發展。

有次在我們通常的星期三的課之前，羅和我對世界的一般情勢感到相當的煩擾。我們坐著聊天，羅大聲說，奇怪我們爲何做我們所做的。「在這後面能有什麼眞的理由或目的呢？」他說，「就算我們的某些部分知道我們在幹什麼，我們仍像是不顧一切地想毀掉這星球，如果不是用戰爭，就是由汚染。」

我說：「我也不知道。」覺得跟他一樣難過。

那是在一九六八年十一月六日，從那晚以後，我們有一連串的課談到在我們心中最迫切的問題。就在那天晚上，我們的第四四六節，那另一個人格「賽斯第二」，以他那冷淡遙遠而淸晰的聲音透過來了。

除了其他的事之外，賽斯第二說：「人類是一個階段，種種不同形式的意識遊經其間……在你們被允許進入更廣濶、更開放的實相系統之前，你們必須先學如何處理能量，並由物質的具體化而看淸思想和情緒的具體後果。就如一個小孩用爛泥做泥餅，你們用思想和情緒來形成你們的文明，然後看到你們所創造的是什麼。

「當你在轉世之餘離開了物質的系統,你已學到了教訓——而你眞正地不再是人類的一員,因爲你選擇了離開它。無論如何,也只有你有意識的自己居住在人間,你本體的其他部分同時居住在其他的訓練系統內,在更進步的系統,思想和情緒自動地、即刻地翻譯成行動,成爲在那系統之內相似於物質的東西。因此,這些教訓一定要教給你們,而你們一定要學得很好。

「你們應明白了解你們對於『創造』所負的責任。在某種程度來說,你是在一間隔音又隔離的房中,恨在那『房』中創造了毀滅,直到你們學到這教訓,毀滅會一個接著一個……

「以其他系統的觀點,那種毀滅並不存在——但你**相信**它存在,而痛苦地感受到垂死者的苦痛。一個栩栩如生的夢魘也使你深感痛苦,但很快便過去了。並不是你必須被教會不去毀滅,因爲毀滅事實上不存在。重要的是你必須被教會、被訓練去負責任地創造。你們的系統是對正在萌芽的意識的一個訓練系統……

「這訓練能使你在一些互相關聯的系統中得以生存。如果在你們系統中的悲傷和痛苦沒有讓你感受到是眞實的,那你就不會學到教訓。在你們系統內的教師,是那些在他們最後一次轉世的人,以及其他已離開這系統,而又被指派來幫助仍在其中的人們的人……

「你們正在將情感能量轉變爲行動和形式,然後你們再在你們自己所創造的系統內操縱運作,而由其結果知道你們成功和失敗的地方。這系統中包括了一些『第一次』進入這系統的人格片段體,同樣有些是在他們稍後的轉世生涯中。

「人類在同時作著同樣的夢，你們有你們的羣體世界。整個的架構就像是一齣教育劇，你們在其中既是製作者又是演員，戲中有戲，戲中又有戲，重重疊疊，沒完沒了。夢者在作夢，而夢中的夢者也在作夢。但這些夢並不是無意義的，其中的行動是很重要的。全我既是觀者又同時扮演角色。」

賽斯課仍在繼續，一週兩次。賽斯談話的題目和範圍一直在加寬和繼續成長。如果到此爲止我們所有的是個「大綱」，那也是個非常出色的大綱。

如「賽斯第二」所說：「並不是說你們存在於一個較次等的實相裡，而是你們還沒學會認識你們所處實相的範圍。」我希望本書和「賽斯資料」使讀者得以一瞥他自己多次元性的存在。

附錄

在以上章節中，我曾從許多課中摘錄，以表明賽斯對某一主題的看法。這附錄是爲了那些想看到個別一課的全貌，及想對資料的授予方式有個較清晰的概念的讀者們。

因此之故，我特爲選出雖短而完整的三節，以及最近的、接連的幾節之一部分，這附錄顯出，賽斯在以過去一節爲基礎而加以闡明，攙入新的討論和資料時，他將一個主題織入另一主題的方式；也指出他用羅和我日常的經驗作爲他自己資料的發射臺的方法。

附錄包括了幾個此書本部沒有談到的題目。在某一節，賽斯討論容格(Jung)的無意識(unconsciousness)觀念。在另一節，他舉出關於「原始行星系統」的一些新資料。在答覆一位朋友的問題時，他開始解釋胎兒受孕。這些討論顯示在賽斯資料繼續展開時目前所採的方向。

在我寫此書時，關於剛剛隱於物質範圍之下的電磁單位(electromagnetic unit)的課才開始，科學家長久以來就在奇怪物質到底「消失成了」什麼？賽斯的電磁單位可能就是那答案。

除了標點之外，附錄中的賽斯資料沒有經過修改。羅的註也包括了進去。

第四五二節 一九六八年十二月二日晚上九點十七分 星期一

晚安。

（「賽斯晚安。」）

現在：孩子們建造紙牌房子，又把它推倒。你並不擔憂孩子的發展，因爲你了解他會改進的。那房子已沒了，在他眼中，已不可收拾了。他感到極端悲悽，直到他終於將手的動作與紙牌房子的毀滅連接起來。你可能對他的悲悽付之一笑。

那麼，人類建造文明。他已超越了孩子的遊戲。玩具是眞的，但基本上這比喻仍可用。我並不原諒所發生的暴行，事實是它們永不可原諒。但我們必須了解暴行是什麼：人類由他自己的錯誤中學習。他也由他的成功中學習，而也有時他停手不動，這是深思熟慮的片刻，創造的時期。

（停頓。）本體在許多人生中扮演許多角色。

透過有些週期——如你喜歡可稱之爲循環——這些本體再進入你們的系統來生活、學習。在某程度來說有人教他們——如果你喜歡，可稱之爲實習教師（好笑地）。

（今天報上有一九六八年八月，芝加哥民主黨總統大選會議時發生的暴亂故事，說到警察與各種示威團體間的許多衝突；一個調查委員會判定警察行為有罪。珍和我曾在晚餐時討論這份報告。）

可是，人的**種族**遠比實質的種族要深廣。你看到他只是在發展的一個階級。當一個人離開了你們的系統，是到另一個系統去，他已學會了ABC，但僅此而已。也有例外──那些選擇回來教別人的本體。他們與輪迴循環尚未完成的人可說是不在同一個聯盟中的，他們可能會回來，甚至忍受暴行，就像一個人可能會在野蠻人的叢林中設立一間學校。

但即使如此，在你們系統內也有進步，核子武器落在中古歐洲的居民手中，幾乎會立刻被使用，以掃光除了信基督教地區外的所有地方，而他們不會感到一絲良心的譴責。基督之國也可能已與世上其他的一切同遭毀滅。當時的當權者是如此偏狹、惡毒、自以爲是，他們不會考慮到這個可能性。

在那個時代，一個正常的講理的人，也不會想到與人分享他的財富，也根本不去考慮較窮階級的情形。人不但不布施，其實用性甚至從未被考慮過。(**那時**)對「神」的古老觀念把這種事照應得好好的。窮人顯然有罪，而貧窮是他們的懲罰。想法幫助那些爲神所詛咒的人，被看作是一種「褻瀆」。在運動中動物受到折磨，男人對生物的同情心被認作是種弱點，必須要摘除。除了在非常特選的圈子內，女人差堪被認爲是人。

如果你們知道所有的事實，你們便更能看出，多少世紀以來的進步。有一面是我以前沒提及的：在人沒有相當的證據證明他已獲某種控制之前，人不被允許去玩更危險的玩具。這並不表示他沒有可能毀滅他所知的世界，只是這種毀滅並非不可避免。如果你確信一個孩子將射擊他自己或他的鄰居，你不會給他一把上了膛的槍。

現在：武器和毀滅是你明白看到的，其反面就不這麼明顯。然而，重要的卻是反面：學到了自律，終於喚醒了自制、同情，而最後學到最終的教訓：對創造與愛的正向欲望超過了毀滅與恨。當這也學到了，輪迴的循環就終止了。

這些教訓爲什麼必須以這種方式來學得，是有原因的。最初，只有創造，毀滅只是形式的改變。疾風驟雨不知道什麼是毀滅。這同樣的能量禁閉在人類形體中又是另一回事。那麼必須學會不同種類的創造性、能量的焦點之特殊化、感情的出現——基本的能量開始意識到它自己，知覺到他「先前」不知其存在的問題；億萬分子暫時與活生生的意識結合起來，充滿了原始的能量，而學習去愛，並形成高度敏感的心靈模式（psychic patterns）；電荷，現在不造成雲，而形成情感；在一個思維的非常明確與實在老練的機制之後，存在著尚未分明的人格無邪的渾沌。在你們系統內尚無人誕生時，所有這些都已發生！以時間來說，這些都已過去。

心靈戰爭的興起就不足爲奇了。但超過你們系統之外，尚有不可言宣的精妙境界，以及比以前所曾有的更神妙的進一步發展。由那巨大的渾沌形成的存有，經歷這一切，仍保有它的本體，以及對它的「過去」的知識，並且其創造力在繼續增長。

這是我給你們的資料中最主要的一些，因爲你們曾奇怪**（在此系統內的意識的）**目的何在，而通常只能看到時空的一小點。

今晚，你倆所談的暴行，在每一個參與者的靈魂上造成一道裂罅，由其間他瞥見在他本體後的令人暈眩的起源。在當時及其後，他們感到重新跌回到那「無心智的」(mindless) 裂罅的恐懼。

就如一場風暴有時令許多人著迷，這種暴亂也會，但一場極具毀滅性的風暴少有附從者。每個參與者感覺得到及身的混亂。（強調地）雖然令他著迷，也令他恐懼，因爲他必定會認知，這暴亂會把他和他的敵人都掃入瘋狂或死亡中。

許多參與者從不知他們能接近這樣的能量，因此，能予這能量創造性的利用的念頭從未進入他們腦中。他們大多感到渺小、孤單、無助。且說，這能量本身是令人興奮的。許多參與者有生第一次直覺地了解到，這種能量也是創造的泉源。他們中有許多人會試著用不同的方法再去經驗這能量，以便放出他們不知他們擁有的創造力。當然能量是中立的，只是當時他們利用它的方法引起了毀滅性因素。

可是，所釋出的能量已然改變了你們國家的景觀，而且會繼續如此。能量的這種巨量釋出將開始和平地統一整個地球，但在你們這一生還不會發生。在大難沒發生前這不會發生，但當它眞的發生時，就代表在這行星的歷史中，第一次所有的人和平而平等地相處。

有過各種和平的時期，但卻無平等，在此行星的過去，有數不清的其他文明毀滅了它們自己。而在這之前，當另一行星在地球差不多的位置時亦然。不過，也有持久的文明，比它們的行星還長命，先到了別的地方。

現在你們可以休息，我們待會兒再繼續。

（十點九分。珍停了一會兒，我以為她已脫離出神狀態，叫她名字時，她又再繼續下去。）

有一度有九個行星，像珠寶一樣繞著太陽。他們彼此間均勻分布，與太陽的距離也是均勻的。這是第一個知道人類的系統。它們曾在宇宙裡你們這個角落，但對你們來說，它們會看似已漂流到那麼遠，以致你們的儀器永遠也找不到它們。

它們爆炸了，又被重創了許多次——消失了又回來。他們會像是在閃爍一樣。對你們而言，它們已永遠消失了。對它們而言，它們是繼續存在的。就像在你們系統內，雖然組成一張椅子的原子和分子來來去去的，但它們給你的椅子一個實相，同樣這行星系仍保持著它的本體。你們的天文學家在你們宇宙的邊緣處可能會知覺它的鬼影。但那只是一個你們不能知覺的實相的反映。現在休息吧。

（十點十九分。珍很容易地脫離了出神狀態，過一會兒就睜開了眼。不過她說她曾在非常深的出神狀態中，並曾有關於行星和太陽的一幅幻象。）

（我迅速地心算一下。我們現在所知在我們太陽系中的行星，共有九個，與賽斯所給的數目一樣。自然，賽斯的資料引起了許多問題，但今晚不會得到答覆。）

（剛剛在休息完之前，珍說：「我剛從賽斯那兒得到整整一大塊的觀念。」在十點三十一分繼續。）

現在：存在用到形體。當一行星系被分裂後，許多情形下，那被它吸引並以它爲家的存有，只不過改變了它們的形體，重組它們的力量——如果它們認爲值得——把事情重新整頓好。於是它們進入可利用的形體，或造出可以活命（survive）的形體。這在你們自己的系統內已經做過好幾次了。不過，這並不是**經常**在做的，因爲以手邊的材料，常常無法造成一個在其中意識能夠完全表達自己的夠複雜的形體。

以你們的話來說，此時可能記憶會損失了一些——使得「起源」的知識混淆不清的新增的問題。當這種情形眞地發生時，總是有力量的劃分，有些存有轉成了形體，而另一些沒有進入這過程。這些存有在旁觀，保存了它們完整的記憶和知識，並且當作指揮者，以它們的記憶爲藍本造出新的模型。再說一次，這曾在你們自己的系統內發生過。

以你們的話來說：許多存有是不需要形體的。但今晚我們不去講它們。我所說的原始系統至少要簡略的予以理論化，但其概念不至於被認眞考慮到足以引起任何嚴重的爭論。

這系統的能量非常巨大，比你們所知的任何能量都大得多。由它的脈動而經常拋出的殘渣產生了其他的系統。（長久的停頓。）我們在與魯柏的辭彙奮鬥。（停頓。）它動作的速度比你們所知的都要大得多。雖然它是週期性地加速又減速。

（珍又停下來，她的步調很慢，用了許多手勢，在空中畫圖，時而皺眉。）

它擁有有意識的生物，但不是你們所知的生物。能量、存有（長久停頓。）繼續把巨大的roytans

轉化……

（或許是roetans——我的音譯。我不能確定賽斯或珍用的字。再問了一次而沒得到回答後，我沒再繼續追問。）

我們在對魯柏的字彙想辦法。

（「你是指roentgens嗎？」這兒我指X光的國際單位。）

它們源自它們自己，巨大的能量單位對系統的形式（form of the system）以爆炸性的方式自動地反應。它們的能量引起該系統的行爲。

在意識和物質之間有一個直接而即刻的反應，一個電磁力的爆發，其強度足夠播下一個宇宙的種子。你們的宇宙只不過是許多宇宙之一，而你們只知覺其一小部分。現在如果你們沒有問題，我便結束此節。

（「待會兒我會有問題。」）

今晚的資料已達到了一個自然的終止點。但我們也達到了一些以前所未討論過的題目。今晚這節可作爲後來資料的準備。我衷心的祝福你倆。晚安。

（「賽斯晚安。」）

（十點五十二分，珍很快地離開出神狀態，雖然是很深的出神狀態。她說在結束時她感到一股很強的能量流。）

第四五三節　一九六八年十二月四日　晚上九點零六分　星期三

（蘇・穆林在場目擊。）

晚安。

（「賽斯晚安。」）

謝謝你們邀請我到你們的宴會。

（「OK」）

現在：當你們以時間來說時，上次我們談到的行星系統是在你們宇宙內的第一個。非常難向你們解釋你們所見的宇宙，比較上來說，你們看見的星辰和行星是一度空間的。你們只能知覺它們在你們自己的實相系統內很明顯的那個部分。

在（早先的）系統的誕生中，重氫分子扮了重要角色。意識先創造了虛空，或行星系統所能存在的空間。同時也賦予那虛空所有發展的可能性，有些在你們的時代已實現，有的將會實現。換言之，這虛空可以喩之爲一個心智（mind），而誰又能預言在其中會誕生什麼樣的意象或思緒？如我所告訴你們的，有無數個這種系統，然而在它們所有之內，有本體和方向。

這浩瀚的虛空，這無際的心智，來自一個比它更大的。（賽斯微笑。）在這宇宙系統中已變成實相的「可能性」（possibilities），每個又都孕生了其他的系統和實相，就像一株樹生出一千粒種子。你們自己經由你們自身的精神活動，創造了你們未察覺的實相，而你們不止生出有血肉的孩子。

你們並不了解你們自己的思想落入的次元，因爲它們繼續它們自己的存在，別人仰視它們，把它們視爲星星。我告訴你們，你們自己的思想和精神活動在其他系統的居民看起來就像是你們自己系統內的星星和行星；而**那些**居民並不能感知隱於他們自己穹蒼中的星星裡面和後面的是什麼。雖然他們探索他們自己的宇宙，他們不會遊蕩到你們的實相裡來。他們只會知覺你們自身的精神活動——思想和夢——在他們自己的系統內所採的形狀和形體。

這最後的資料是我們以前沒給過你們的，以免它們的寓意促使你們自覺渺小。但你們並不只是接受者，也是給予者。就如你們自己的宇宙是由你們現在還不了解的存有所形成的，你們自己意識所拋棄的東西，也形成了幾乎不知覺你們存在的那些個存有的實相。

在這豐盈之中，沒有一樣是無意義或浪費掉的。其間有不可否認的相互關係、相互交織的實相和聯繫。例如，我告訴過你，夢的實相包含了比你知道的要多，而夢的宇宙繼續下去，不論你知覺它與否。那些居民——依序——也作他們自己的夢，而形成電磁的實相。在這一大堆意識中，你們可說不在頂上也不在最底下。你們不在中央也不在邊緣。

反之，內我與每一個實相密切地聯繫著，雖然你們不知覺；並且內我可以透過任何存在的網，追溯它自己的聯繫，而仍保持它的身分。

記住，當我們講到你們系統的開端，我們只以你們對時間的概念來講。那麼顯然所有的都同時存在。按你們的想法，（在不同的系統裡）有的生命只有一瞬，而其他的活了好幾世紀。可是，意識的知覺力是無限的。例如，我告訴過你樹木有它們自己的意識。樹木的意識不像你們的那麼明確地集中貫注，然而實際上，樹木對它存在之前與之後五十年都有意識。

它的身分感自動地超越過它自己形式的改變。它沒有自我來切短了「我」的身分。不具自我的生物能很輕易地追隨它們自己的身分，超越任何形式的改變。內我知覺到這身分的完整性，但自我則如此牢固地集中其焦點於物質的實相，而無法享有這種奢侈。

因此，任何意識都天生地知覺到它基本的身分。內我知道在肉眼能見的物質的星星和行星之後是什麼，但這種了悟會使自我被驚慌地掃到一邊去了。

先前所說的系統，太陽和最初的九個行星，在你們來說早已過去，而形成了其他的宇宙系統。可是，整個的宇宙結構是一個原始思想的具體化，因爲這思想，這基本的實相，一定要在它表現出來以前即已存在。因此，在那第一個系統之中就有智慧。現在，你們可以休息一下，等下再繼續，我衷心問候我們的朋友（蘇）。

（九點三十六分。珍很快地脫離了出神狀態，但說是個很深的出神狀態。賽斯比平常強得多的傳過來，說話快而大聲。九點四十四分恢復。）

現在，再說一次，每個思想形成它自己的電磁的實相，並且是由永遠不會消散、只會轉變的能量組成。一個人主觀的實相，聽其自然在宇宙間，會放射出足夠播種另一個實相的能量。這句話沒有被扭曲。

這週末你們將有幾節額外的課。我不想使魯柏過勞，也不想讓你們三個星期都被綁在打字機上。因此，這會是很短的一節，以補充上節的資料。我仍很划算。(幽默地)好吧，給你們我衷心的祝福，我要逗留一會兒享受一下你們的談話。

(「賽斯晚安。」)

(九點四十八分。珍花了一些時間脫離出神狀態。「工作也許完結了，但我還沒回來呢，我很不喜歡這樣一半在出神狀態一半清醒。就像我在一個圓錐體中。我能聽見外面的聲音，但我仍必須出來。」她說。)

(到九點五十五分我們以為她已出來，但這卻是個過高的估計。賽斯，或出神狀態，仍流連不去。珍兩眼上翻，顯出要回到出神狀態的很確定的傾向。我不斷地跟她談話，遞茶給她等等，使她保持清醒。)

(使她仍在出神狀態的一個情況引起了我的注意，當她坐在搖椅上，不經意地說：「賽斯仍在此，他在我右邊。」而她伸出右臂。賽斯似乎佔據著一個約五呎高的空間，一「塊」空間，剛好在珍手臂能及的邊緣，我能踩進那空間而不干擾他。當我們三個人在聊天時，賽斯流連不去。)

第五〇三節 一九六九年九月廿四日 晚上九點三十二分 星期三

（此地刪去了差不多兩頁的私人資料）

（再繼續，珍的ＥＳＰ班上的一員，蘇．穆林，現在是蘇．華京斯（譯註：美俗婚後從夫姓），昨夜留下了三個問題請賽斯有空時回答。第一個問題是：當我把我的意識投射到體外時，我的靈體是否因為我目前肉體上正在懷孕而懷孕？靈體是否攜帶著胎兒的靈體？或是胎兒的靈體留在體內與肉體的胎兒在一塊兒？）

（現在我問賽斯：「你能稍稍談談蘇的第一個問題嗎？關於胎兒的靈體。」珍不久前曾看過蘇的問題，但她不知道今晚我會問這些個問題。）

胎兒的確有它自己的靈體。現在，這靈體屬於這個人——在此生將成為的人格，而不是在「前一個」轉世中的靈體。這裡面有許多複雜的問題，我將試著加以簡化。

胎兒與很大的能量相連，因為在物質生活中，從沒有別的時候，有這麼多的能量被這樣有目的的利用，這樣仔細的引導。就是因為負荷著這眞正是宇宙性比例的能量，容許了形成物質的最初突破。那人格忙碌地轉換眞正是無限的資料。在懷孕的第三個月，這工作已完成大半。一旦當新的資料形成了胎兒和肉體結構的時候，前生的自己即開始放手不管，它短暫地進入了（生育的）過程，但它並不**變成**那個新人。

它幫忙造成新人，然後它必須退出，新的自己單位必須自由自在，不被本可放在它身上的要求所牽羈。新的個人有一個深深埋藏的對前生的記憶，但前生自己的個人意識必不可放在這新的本體之上。這新的人格，在它的小靈體內，確實拜會過整個本體的其他部分。它甚至被教導，但它還是它自己。

（「舉例來說，當蘇出體時它也去嗎？」）

它可去可不去，它不一定得去，當蘇的靈體在一個地方，它可以完全投射到另外一個地方。在此時，兩者之間有非常強的聯繫。在較深的層面，他們知覺到他們的位置。母親知道孩子在哪兒，雖然她沒有意識到這點。母親甚至會跟著魂遊的孩子，把它帶回家。

許多自然流產是因新人格在構建新形體時遇到困難，它投射出去尋求忠告，而被告以不要回來。

第五〇四節　一九六九年九月廿九日　晚上九點十七分　星期一（摘錄）

對我們上回的討論，我想再補充一下。胎兒看見物質環境。在那時的細胞結構對光會反應，從而把母體內細胞結構的潛能激發了，很實在地說，他透過她的身體、由她身體的幫助而看到東西。

這些並不是清楚的形象，但他已開始建立形狀和形體的概念。不消說，眼皮也是設備成這樣。

換言之，眼皮閉著他也能看穿。他對光影、形狀有知覺，雖然他必須學會，把在可及的實相界裡你們接受爲物體的和你們不接受爲物體的分開。

他看到的比你們多，或比他的母親多。因爲他尚未了解你們只接受某種模式，而排斥其他的。當他出生時，他已學會了接受他父母對實相的想法。大致來說他開始訓練自己只貫注在你們所謂的物質的實相上，雖然他仍片面地知覺到其他你不接受的區域。只有在他貫注於某一特定的實相時，他的願望才被了解，他的需要才得到滿足，於是他很快地學會把其他的丟棄。

胎兒同時也聽得見，在母胎中也發生上述同樣的事。他聽見物質環境中的聲音，也聽見你不接受的可及的實相範圍內的聲音。當嬰兒出生時，他聽見這些聲音，但同樣的它們不回應他的肉體需要。當他啼哭時，它們也不帶奶來。逐漸地他把它們丟棄了。

有一段時間，他眞正地同時知覺許多層面的實相，表面上看來像是不能認淸環境的部分原因，僅是他早期被這麼多資料弄迷糊的結果。按照個人不同的情況，胎兒可能仍收到他過去所知的人的信息。這更增混亂，他得大半忽略這些信息，同時學習集中注意於物質的實相，這是性命攸關的事。

例如他對溫度和氣候的改變頗有所知，與動物和其他人有心電感應的溝通，在另一層面上他與植物及其他這類意識也有一種溝通。植物對流產有很劇烈的反應。不過，胎兒對家中一個動物的死亡也有反應，並且早在他長到六個月大以前，他對家庭中無意識的心靈關係就已熟知。

家中的植物對於成長中的胎兒也非常有知覺；植物也會得知家中有人生病的事，通常在肉體徵候還未出現之前。它們對細胞結構內的意識就有那麼敏感。植物也會知道胎兒是男是女。

（刪去兩頁私人資料。）

（今晚早些時我曾對珍提及，我對賽斯數年前的聲明，所有的超感覺都有電磁基礎，一直很感興趣。我對此很好奇，因為我們曾看到書上說，沒有一樣研究曾查出有任何此類的電磁關係。現在我問賽斯此事。）

我情願把這事與我們對胎兒的資料結合在一起。

（「好。」）

那樣我們可以同時討論兩者。

（「好吧。」）

現在：可以說，有目前超越過你們的（科學）儀器的電磁結構，它們是知覺的基本媒介。在你們來說它們有非常短暫的「生命」。它們大小不同。例如，幾個單位可以組合，許多單位也可以組合。盡量簡單地說，它們不是在空間中移動，而是它們利用空間來移動。這其間有所不同。

以某種方式說，涉及了熱的性質（thermal qualities），同時也涉及相吸相斥的定律。單位在穿過空氣時把空氣充電，而吸引了其他的單位。這些單位並不是靜定的，像細胞在體內是靜定的那樣。即使細胞也只看來是靜定的。這些單位沒有「家」，它們因應情感的強度而增加。

它們是情感能量採取的一種形式。它們遵守自己的相吸相斥的法則。你明白即如一個磁鐵會以它的纖維吸引，因而這些單位吸引它們的同類而形成模式，而以可知覺的形式出現。

現在：胎兒應用這些單位。任何意識包括植物也是如此。細胞對光反應，不只是因爲這是事情的法則，而是因爲想知覺光的情感上的欲望在那兒。

那欲望以這些電磁單位的形式出現在這另外的層面，這些電磁單位就引起了光感。這些單位是自由奔馳的，它們可以用在正常的知覺中或你們所謂的超感覺中。我在稍後的課中會討論它們的基本本質。我喜歡把這與胎兒連起來講，因爲胎兒與知覺機制有密切的關係。

（「下次談也好。」）

並非你們不能設計能知覺這些單位的儀器，你們的科學家只是問錯了問題，而沒有想到這種自由奔馳的結構。

第五〇五節　一九六九年十月十三日　晚上九點三十四分　星期一　（摘錄）

晚安。

（「賽斯晚安。」）

現在：我們先前所講的這些單位基本上是從意識升起的生機。我現在是說在每一個物質質點內的意識，不論其大小——分子意識、細胞意識以及你們通常所較熟習的較大的意識之完形。因爲魯柏有限的科學字彙，這有點難解釋。同時在這個討論裡，我要發表給你們的一些理論對你們而言將是很陌生的。

這些散發物(emanation)像呼吸一樣自然地升起——也可有其他的比喻——在於在其中有進有出，以及在單位內的轉換，舉例來說，就像吸入肺部的空氣和吐出時的空氣已不是一回事了。只當作一個比喻，你可以把這些單位比之爲意識的不可見的呼吸。這比喻不能支持太久，但最開頭它是夠表達這概念的了。自然，呼吸也是一種脈動，而這些單位以脈動的方式運作。例如，它們被植物、動物、岩石等等的細胞散放出來。如果你們肉眼能見到它們，它們是有顏色的。

在你們來說，它們是電磁性的，遵循它們自己的正、負極模式，也遵循某種磁性定律。在這例子裡，確實是物以類聚。散發物事實上是情感調子 (emotional tones)，實際上，音調的種類變化是無限的。

這些單位剛剛在物質的範圍之下，沒有兩個是完全相同的。不過，其中有結構。這些結構已超過了你們的科學家所以爲的電磁特質的範圍。意識事實上生出了這些散發物，它們是任何知覺的根本，不管是平常所謂的感官知覺或超感知覺。

我們才開始這個討論，後來你們會看到我現在是爲你們將之簡化。但除非我們這樣開始，否則你們不會了解它的。我眞的有意解釋這些單位的結構。現在給我幾分鐘。

這些散發物也能以聲音的方式出現。遠在你們的科學家發現它們的基本意義之前，你們便能把它們轉譯爲聲音。它們尚未被發現的一個理由，就是因爲它們在**所有的**結構內被如此聰明地掩飾起來。因爲它們剛在物質範圍之外，有其結構卻是非物質的結構；又因爲它們有脈動的天性，它們能擴張或收縮。例如，它們能完全包裹一個小小的細胞，或退隱到其核心內。換言之，它們結合了一個單位和一個場（field）的特質。

還有一個理由爲什麼它們對西方科學家而言一直是個秘密。情感的強度不但控制了它們的活動和大小，並也控制了它們電磁性的相對強度。例如，按照那特定意識在任一「點」的情感音調的強度，它們會吸引其他的單位。

於是這些單位顯然在不停地變化。如果我們一定要以尺寸來說，那麼當它們在擴張和收縮時，它們的大小經常在改變。你明白，理論上來說它們的張縮率是沒有限制的。它們也具吸收性，它們確實有熱特質。這是你們的科學家至今所僅得的暗示。

它們的特性導致它們經常地互換。它們會一塊塊地吸在一起，（珍作手勢；她說話十分加強語氣而有活力。）眞的封閉了起來，只是又再次的散開了。它們形成——它們的天性隱於——通常所謂的空氣。它們藉空氣來移動。換言之，空氣可說是由這些單位的活動而造成的。

以後我會試著解釋清楚，但空氣是這些單位存在的結果。空氣是由這些單位在它們的位置的相互關係和相對距離，以及由你可名爲它們的運動的相對速度所形成。當這些單位在運動時，就產生了空氣。例如，在說到氣候時，它們的電磁效果對科學家表現得最淸楚。

這些單位——讓我們拿它們與岩石的關係來討論。岩石由原子和分子組成，每個有它們自己的意識，這形成一個岩石的完形意識。各種的原子和分子都無分彼此地放出此種單位，但它們有一部分仍是受整個的岩石意識的指揮。這些單位被岩石放出，通知岩石它的環境變化的性質。例如，當夜幕下垂時太陽的角度、溫度的變化等。而且即使是在岩石來說，當大略可稱爲岩石的情感調子起了變化時，它們也隨之變化。當這些單位變化時，它們改變了周圍的空氣，空氣就是它們自己的活動的結果。

它們由岩石中經常的放出又回去，運動得那麼快，好像是同時發生的。這些單位與其他的譬如說樹葉或他物中放出的單位相遇，有某種程度的合併。經常有混合、相吸與相斥發生。

你們可以暫停，等下再繼續。

（十點十分。珍說話一直相當的加強語氣、有生氣。她的出神狀態頗佳。）

（課的其餘部分專談賽斯對我的一個夢的解析——羅勃·柏茲）

第五〇六節 一九六九年十月二十七日 晚上九點四十分 星期一

（九點過了不久，珍和我坐著等看賽斯會不會來。我告訴珍她不必上課，但她十分願意上課，如果賽斯決定要的話。她今天花了很多時間寫她的書，只剩下兩章需要重寫的。）

（不過珍最近在她的ＥＳＰ班上有很棒的兩節長課。賽斯和賽斯第二都出場了，還包括了新的資料。）

晚安。

（「賽斯晚安。」）

現在：魯柏不必擔心他錯過了幾次定期賽斯課。他一直在練習運用他的自發性，而很矛盾的，我們的定期課是倚仗自發性的。你們明白嗎？

（「明白。」）

現在：我所談到的單位沒有任何特定的、規律的、預定的「生命」。它們似乎不遵循很多科學定律。既然它們是剛剛在物質範圍之下的直覺力量，物質在它們之上形成，它們不會遵循物質的定律，雖則有時它們會模仿物質定律。

幾乎無法偵查出一個個別的單位。因爲，在它的活動之舞中，它經常的變成其他這種單位的一部分，擴張、收縮、脈動、改變強度與力量，並且**改變**磁極。這最後一點極其重要。

（停頓。許多停頓之一。）

很難以魯柏的有限字彙來解釋，但那就會**好像**你們的北極和南極的位置經常在變，同時卻彼此保持一定的相對距離一樣，由於它們磁極的變化而擾亂了行星的安定性（停頓。）——除了因爲在這些單位的**兩極處**有較大的力量（手勢，想在空中畫圖），所以在每一次變換之後，一個新的安定性幾乎立即就達成了。這些都還淸楚嗎？

（「清楚。」）

兩極的變換很有韻律地隨著情感強度（或情感能量如果你喜歡）的變化而發生。那「最初」使任一單位開始運動並形成它的「起動情感能量」，於是就使得這些單位變成高度充電的電磁場，具有那剛說過的改變磁極的特性。磁極的改變也是由於其他可以相連或分開的相似單位的相吸相斥的影響。在這所有的經常發生的改變磁極和改變強度之下有一個韻律。但這韻律是與情感能量本身的性質有關，而與物質的定律無關。

如果不了解這韻律，這些單位的活動看起來會是隨便的、混亂的，好像是沒有什麼可以把這些單位團結在一起。的確，它們好似以極大的速度飛開。其「核心」——姑且用一細胞的比喻——如果這些單位是細胞，（其實不然）那麼就好像核心經常在變位，向各方飛散，把細胞的其餘部分拖曳而行。你們懂這比喻嗎？

（「懂。」）

這些單位顯然地存在於所有細胞的實相**之內**。現在，起始點（initiation point）是這單位的基本部分，就如細胞核是細胞的重要部分，起始點是創始的、獨特的、個別的、特定的形成任一單位的情感能量。它變成了進入物質的門戶。

它就是起始的三邊圍場（three-sided enclosure），所有的物質必得由其中萌生，起始點造成了它的三個邊。（手勢；停頓。）當情感能量誕生時具有爆炸性。那頃刻之間形成的三邊效果引起一個像是磨擦的效果。但這效果引致（更多的手勢）這三邊改變位置。因此你們結果有一個三角形的效果，關閉著的，起始點在它裡面。你了解這不是一個實質的形體。

（「是的。」）

從此以後，能量點就不斷地改變這單位的形體，但我剛才所說的過程一定要先發生。例如，這單位可能變成圓形。現在這些情感能量的強度形成了這些單位，結果是把所有可用的空間全轉變為它們。這些單位之間的某種強度、某種兩極位置與單位的大量結集把能量壓縮成固態（形成物質），在單位內的情感能量顯然是其鼓動因素。那麼你便明白為何情感能量的確能粉碎一實物。你們可以休息。

（十點十分。珍相當快地脫離出神狀態，雖然是個很深的出神狀態。有時候她的傳述相當快。她說她能感到賽斯在驅策她，力求她盡可能清楚而沒有扭曲地傳達資料。）

（在她給這些資料時，她也有一些意象，雖然在休息時她沒法記得它們。她說她通常會忘記任何意象，甚至不記得她有沒有意象，除非在一結束或休息時我就特地問她。她說有時當她念某特定的一節時，意象又回到腦海，那時她就會認出來。）

（珍特別要提出有關單位的磁極改變之事：「這不只是南、北極的變換，而是譬如說，圓圈邊緣上（用為比喻）任何相對的兩點的東與西也對調了。」）

（在十點二十六分又開始。）

現在：那最初的情感能量的強度，控制這單位的活動、力量、安定性和相對尺寸；也控制它的脈動率，它對其他單位的吸力和斥力，以及它與其他單位組合的能力。

這些單位的行爲以下面的方式改變。當一單位正與另一個相合併時，它把它的成分以一特定的方式排列。當它與別的單位分開時，它就把它的成分以不同的方式排列。每次，單位內的兩極都改變了。此單位會改變它自己內的磁極，來配合吸引它的單位的磁極設計；而在與之分裂時，它會改變它的磁極以拒斥那磁極設計。

例如，就拿五千個這種組合在一起的單位來說吧。當然，它們是隱形的。但如果你能看到它們，每一個個別的單位都把它的磁極順著同一方式排列。它看起來像一個單位——就說它是圓形的——因而它看來像個小球，其磁極排列就像你們的地球一樣。

如果這個大單位又再被另一更大的單位吸引，而它的磁極在你們來說是東西向的，那麼那第一個單位便改變它自己的磁性，所有在他內的單位都如此做。能量點（energy point）在這些磁極的中點，不管磁極的位置如何，而它（**能量點**）形成磁極。因此，它們繞著能量點旋轉。基本上能量是不可摧毀的。

可是，它的強度能變化到可驚的程度。因此比較上說，它可能變得太弱，或跌回去，不夠強到能形成物質的基礎，但也許投射到另一系統去，在那兒爲了要「具體化」不需要那麼大的強度。

這些單位也可能在強度的力量上大獲增強，而在你們的系統內形成比較永久性的結構，因爲在其後的可驚能量。你們的Stockridge——

（賽斯停下來；珍皺著眉好似在摸索著找字眼。）

（「Oakridge？」）

不是（手勢）。神廟的殘餘……

（「哦！Baalbek？」）

這些是爲研究有關星座的地方。觀象臺。

（「是嗎？」我想我可能知道賽斯——珍要找的字，但我沒時間邊寫邊想。）

這些單位充溢著強烈的情感能量，形成一直能保持它們力量的物質模式。現在這些單位在出現在你們系統內的同時，在其外也可以有一個實相，推進這情感能量單位**通過**全部的物質世界。如我所說，這些單位是不可摧毀的。不過，它們卻能失去或獲得力量，掉回到物質以下的強度，或通過物質，在如此做時它們看來**像**物質，而投射過你們的系統。

我們將另行討論它們活動的那個部分。不過，在這種情形下，它們顯然在一個轉捩點，在一種變化的狀態。你們可以暫停或結束，隨你們的便。

（「我想最好結束吧。」）

我一直想給你們這些資料。

（「它非常有意思。」）

這只是個開頭。如果你不需要，我會不用比喻。祝晚安。

(「賽斯晚安。」)

(十點四十五分。我們談了一陣之後，我推論賽斯—珍剛才是試著找「Stonhenge」這個字，指在英國，古代柱依族的圍成一圓圈的巨石。珍乃說這正是賽斯試想叫她說的字。她不知道為何在出神狀態中沒說出這個字來，因為她知道這字和它代表的意義。)

第五〇九節　一九六九年十一月二十四日　晚上九點十分　星期一

(今天，珍在看C·G·容格的「實驗心理學」，美國初版本，一九六八年由容格的後代出版。我們沒有請賽斯評論。)

晚安。

(「賽斯晚安。」)

現在：在你們的心理學家列出意識的屬性或特性時，都低估了一個要點。我將把這資料與我們對電磁能量單位的討論連在一起，既然有一個密切的關連。

讓我們從容格說起。他假設意識必須繞著一個自我結構來組織。而他所謂的無意識不是以自我為中心組織的，因此他認為它沒有意識——沒有對自己的意識。他在說正常的自我不能直接知道無意識資料時，作了一個正確的主張。不過，他沒有了解，其他的心理學家也沒了解我所常常告訴你們的——有一個內我；而容格所謂的無意識資料其實是這內我組織起來的。

再說一次：當你在一個非平常清醒狀態時，當你捨棄了這日常的自己時，不管怎樣你是有意識且警醒的。你只是對清醒的自我擋掉了這記憶。因此，當給予意識其屬性時，創造性多被忽略。反之，創造性主要被指派給無意識。我要說的是無意識是有意識的。那麼，創造性是意識最重要的屬性之一。我們將分辨正常的自我意識和由那個自我看來是無意識的意識。

現在：內在自我（inner ego）是容格所謂的無意識經驗的組織者。內在自我是我們所謂內我的別稱。就像外在自我在物理環境中操縱，因而內在自我或自己組織與操縱內在實相。內在自我創造了物質的實相，而後外在自我再去處理它。

內我所做的所有具豐富創造性的工作並不是無意識的，它是有目的的，有高度辨識力的，由內在有意識的自我做出來，外在自我只是它的一個影子——你明白，而非其反面。容格的「自己的黑暗面」是自我，而非無意識。容格的「無意識」之複雜、變化無窮、不可置信的豐富的繡帷實難以被稱爲**無**意識。它是內在意識的產物。這內在意識比日常自我有多得多的身分感和目的。只因日常自我的無知，以及有限的焦距，使它視所謂無意識的活動爲混亂無章。

的確，有意識的自我是由「無意識」裡升起的。但無意識，既爲自我的創造者，必然比它的後代有意識得多。自我根本不夠有意識，無法包容那屬於內在有意識的自己的廣博知識。它就是由那內在有意識的自己迸發出來的。

就是這內我，由它龐大的知識和它無限的意識範圍，造成了物質世界，並且供給刺激，使外在自我經常保持清醒。是內我，此地稱內在自我，在組織、創始、放射出並控制我們所說的EE(electromagnetic energy**電磁能量**)單位，把能量轉換爲物體、物質。

這內我的能量被它用來由它自己造出——從內在經驗——一個物質的副本。外在自我然後能在其中扮演它的角色。外在自我然後演出一個內在自我所寫的劇本。這並不是說外在自我是個傀儡，而是說外在自我遠不及內在自我有意識。它的知覺也較少。雖然它努力假裝很安定，卻遠不及內在自我安定。它由內在自我中跳出來，因此它不是更有知覺而是較少知覺。

外在自我是被過分保護的，只給它那些它能對付的感覺、情感和資料。這資料是以非常專門的方式向它提出的，通常是身體感官所能感受到的資料。

內在自己或自我不只是有意識，並且意識到它自己，一方面是與他人相異的個人，同時也是所有其他意識的一部分。以你們的話來說，它是一直知覺這分離與合一兩者的。外在自我則沒有一直知覺到任何事。它常常忘記它自己。當它爲強烈的情感所激盪時，它常像是失落了自己；於是，有統一感而無分離感。當它奮力維護它的個別性時，它不再知覺到統一。

內在自我永遠知覺到兩方面，而它是以它的主要面——創造性爲中心而組織的。它經常在轉譯、組合它的「完形」使成實相——或是由我所說的電磁單位進入物質實相，或是進入其他同樣確實的實相中。

現在你們可以休息，等下再繼續。

（在休息時。我大聲說不知容格自他肉體死亡後有沒改變他的想法。）

（十點五分繼續。）

現在：EE（電磁能量）單位是基本經驗被內我指導時所取的形式，這些然後形成實物、物質，換言之，物質是當基本經驗侵入三度空間時所採的形狀。物質是你們的夢的形狀。你們的夢、思想和情感眞的被這內我有目的地轉換成物質。

那麼這個別的內我經由經常的、帶有偉大創造強度的巨大的努力，與所有其他的內我合作，來形成並維持你們所知的物質實相，因此物質實相是極有意識的內我之分支或副產品。

房子看來像是由岩石、石頭或鋼鐵所造成的，在肉體感官看來它們是相當具永久性。它們事實上是由內我的共同努力來組織與維護的在振盪不停、不斷運動、高度充電的EE單位（在任何原子粒的「下面」的完形）。它們（房子）**是**凝固的情感，凝固的主觀狀態，給予了實質的具體化。

那麼，很明顯的，意識的力量沒被了解。每個人在投射這些EE單位進入物質的現實中都有一份。因此，物質可以合理的被形容爲自己的延伸；就如肉體是內我的投射一樣。

顯然的，肉體以內我爲中心而成長，樹木從地裡生出，然而建築物並不像花一樣自己萌芽；因此內我有不同的創造方法，以不同的方式利用EE單位，在我們繼續討論時你們都會明白。

內我在決定以物質實相爲一個表現它自己的次元時，首先，它形成並維護其他的一切所必須仰賴的物質基礎——我們可稱之爲自然的地球屬性。內我有一個巨大無垠的庫藏，可以從其中汲取知識和經驗。可以有各式各樣的選擇，而物質的變化多端就是這「多樣性」的深源之反映。

在自然的結構被形成並被維護後，其他次等的物理屬性——次等建構——就投射上去。不過，最深、最基本和最不變的主題經驗被翻譯成爲那些大自然的元素：維持物質生命的廣濶景觀。在下一節中我們將繼續這討論。

容格在他死前不久擴大了他的某些觀念。（向前傾，幽默地強調。）自那時以後他又改了許多觀念。現在你可以休息或結束此節。隨你高興。

（「我們要休息。」）

（十點三十分。珍說他以為這一段也許花了十分鐘，而實際上用掉了二十五分。十點四十三分再開始。）

我們馬上要結束此節。不過，在將來，我現在告訴你們的將要比較普遍爲大衆所知，這樣說就夠了。在某程度上人會變得更熟悉他們自己的內在身分，及他們自己意識的其他形式。

有史以來，某些人曾認知這事實，即某些夢和睡眠狀態有自覺意識（self-consciousness）及目的，並且即使在清醒時，也曾維持著這內我的連續感。這些人已不再可能完全與自我意識（ego consciousness）認同，他們太顯然地知道他們自己是比自我意識要多。當獲得了這種知識時，自我能夠接受它，因爲它驚奇地發現，它並不是較沒有意識，而是有更多意識，而它的限制也化爲烏有了。

現在：我非常強調，所謂「無意識這玩意兒，如給予自由，會由正常人格的以自我性組織的自己汲走能量」是不對的。剛好相反，自我是相當直接地被再裝滿。只因恐懼「無意識」是混亂的，才促使心理學家如此聲明。在心理學從業者的天性中，也有某些東西：在許多情形，他們有種著迷，使他們傾向於害怕「無意識」，與「無意識」對他們的吸引力成正比。

自我經常接受潛意識和無意識的滋養，以維持它的安定性、它的似是的安定性，和它的健康。過多的滋養不會害死它，這點你懂嗎？

（「我懂。」）

只有當為了某些理由這種滋養被切斷到某一程度時，自我才受到餓死的威脅。我們將對自我與「無意識」的關係有更多的說明。一個健康的人的內我輕易地把所有的經驗投射為ＥＥ單位，而它們又被翻譯成為事實。因此，物質是為一種「回饋」。現在我們要結束此節，除非你們有問題。

（「我想沒有。這節非常有意思。」）

我衷心的祝福。祝你們有一個美好的晚上。

（「你喜歡你的照片嗎？」這是指在此節的前晚第五〇八節時，一位攝影師所拍的照片。」）

我的確喜歡，也喜歡那拍照的年輕人。

（十點五十六分。）

◉新時代系列◉

001 古老的未來／胡茵夢著——120元
002 快樂的秘方／包黛瑩譯——120元
003 世界上最偉大的奇蹟／若水譯——120元
004 拙火／王季慶譯——120元
006 喜悅之道／王季慶譯——120元
007 宇宙逍遙遊／王季慶譯——140元
008 人生中不可不想的事／葉文可譯——140元
009 從已知中解脫／若水譯——120元
013 般若之旅／胡茵夢譯——140元
014 來生／賈長安譯——120元
018 夢幻飛行／王石珍譯——130元
019 超越時空／胡茵夢譯——200元
020 個人實相的本質(上，下)——賽斯書／王季慶譯——380元
022 人類的當務之急／胡茵夢譯——200元
023 回到你心中／陳建志譯——160元
024 寶瓶同謀／廖世德譯——400元
025 靈魂出體／翔翎譯——280元
026 克里希那穆提傳／胡茵夢譯——450元
027 心靈自由之路／廖世德譯——160元
028 心靈日記／陳蒼多譯——150元
029 個人與群體事件的本質／王季慶譯——260元
030 心靈探險——賽斯修練法／王季慶譯——180元

請沿此虛線剪下後，寄回新時代系列讀友會

廣 告 回 函
北區郵政管理局登記 證北臺字6300號
免 貼 郵 資

姓名：

住址：

電話：

台北市南京東路四段50號6樓之1

（新時代系列讀友會）

方智出版社 收

新時代系列讀友卡

謝謝您購買這本書！
爲了提供更好的服務，請您詳細填寫本卡各欄，免貼郵票，寄回給我們，您將成爲本社新時代系列讀友會之友，不定期收到各項最近出版消息，並參加我們提供的各項活動。

姓名：＿＿＿＿＿＿ 性別：＿＿＿ 年齡：＿＿＿

地址：＿＿＿＿＿＿＿＿＿＿＿＿＿＿＿＿

職業：□軍 □公 □教 □工商 □學生 □其他

購買書名：＿＿＿＿＿＿＿＿＿＿＿＿＿＿

購買書店：＿＿＿＿＿＿＿＿＿＿＿＿＿＿

購買媒介：□雜誌廣告 □直接信函 □報紙廣告
□逛書店 □友人介紹

對新時代系列最感興趣的主題：

□心理 □超心理 □哲學 □轉世 □科學
□宗教 □催眠 □出體 □外太空 □夢
□賽斯 □克氏 □整體醫學

其他：＿＿＿＿＿＿＿＿＿＿＿＿＿＿＿＿

希望舉辦的活動：

□讀書會 □演講 □工作坊 其他：＿＿＿＿＿＿

其他建議：＿＿＿＿＿＿＿＿＿＿＿＿＿＿

＿＿＿＿＿＿＿＿＿＿＿＿＿＿＿＿＿＿＿＿

＿＿＿＿＿＿＿＿＿＿＿＿＿＿＿＿＿＿＿＿

＿＿＿＿＿＿＿＿＿＿＿＿＿＿＿＿＿＿＿＿

國立中央圖書館出版品預行編目資料

靈界的訊息／Jane Roberts作；王季慶譯. --
初版. --臺北市：方智，民83
面；公分. --(新時代系列；2)
譯自：A Seth book：the Seth material
ISBN 957-679-170-7（平裝）

1.靈魂論

216.9　　82004989

ISBN 957-679-170-7

方智出版社
FINE PRESS

◎新時代系列❷
靈界的訊息

作者／Jane Roberts
譯者／王季慶
發行人／曹又方
出版者／方智出版社
地址／台北市南京東路四段50號6F之1
電話／五七九六六〇〇（代表號）
傳眞／五七九〇三三八・五七七三二二〇
郵撥帳號／一三六三三〇八一　方智出版社
登記證／行政院新聞局局版台業字第四三六一號
校對／陳建志
責任編輯／應桂華
美術編輯／林品君
原書名／The Seth Material
原出版者／Simon & Schuster, Inc.
版權代理／博達著作權代理有限公司
法律顧問／蕭雄淋律師
印刷／祥峯印刷廠
中華民國83年8月　初版

●定價250元

Printed in R.O.C.

請沿此虛線剪下後，寄回本公司！

廣　告　回　信
北區郵政管理局登記 證北臺字６３００號
免　貼　郵　資

台北市南京東路4段50號6F之1

方智出版社　收

姓名：

地址：

方智叢書讀者服務卡

謝謝您購買這本書！

爲了提供更好的服務，請您詳細塡寫本卡各欄，免貼郵票，寄回給我們，您將成爲本社出版之友，不定期收到各項最新出版消息，並享受我們提供的各項優待。

我□已是「方智出版之友」，編號：＿＿＿＿＿＿

□新申請加入方智出版之友

姓名：＿＿＿＿＿＿ 性別：＿＿＿ 年齡：＿＿＿

地址：＿＿＿＿＿＿＿＿＿＿＿＿

職業：□軍 □公 □教 □工商 □學生 □其他

購買書名：＿＿＿＿＿＿＿＿＿＿＿＿

購買書店：＿＿＿＿＿＿＿＿＿＿＿＿

購買媒介：□ ＿＿＿＿＿＿雜誌廣告 □直接信函

□ ＿＿＿＿＿＿報紙廣告 □逛書店

□友人介紹

對方智的建議：

＿＿＿＿＿＿＿＿＿＿＿＿

＿＿＿＿＿＿＿＿＿＿＿＿

＿＿＿＿＿＿＿＿＿＿＿＿

＿＿＿＿＿＿＿＿＿＿＿＿

＿＿＿＿＿＿＿＿＿＿＿＿

＿＿＿＿＿＿＿＿＿＿＿＿

方智出版社

地址／台北市南京東路4段50號6F之1

電話／(02)5798800·5796600